普通高等教育"十三五"规划教材
全国高等院校规划教材·公共课系列

大学生心理健康
（第二版）

主　编　戴朝护
副主编　杨智勇　段忠阳　周秀艳
编　委　吴光辉　田　玲　魏彩军

内 容 简 介

本书编写的目的在于对大学生宣传、普及心理健康知识，提高他们的心理健康水平。本书在内容上突出大学生常见心理问题的表现、形成的原因及应对方式。大学生处于青春期向成人期的过渡阶段，在生理、心理与社会发展方面，有其自身的特点。使大学生认识自身的生理、心理与社会发展特点，有利于大学生正确认识自我、发展自我、完善自我，有利于缓解大学生因对自身不了解而产生的自我混乱与角色错位，有利于大学生心理的健康发展。

本书可作为高等院校心理健康类专业的教材，也可供教师与学生家长参考，使他们能够在了解大学生身心发展规律的基础上，与大学生进行良好的互动，对大学生进行正确的教育与引导。

图书在版编目(CIP)数据

大学生心理健康/戴朝护主编. —2版. —北京：北京大学出版社，2017.8
（全国高等院校规划教材·公共课系列）
ISBN 978-7-301-28561-9

Ⅰ. ①大… Ⅱ. ①戴… Ⅲ. ①大学生—心理健康—健康教育—高等学校—教材 Ⅳ. ①G444

中国版本图书馆 CIP 数据核字（2017）第 169904 号

书　　名	大学生心理健康（第二版）
著作责任者	戴朝护　主编
策划编辑	李　玥
责任编辑	李　玥
标准书号	ISBN 978-7-301-28561-9
出版发行	北京大学出版社
地　　址	北京市海淀区成府路 205 号　100871
网　　址	http://www.pup.cn　　新浪微博:@北京大学出版社
电子信箱	zyjy@pup.cn
电　　话	邮购部 62752015　发行部 62750672　编辑部 62704142
印刷者	北京鑫海金澳胶印有限公司
经销者	新华书店
	787 毫米×1092 毫米　16 开本　15.75 印张　318 千字
	2011 年 7 月第 1 版
	2017 年 8 月第 2 版　2019 年 7 月第 3 次印刷（总第 7 次印刷）
定　　价	34.00 元

未经许可，不得以任何方式复制或抄袭本书之部分或全部内容。
版权所有，侵权必究
举报电话：010-62752024　电子信箱：fd@pup.pku.edu.cn
图书如有印装质量问题，请与出版部联系，电话：010-62756370

前言

  21世纪的大学教育已经从精英化教育走向大众化教育,现在从大学毕业步入社会的大学生不再享有20世纪大学生的学历优势。卡耐基指出,一个人的成功,15%取决于其智商,85%取决于其情商。在大学生的人生发展过程中,智商是发展的前提条件,但在智商基本相当的大学生群体中,谁能脱颖而出,则更多地取决于其情商,取决于其情绪控制能力、意志力、兴趣等非智力因素。研究显示,在同一所大学中的优秀大学生往往不是智商最高的群体,而是情商更高的群体,也是心理健康状况更好的群体。由此可见,对大学生进行心理健康教育具有重要的现实意义。

  从教育的目的来看,大学教育应培养德、智、体、美、劳全面发展的人才,应培养品德高尚、智力发达、人格健康的人才。这样的人才会对国家、社会、家庭有更大的贡献。从国家发展、民族存续的角度来看,教育应培养会做人、会做事、会学习、会思考的人才。这样的人才在国际科技竞争日益激烈的环境下,才可能有很好的协作精神,才可能适应国际分工日益细致的时代要求。要培养这样的人才,就要求高校不仅要传授专业知识给大学生,还应该培养他们良好的心态,塑造他们健全的人格。使他们不仅仅能有效地学习大学的知识,而且能合理地将所学知识运用到有利于国家和社会的事业中;使他们不仅仅能成才,而且能成为社会所需要的人。

  从历年的新生心理普查结果来看,大学生中存在中度至重度心理问题的人数接近同年级学生人数的19%。这种情况对大学生的顺利成才是严峻的挑战,因此,对大学生开展心理健康教育有其迫切性。从教学实践来看,大学生心理健康课程历年均受到大学生的欢迎,他们在学习大学生心理健康课程之后,不仅能识别常见的心理问题,还掌握了一些简单的应对方法。这对大学生以后的幸福生活有积极意义。

  编写本书的目的主要在于:对大学生宣传、普及心理健康知识,提高他们的心理健康水平,提高他们识别心理问题、预防心理危机事件的能力。本书的内容共分十章:第一章,大学生心理健康概述;第二章,大学生健康人格的塑造;第三章,大学生的认知与心理健康;第四章,情绪与心理健康;第五章,大学生的人际交往心理;第六章,大学生的性心理与恋爱心理;第七章,大学生的挫折心理;第八章,大学生的学习心理;第九章,大学生的择业心理;第十章,大学生心理问题的识别及调适。本书针对大学生心理发展过程中的常见问题展开论述,并提供相应的心理调适指导,具有较强的可操作性。

　　本书由戴朝护担任主编,杨智勇、段忠阳、周秀艳担任副主编。具体编写分工如下:杨智勇编写第一章、第二章;段忠阳编写第三章、第十章;吴光辉编写第四章;戴朝护编写第五章、第六章;田玲编写第七章;魏彩军编写第八章;周秀艳编写第九章。本书由戴朝护策划,段忠阳负责全书的统稿。在本书的编写过程中,编者参考了国内外专家、学者的相关论著、论文,对部分精彩内容直接引用;所引用的著作、论文在本书的参考文献中尽可能地列出,但限于篇幅,有些可能被遗漏。在此,谨致以诚挚的谢意,并请求谅解。对为本书的出版付出辛勤劳动的出版工作人员,以及帮助、支持本书编写的同人、朋友亦致以诚挚的谢意!

　　由于编者水平有限,热烈欢迎各位专家、学者、同人和广大读者不吝赐教,以便今后进一步修改和完善。

编　者
2017 年 5 月 16 日

目 录

第一章 大学生心理健康概述 ⋯⋯⋯⋯⋯⋯⋯⋯⋯⋯⋯⋯⋯⋯⋯⋯⋯⋯⋯⋯⋯⋯ 1
    第一节 心理概述 ⋯⋯⋯⋯⋯⋯⋯⋯⋯⋯⋯⋯⋯⋯⋯⋯⋯⋯⋯⋯⋯⋯⋯⋯ 3
    第二节 树立现代健康观念 ⋯⋯⋯⋯⋯⋯⋯⋯⋯⋯⋯⋯⋯⋯⋯⋯⋯⋯⋯⋯ 9
    第三节 心理健康标准 ⋯⋯⋯⋯⋯⋯⋯⋯⋯⋯⋯⋯⋯⋯⋯⋯⋯⋯⋯⋯⋯⋯ 11
    第四节 大学生心理保健 ⋯⋯⋯⋯⋯⋯⋯⋯⋯⋯⋯⋯⋯⋯⋯⋯⋯⋯⋯⋯⋯ 16

第二章 大学生健康人格的塑造 ⋯⋯⋯⋯⋯⋯⋯⋯⋯⋯⋯⋯⋯⋯⋯⋯⋯⋯⋯ 27
    第一节 人格与人格差异 ⋯⋯⋯⋯⋯⋯⋯⋯⋯⋯⋯⋯⋯⋯⋯⋯⋯⋯⋯⋯⋯ 29
    第二节 人格障碍与大学生常见人格发展缺陷 ⋯⋯⋯⋯⋯⋯⋯⋯⋯⋯⋯ 35
    第三节 大学生健康人格的塑造 ⋯⋯⋯⋯⋯⋯⋯⋯⋯⋯⋯⋯⋯⋯⋯⋯⋯ 42

第三章 大学生的认知与心理健康 ⋯⋯⋯⋯⋯⋯⋯⋯⋯⋯⋯⋯⋯⋯⋯⋯⋯ 47
    第一节 自我意识与心理健康 ⋯⋯⋯⋯⋯⋯⋯⋯⋯⋯⋯⋯⋯⋯⋯⋯⋯⋯ 49
    第二节 认知理论及认知疗法 ⋯⋯⋯⋯⋯⋯⋯⋯⋯⋯⋯⋯⋯⋯⋯⋯⋯⋯ 63

第四章 情绪与心理健康 ⋯⋯⋯⋯⋯⋯⋯⋯⋯⋯⋯⋯⋯⋯⋯⋯⋯⋯⋯⋯⋯⋯⋯ 71
    第一节 情绪概述 ⋯⋯⋯⋯⋯⋯⋯⋯⋯⋯⋯⋯⋯⋯⋯⋯⋯⋯⋯⋯⋯⋯⋯⋯ 73
    第二节 大学生的情绪与健康 ⋯⋯⋯⋯⋯⋯⋯⋯⋯⋯⋯⋯⋯⋯⋯⋯⋯⋯ 78
    第三节 大学生情绪管理与调节 ⋯⋯⋯⋯⋯⋯⋯⋯⋯⋯⋯⋯⋯⋯⋯⋯⋯ 85

第五章 大学生的人际交往心理 ⋯⋯⋯⋯⋯⋯⋯⋯⋯⋯⋯⋯⋯⋯⋯⋯⋯⋯⋯ 91
    第一节 人际交往概述 ⋯⋯⋯⋯⋯⋯⋯⋯⋯⋯⋯⋯⋯⋯⋯⋯⋯⋯⋯⋯⋯⋯ 93
    第二节 人际交往的产生和发展 ⋯⋯⋯⋯⋯⋯⋯⋯⋯⋯⋯⋯⋯⋯⋯⋯⋯ 98
    第三节 大学生人际交往中的主要问题和障碍 ⋯⋯⋯⋯⋯⋯⋯⋯⋯⋯⋯ 105

第六章 大学生的性心理与恋爱心理 ⋯⋯⋯⋯⋯⋯⋯⋯⋯⋯⋯⋯⋯⋯⋯⋯ 117
    第一节 大学生的性心理 ⋯⋯⋯⋯⋯⋯⋯⋯⋯⋯⋯⋯⋯⋯⋯⋯⋯⋯⋯⋯⋯ 119

第二节 大学生的恋爱心理 …………………………………… 133
第七章 大学生的挫折心理 ………………………………………… 150
  第一节 挫折概述 …………………………………………… 152
  第二节 大学生挫折产生的原因 …………………………… 155
  第三节 大学生挫折的应对 ………………………………… 161
  第四节 大学生挫折承受力的培养 ………………………… 166
第八章 大学生的学习心理 ………………………………………… 175
  第一节 学习概述 …………………………………………… 177
  第二节 大学生常见的学习心理问题及调适 …………… 184
  第三节 大学生学习能力的培养 …………………………… 192
第九章 大学生的择业心理 ………………………………………… 197
  第一节 择业概述 …………………………………………… 199
  第二节 大学生择业的心理准备 …………………………… 203
  第三节 大学生择业的心理问题 …………………………… 212
  第四节 大学生择业的心理调适 …………………………… 218
第十章 大学生心理问题的识别及调适 …………………………… 227
  第一节 大学生心理问题的识别 …………………………… 229
  第二节 心理危机的干预 …………………………………… 232
参考文献 ………………………………………………………………… 244

第一章

大学生心理健康概述

大学是人生旅途的一个重要转折点。在四年的时间里，大学生在人格上将逐步完成从青少年向成年人的过渡和转变，从而建立起自己稳定的人格结构，走向独立与成熟。然而，完成这些人生旅途中的重要转变并不是一帆风顺的，在成长过程中，大学生将面临许多重要的发展课题，将遇到种种的困惑和矛盾，将会体验到伴随着成长的焦虑、苦恼、悲观、失望以及兴奋、喜悦、欢乐和自信。在这急剧变化的人生发展过程中，具备良好的健康的心理素质是大学生尽快适应大学生活、完成学业、走向社会的必备条件。

　　学习心理学的基本理论和基础知识，树立现代健康观念，了解心理健康状态的划分依据，熟悉大学生的心理发展特点及常见的心理问题，把握心理健康的标准，积极采取包括心理咨询在内的各种有效措施预防心理疾病，提高心理健康水平，对于大学生完善个性，促进素质的全面发展，具有重要的理论意义和实践意义。

第一节 心理概述

一、心理的实质

尽管心理活动是人人具有并为大家所熟悉的，但是对于它的实质却有各种说法。例如，有人把心理看成虚无缥缈的、至高无上的灵魂活动的结果。有人则庸俗地认为人脑产生心理如同胆脏分泌胆汁一样。有人认为心脏是心理活动的器官，理由是：人的情绪平静时心脏跳动正常，情绪激动时心脏跳动加快；从汉字结构上可以发现，凡是表现心理现象的多带"心"字部，如"思、想、念、意、志、恋、忘"等。以上种种观点都是不正确的。科学的观点是：心理是人脑的机能，即任何心理活动都产生于人脑，所有心理活动都是人脑的高级机能的表现；心理是人脑对客观现实的主观反映，即所有心理活动的内容都来源于外界，是客观事物在人脑中的主观反映。

（一）心理是人脑的机能

在长期的社会实践中，人们逐渐体会到心理活动不是与心脏而是与脑密切相关。例如，人在睡眠或酒醉时，心脏活动没有变化，而心理活动发生了很大变化；脑受外伤或振动会使正常心理活动发生严重障碍，而当脑的机能恢复正常活动时，心理活动也就逐渐得到改善。生理心理学和神经心理学研究表明：动物在进化中产生了神经结构这一物质基础之后，就有了心理机能；而且伴随着进化，动物越高级，脑的结构就越复杂化，心理活动相应地也发展得越复杂。

对脑的生理研究表明，任何一种心理活动都和脑的一定部位有关。脑电图记录的脑中产生的生物电流能够用来判断人的心理状态的变化。临床观察发现，任何脑部位的损伤，在其生理机能变化的同时也发生心理变化。例如，大脑的额叶损坏就会引起智力的降低和性格的破坏，使一个本来温和、宁静、有理智的人变成粗野、急躁、不能自制的人。

总之，脑是心理的器官，心理是脑的机能，是大脑活动的结果。离开脑这一物质基础，任何心理现象都不会发生。

（二）心理是人脑对客观现实的主观、能动的反映

心理是人脑的机能，并不意味着人脑本身能独立地产生心理。大脑的发育成熟

只是人的心理产生的前提，提供了人的心理产生的可能性，而要把这种可能性变为现实，还必须依赖于客观现实。

人的心理是在人的活动过程中，通过人与客观现实相互作用产生和发展的。客观现实是指独立于人的心理之外的，不依赖于人的心理而存在的一些事物。首先，包括自然现象，如日月星辰、山川河流、花草树木、飞禽走兽等，这些都是人产生心理现象的来源，但它们只有与主体发生联系时才能成为心理的源泉。其次，包括社会现象，如人际交往、生产劳动、文化科学、社会风尚等，它们反映的是个体对存在的实践关系，是人的心理活动更重要的源泉，在产生人的心理方面起着决定性的作用。

人类长期的生活实践证明：只有在现实的社会生活的种种实践活动中，由外界的事物作用于人的感觉器官，传达到脑，引起脑的生理活动，才能产生和发展心理。如果没有人的社会生活实践，即使具备了人脑这一物质基础，有自然环境的影响，也不能形成人的正常心理活动。"狼孩"的事实就充分说明，人的社会生活实践对人的心理的产生与发展起着决定性的作用。一切心理现象，无论是简单的感觉、知觉和表象，还是复杂的思想、观念与意识，都是以客观现实中的事物为其源泉的。例如，关于苹果的感知和表象，就是因为现实中存在过苹果，才会在人的头脑中产生苹果的印象。如果没有客观现实的存在，就没有对客观世界的反映，也就没有人的心理。

心理活动是人脑对现实的一种主观反映。这种对客观现实的反映不是消极、机械、被动的，而是积极、灵活、主动的，具有主观性和能动性。

主观性是指一定的个人或主体对客观现实带有主体自身特点的反映。人们已有的知识经验、生活阅历、个性特点和当前心理状态等因素在反映事物中起着重要作用，它们影响着反映，使反映带有个人主观特点，形成人与人之间的个别差异，所谓"仁者见仁，智者见智"。对同一事物，不同的人往往会有不同的评价，即便是同一个人对同一事物，在不同的时间、地点、条件下也会有不同的反映，所谓"此一时，彼一时"也。

能动性是指一定的个人或主体对客观现实的反映是自觉、积极、主动的。它集中体现了人的心理（即意识）的主要特点。人能够自觉反映和意识到客观世界的存在，并具有明确的目的性和选择性，首先反映的是那些对自己来说具有重要的直接的意义，并符合活动目的的客观存在。同时人在反映客观现实的过程中能透过表面现象深入到本质，通过思维对感性材料进行加工，以达到认识事物内在的本质和规律的目的。而且人有意识，能在知识、经验、需要、动机、愿望的推动下，自觉确立目的，制订计划，调节行动，克服各种困难，改造自然，改造社会，创造先进的物质文明和精神文明，以适应和满足自身的需要。

二、心理现象

心理现象包括心理过程和个性心理。个性心理由个性心理特征（能力、气质、性格）与个性心理倾向性（需要、动机、兴趣、理想、信念、价值观等）组成。心理过程是指人的心理活动发生、发展、消失的动力过程，包括认知过程、情感过程和意志过程。认知过程开始于人的感觉器官接受刺激后在脑中产生感觉，大脑将多种感觉综合并整合成一个整体而形成知觉，再经过记忆、思维、联想、想象，借助语言并伴随注意来完成。人在认识客观事物的活动中，总是带着一定的态度（喜爱、厌恶、高兴、烦恼、愤怒、恐惧、悲伤等），这便是情感过程。人在处理客观事物的活动中总是有目的的，在确定目的和达到目的的行动过程中，必然要克服困难，这就需要意志。认知、情感和意志是既有区别又有联系的，是心理过程的三个方面。认知是情感和意志的前提，意志又对认知和情感起着控制和调节的作用。

（一）认知过程

认知过程是人的最基本的心理过程，它是人脑对客观事物的属性及其规律的认识，是人从感性认识上升到理性认识的过程，主要包括感觉、知觉、记忆、思维、想象等。

感觉是事物直接作用于人的感觉器官的个别属性的反映。例如，在一个春光明媚的早晨，你来到户外锻炼，当微风拂面时，你会感到凉爽；阳光照在身上又感觉很温暖；此时空气中不时送来阵阵清香；环顾四周看到五颜六色的东西，还可听到各种声音……凉爽、清香、五颜六色、各种声音都是外部世界作用于我们的皮肤、鼻子、眼睛、耳朵等感觉器官所产生的感觉。感觉是人最简单的认知活动，也是我们认识事物的起点和基础。

知觉是事物直接作用于人的感觉器官的整体属性的反映，是对事物整体的把握。在感觉的基础上，当你进一步认识到周围事物的意义时，辨认出风的凉爽、空气中花草的清香、鸟的鸣唱、汽车的轰鸣声等，这时你对事物个别属性的感觉就转化为对事物整体的知觉。

在人的认知过程中感觉和知觉往往不容易分开，所以有时合称为感知觉。

记忆是指感知的事物能够以经验的形式在头脑中留下痕迹，在一定的条件下可以回想起它们的特征和形象。当你回到家中，在户外锻炼过程中感知到的一切还会"历历在目"，其中的某些片段可能会给你留下深刻印象，即便是过了相当长的一段时间也无法磨灭，这就是记忆。

思维是认知过程的高级阶段，是对客观事物的直接、概括的反映。例如，教师可以根据学生的外部表现和言行，了解其内心世界；人们可以通过对古代化石的研究，进而推知远古时代动物和人类的生活情景。这些都是凭借思维实现的。

人不仅能再现亲身经历过的事物的形象，而且还能在此基础上创造新事物的形象，这就是想象。通过想象，我们不仅能设计未来发展的宏图，也可以在头脑中重构几千年前人类生活的图景，还可以进行文学艺术上美的创造。总之，以上提到的感觉、知觉、记忆、思维、想象都属于认知过程。认知过程就是人脑接受、储存、加工各种信息的过程。

（二）情感过程

心理过程的第二个方面是情感过程。情感过程是个体在实践过程中对事物的态度体验。人在认识客观世界的时候，并不是无动于衷、冷漠无情的，总是要对它采取一定的态度，产生某种主观体验。例如，成功的喜悦，失败的痛苦；得到的快乐，失去的失落；得到理解的感激涕零，遭人误解的无可奈何；对不道德行为的憎恨，对祖国名山大川的赞叹；等等。积极的情感可以使人斗志旺盛，对人的行动起促进作用；消极的情感则会削弱人的斗志，阻碍人的意志行动的实现。据说，1824年5月，贝多芬的《D调弥撒曲》和《第九交响曲》第一次演奏时在维也纳，这两首充满爱国之情的交响曲演奏一结束，全场就响起经久不息的掌声，在场的许多人都感动得泪流满面。巨大的成功、震撼人心的场面，使贝多芬激动得不省人事。这种强烈的激情就是情感的体现。

（三）意志过程

如果说感知觉是外部刺激向内部意识的转化，那么意志过程就是内部意识向外部行为的转化，因为意志过程总是要伴随着行动，并指向外部的特定目标。

意志过程是个体自觉地确定目的，并根据目的支配、调节自身的行动，克服困难去实现预定目标的心理过程。人对客观事物不仅要感受它、认识它，同时还要处理它并改造它。人们在认识世界与改造世界的过程中，必须有明确的目标，还要制订计划，选择方法，克服种种困难，最终才能实现预定目标。我们在学习和工作中，通常不是一帆风顺的，总会遇到这样那样的困难，常言道"不如意事十之八九"，但我们不能半途而废，要迎难而上，不达目的决不罢休。这就需要启动人的意志过程。

要完成一个意志过程大致要经过下定决心、坚定信心、持之以恒这样三个阶段。选择目标的过程就是立志的过程，需要下定决心。然后，还要树立信心，相信目标可以通过自己的努力而达到。最后，要持之以恒，只有坚持努力，才能达到目标。这需要恒心，缺少恒心就可能虎头蛇尾、半途而废。

认知、情感与意志这三者不是彼此孤立的，而是相互联系、相互制约的。一方面，认知是情感和意志的基础，只有正确与深刻的认识，才能产生强烈的情感和坚强的意志，所谓"知之深，则爱之切"；另一方面，情感和意志又会影响认知活动的进行与发展，因为情感和意志既在个体的认知过程中起过滤和动力的作用，又是衡量个体认知水平的一个重要标志。同样，情感也会对意志行为产生推动作用，而意志行为又会有利于丰富和升华情感。因此，各种心理过程及其相互关系是心理学研究的一个重要内容。

三、心理学的产生与发展

德国著名心理学家艾宾浩斯（H. Ebbinghaus）曾说，心理学虽有着漫长的过去，但仅有着短暂的历史。就是说，心理学既是一门古老的学问，又是一门年轻的科学。说心理学古老，是因为它的前身可以追溯到人类早期的历史。

几乎自有人类以来，人们就很关心自身的心理现象并且试图给予解释。最早的解释，是把心理说成灵魂的活动。心理学一词来源于希腊语，是由灵魂和学科二词构成，即关于灵魂的学问。在原始社会末期，由于探索自然界支配力的驱使，原始思维发展到较高的阶段，但人们又无法理解自身的结构和机能，单凭直观的感受和梦境的影响，于是出现了万物有灵论的观点，认为人和自然界的一切变化都是灵魂的活动：人出生时，灵魂在身体里，控制人体的活动；人在睡觉时，灵魂暂时走出人体；人在觉醒时，灵魂回到人体；人死时，灵魂则永远离开人体。这种万物有灵论的观点是人类心理学思想的萌芽形式。

美国心理学史家加德纳·墨菲（G. Murphy）曾说，世界第一个心理学故乡在中国。这是一个颇为客观和公正的评价。因为两千年前，在我国思想家遗留下来的著作中，就有不少关于心理学的思想。春秋时期的孔子提出："知之者不如好之者；好之者，不如乐之者""学而时习之，不亦乐乎""因材施教"，等等。这些观点已蕴涵现代心理学中的兴趣、记忆和个性差异等问题。战国时期的荀况关于"形具而神生，好恶，喜怒，哀乐藏焉"的学说阐明了先有身体而后有心理、心理依附于身体的身心观。关于心理与大脑的关系我国古代也有比较正确的认识。明代医学家李时珍提出"脑为元神之府"的论断，认为大脑是神经中枢，它聚集着人的精神。清代著名医生王清任根据大脑的临床研究和尸体的解剖明确指出，灵机、记性不在心而在脑。后人称之为"脑髓说"。

在西方，两千多年前，被尊为西方医学之父的古希腊哲学家、医生希波克拉底（Hippocrates）把人分为四种类型，即胆汁质、多血质、黏液质和抑郁质，并解释说，这四种类型是由人体内四种液体所占的比例不同造成的。后来，古希腊的盖伦（Galen）提出了气质这个概念，把希波克拉底的分类叫作人的气质类型。由于他们对气质类型的划分比较符合实际，所以至今还沿用这四种气质类型的名称。古希腊哲学家亚里士多德（Aristotle）的《论灵魂》一书，是人类文明史上关于心理现象的第一部专著。自那时起，直至19世纪中叶，无论在东方还是在西方，都有许多学者论及心理学问题，其中不乏真知灼见，但心理学在漫长的岁月中始终隶属于哲学范畴而无独立地位，是哲学家与思想家运用思辨的方法进行研究的领域。

仅从公元前4世纪古希腊哲学家亚里士多德的《论灵魂》算起，对心理的研究也有两千多年的历史。由此可见，心理学是一门古老的学问。只是长期以来，人们对心理现象的探讨都是在哲学的范畴中进行的。心理学脱离哲学而独立是16世纪以后的事。1590年，德国麻堡大学教授葛克尔（R. Gockel）开始用"心理学"来标明自己的著作，从那以后，有关心理学的著作、派别逐渐问世。然而，直到19世纪中叶以前，心理学的研究方法都是思辨式的，研究成果多带经验描述性质，因而心理学还不能被称为科学。

19世纪中叶，德国医学博士、生理学讲师、心理学家威廉·冯特（W. Wundt）把实验法引进心理学，并于1879年在德国莱比锡大学创建了世界上第一个专门的心理学实验室，对感觉、知觉、注意、联想和情感开展系统的实验研究，创办了刊登心理学实验成果的杂志《哲学研究》，出版了第一部科学心理学专著《生理心理学纲要》。冯特此举对于心理学的发展是具有划时代意义的，因为当心理学采用了实验方法之后，对人的心理的研究就从对心理、行为的现象的描述，深入到对因果关系的揭露。而心理学一旦能够揭露心理活动的因果关系、心理活动的规律，它就获得了作为一门独立的科学的权利。于是，1879年心理学终于从哲学的母体中诞生出来，成为一门独立的科学，冯特也被视为科学心理学的创始人。从冯特建立世界第一个心理学实验室，使心理学成为一门独立学科至今，仅有百余年的历史，因此，心理学又是一门年轻的科学。

自19世纪末，由于实验方法的广泛运用，心理学研究的新成果、新理论不断提出，围绕着心理学的对象、任务、方法展开的争论，到20世纪30年代终于形成了构造主义心理学、意动心理学、机能主义心理学、精神分析、格式塔心理学等学派。从20世纪50年代开始，学派林立、理论纷纭的局面演变为学派减少，呈现相互吸收、互补并存的势态，这也标志着心理学开始走向成熟。新的心理学思想相继产生，它们以新的思潮或发展方向影响着心理学的各个研究领域，从而加强了心理学研究的整合趋势。其中最具影响的有新出现的人本主义心理学、认知心理学和生理心理学研究。

心理学已渗透到许多科学领域和人们的实际生活当中，产生了广泛的影响并显露出巨大的实用价值。在教育领域，心理学知识十分重要，它为教师的教育教学提供心理学依据；在工商业领域，对工程设计、人际关系、组织管理、产品营销等都有一定的指导意义；在人类健康领域，心理学的知识越来越发挥它特有的重要作用，心理咨询已被人们广泛采纳与接受。心理学的影响已远远超出了教育、生产劳动和卫生保健范围，在军事、司法、文学艺术、体育、航空等领域中都有用武之地。由于心理学渗入到各个实践领域中，服务于社会，这就大大加快了心理学的发展步伐，由此产生了众多的心理学分支学科。据统计，心理学现已有近百个分支学科，形成了一个庞大的学科体系。

第二节 树立现代健康观念

一、健康概念的演化

健康是人类永恒的话题。古希腊哲学家赫拉克利特曾指出:"如果没有健康,智慧就难以表现,文化无从施展,力量不能战斗,财富变成废物,知识也无法利用。"健康是人生第一财富,也是每个人的基本追求。对大学生来说,健康更是学有所成、事业成功、生活快乐的基础。

在相当长的一段时期里,人们曾经认为,没有病痛和不适就意味着健康,在日常生活中只注重锻炼身体,而忽视健康心理的培养。随着科学技术的进步和社会的不断发展,传统的生物医学模式开始向生物—心理—社会医学模式转变。心理、社会因素对于健康和疾病的影响越来越引起人们的关注。人们逐渐意识到,健康不仅与肉体有关,还与人的精神状态有着密切的联系,心理健康也是健康的重要组成部分。健康的概念不断发展,由过去单一的生理健康(一维)发展到生理、心理(二维),又发展到生理、心理、社会适应(三维),再发展到生理、心理、社会适应、道德完善(四维)。

不少大学的调查统计表明,心理疾患已成为大学生休学、退学、死亡的主要原因。据北京16所大学的调查,因心理疾患而休学、退学的人数分别占总的因病休学、退学人数的37.9%和64.4%,心理疾患已经成为大学生辍学的主要原因。人们在重视身体健康的同时,对心理健康的关切程度也与日俱增,"无病即健康"的旧健康观念日渐为人们所抛弃,新的现代健康观念已经逐步树立起来。

二、现代健康的含义

上文说到,健康是人生的第一财富,是每个人的基本追求。健康人人都需要,但不一定人人都理解。那么,什么是健康呢?

世界卫生组织(WHO)于1948年成立之初就在其宪章中指出,健康就是"身体没有缺陷和疾病,在生理、心理和社会适应能力方面具有完满(Well-being)而良好的状态"。明确指出心理状态和社会适应能力也是健康不可缺少的组成部分。1989

年,世界卫生组织又公布了经过修改的健康定义:"健康乃是一种生理、心理、社会适应和道德都臻于完满的状态,而不仅仅是没有疾病。"生理完满即身体健康;心理完满即心理健康;社会适应完满即个体的各种活动和行为能够适应复杂的环境变化,并为他人所理解和接受;道德完满即不以损害他人的利益来满足自己的需要,能自觉以社会道德规范来约束自己的行为。

理论研究和生活实践都使人们深刻地认识到:人不仅仅是一个生物体,而且是一个有着复杂的心理活动、生活在一定社会环境中的完整的人;人的生理活动和心理活动是密切相关、互为依存的,不存在无生理活动的心理活动,也不存在无心理活动的生理活动。因此,我们说,人的心理健康和生理健康是辩证统一的。

健全的心理寓于健康的身体中,健康的身体又有赖于健全的心理,现代健康的根本性标志是心理健康与生理健康的辩证统一。心理健康与生理健康紧密相连,生理健康是心理健康的基础,心理健康则是生理健康的必要保证,而且积极的心理对生理健康有促进作用。例如,第一次世界大战时,俄国有一个叫皮罗戈米的医生发现,同样的年轻人,同样的创伤,同样的治疗方法,结果胜利者的伤口要比战俘的伤口愈合得好且快。这是因为胜利者的心情比战俘的心情要轻松、愉快得多。一个人的心理若长期处于不健康状态,就会导致生理异变或病变。古代《黄帝内经》就指出:怒伤肝、喜伤心、思伤脾、忧伤肺、恐伤肾。在现代,心理因素对健康的影响已引起医学界和心理学界的广泛关注。许多国家已将身心健康作为一门学科研究,并发现心理因素是许多疾病的病源或诱因,如心脑血管疾病、消化道疾病、癌症、哮喘以及糖尿病等都和心理因素密切相连。

三、现代健康的标准

为了加深人们对健康的认识,世界卫生组织还对健康作了更加具体的要求,提出健康的十条标准,即:

(1) 有充沛的精力,能从容不迫地担负日常工作而不感到过分地疲劳和紧张;

(2) 态度积极,处事乐观,勇于承担责任,心胸开阔;

(3) 精神饱满,情绪稳定,善于休息,睡眠良好;

(4) 自我控制能力强,善于排除干扰;

(5) 应变能力强,能适应外界环境的各种变化;

(6) 体重得当,身体匀称,站立时,头、肩、臂的位置协调;

(7) 眼睛炯炯有神,善于观察,反应敏锐;

(8) 牙齿清洁,无空洞,无痛感,无出血现象,齿龈颜色正常;

(9) 头发有光泽,无头皮屑;

（10）肌肉和皮肤富有弹性，步态轻松自如。

从这十条标准我们可以看到，前五条是心理健康的内容，后五条是生理健康的要求。而即便是在后五条中，我们也可以发现它们和心理健康有密切的关系，如：眼睛炯炯有神，既说明人的眼睛生理器官正常，也表现出人的精神状态的积极；步态轻松自如，既说明人身体健康，也说明人心情愉快。可见，健康应包括身体健康和心理健康两个方面，一个人生理、心理和社会适应都处于完满状态，才算是真正的健康。

根据1998年世界卫生组织修改过的健康定义，我们可以将健康划分为以下四个层次并分别确定相应标准。

1. 生理健康

生理健康是健康的生理基础，要求人体结构完整，各项生理机能正常。

2. 心理健康

心理健康要求具有同情心与爱心，情绪稳定，具有责任心和自信心，热爱生活，与人和睦相处，善于交往，有较强的社会适应能力，知足常乐。

3. 社会适应健康

社会适应健康是指在不同时间内在不同岗位上对各种角色的适应情况。适应良好是指能胜任各种角色，适应不良是指缺乏角色意识。

4. 道德健康

道德健康的最高标准是无私奉献，最低标准是不损害他人。道德不健康是指损人利己或是损人不利己。

第三节 心理健康标准

一、心理健康的含义

一个身体有缺陷，生理机能不完善的人，可能在这个世界上生活得很愉快，但一个心理不健康的人，即便他的身体非常健康，他也可能生活得非常痛苦。由此可见，心理健康对一个人来说是非常重要的。那么，什么是心理健康呢？

第三届国际心理卫生大会（1946年）曾为心理健康下过一个定义："所谓心理

健康是指在身体、智能以及情感上，在与他人的心理健康不相矛盾的范围内，将个人心境发展成最佳的状态。"显然，这一定义过分突出了个人体验，而且"最佳"状态的标准也难以掌握。该次大会也曾认定心理健康的标志是：

（1）身体、智力、情绪十分协调；

（2）适应环境，在人际关系中能彼此谦让；

（3）有幸福感；

（4）在职业工作中，能充分发挥自己的能力，过着有效率的生活。

我们认为，心理健康应包括两个方面的含义。一是指心理健康状态，即心理健康是一种持续的、积极的心理状态，个体在这种状态下能更好地适应环境、发展自我。具体表现在：个体对内部环境具有安定感，对外部环境能以社会认可的形式去应对，能充分体现出生命的活力，最大限度地发挥出其身心功能和潜能。表现在行为上，一方面能为社会所接受，另一方面又能为自身带来快乐和成就。二是指维持心理健康、保持和改善个体对环境的适应、减少问题行为和预防与治疗精神疾病的原则和措施。

心理健康还有狭义和广义之分：狭义的心理健康，主要是预防和治疗心理障碍或问题行为；广义的心理健康，则以帮助个体学会心理调控、发挥更大的心理效能为目标，即个体在环境中健康地生活，不断提高心理健康水平，从而更好地适应社会生活，更有效地为社会和人类做出贡献。

二、心理健康的标准

虽然目前世界上的心理学家们对心理健康的标准并没有统一的认识，有着各自不同的具体规定，但相对来说，著名心理学家马斯洛（A. Maslow）和密特尔曼（Mittelman）提出的十条标准较为世人所认可：

（1）有充分的自我安全感；

（2）能充分了解自己，并能恰当地评价自己的能力；

（3）生活理想和目标切合实际；

（4）能与周围环境保持良好的接触；

（5）能保持人格的完整与和谐；

（6）善于从经验中学习；

（7）能保持恰当和良好的人际关系；

（8）能适度地表达和控制情绪；

（9）在符合团体要求的前提下，能有限度地发挥个性；

（10）在不违背社会规范的前提下，能适当地满足个人的基本需求。

要想正确地理解和把握心理健康的标准，还需要注意以下几个问题。

首先，心理健康不等于没有烦恼和痛苦，也不等于没有一时的不健康心理和行为表现。心理健康是动态变化的过程。一个心理健康的人，并不意味着就没有任何不健康的心理和行为。判断一个人的心理是否健康，不能简单地根据一时一事的表现来决定。人人都可能有不健康的心理和行为，关键看我们如何面对它。但不健康的心理和行为持续多久才是心理不健康，只能视具体情况而定。

其次，心理健康与心理不健康没有明确的界限，二者之间存在一个广阔的过渡带。心理是一个连续变化的过程，心理健康的状况处于不断的变化之中，既可能从不健康转变到健康，也可能从健康变为不健康。心理健康与否只能反映一个人某一时间段内的状态，而不是固定不变的。心理健康的标准只是相对标准，没有绝对的心理健康或是心理不健康，只有不同程度的心理健康。

再次，心理健康的标准因文化、年龄、历史环境等因素不同而有所变化。东方人和西方人的心理健康标准不同，成年人和婴幼儿的心理健康标准不同，30年前的心理健康标准和今天的心理健康标准也会有所不同。

最后，心理健康的标准仅仅为我们提供了一个努力的方向，而不是最高境界。每一位大学生都应该在自己现实的基础上，追求心理健康和心理发展的更高层次，充分发挥自己的潜能，促进自我的全面发展。

三、心理健康状态的等级划分

人的心理健康状态并非静止不动的，而是始终处于变化发展当中，处于动态平衡状态。这种动态平衡状态，是在主体与环境相互作用的过程中发生的。所以，这种动态平衡状态被打破，即心理健康状态被破坏，也是随时可能发生的。根据破坏的严重程度不同，可以将人的心理健康状态划分为四个等级，即健康状态—不良状态—心理障碍—心理疾病。

（一）健康状态

判断一个人是否处于心理健康状态，可以从本人评价、他人评价和社会功能状况三个方面分析：① 本人不觉得痛苦。即在一个时间段中（如一周、一月、一季或一年）快乐的感觉大于痛苦的感觉。② 他人不感觉到异常。即心理活动与周围环境相协调，不出现与周围环境格格不入的现象。③ 社会功能良好。即能胜任家庭和社会角色，能在一般社会环境下充分发挥自身能力，利用现有条件（或创造条件）实现自我价值。

（二）不良状态

不良状态是介于健康状态与疾病状态之间的状态，是正常人中常见的一种亚健康状态。它是由于个人心理素质（如过于好强、孤僻、敏感等）、生活事件（如学习压力大、考试不顺利、失恋等）、身体不良状况（如疾病、劳累等）等因素所引起的。它的特点是：一般来说持续时间较短，能够很快通过休息、聊天、运动、旅游、娱乐等方式得到缓解，处于此状态的人并不怎么影响完成日常学习、生活和工作任务，他们只是感觉到"郁闷""没劲""不高兴""好累"。小部分人若长时间得不到缓解可能形成一种相对固定的状态。这部分人应该去寻求心理医生的帮助，以尽快得到调整。

（三）心理障碍

心理障碍是因为个人及外界因素造成心理状态的某一方面或几方面发展的超前、停滞、延迟、退缩或偏离。它的特点是：① 不协调性。其心理活动的外在表现与其生理年龄不相称或反应方式与常人不同。如：成人表现出幼稚状态（停滞、延迟、退缩）；儿童出现成人行为（不均衡的超前发展）；对外界刺激的反应方式异常（偏离）；等等。② 针对性。处于此类状态的人往往对障碍对象（如敏感的事、物及环境等）有强烈的心理反应（包括思维、信念及动作行为），而对非障碍对象可能表现得很正常。③ 损害较大。此状态对其社会功能影响较大。它可能使当事人不能按常人的标准完成某项（或某几项）社会功能。如：社交焦虑（又名社交恐惧）不能完成社交活动，锐器恐怖者不敢使用刀、剪，性心理障碍者难以与异性正常交往。④ 需求助于心理医生。此状态者大部分不能通过自我调整和非专业人员的帮助而解决根本问题。心理医生的指导是必需的。

（四）心理疾病

心理疾病是由于个人及外界因素引起个体强烈的心理反应（思维、情感、动作行为、意志）并伴有明显的躯体不适感，是大脑功能失调的外在表现。其特点是：① 强烈的心理反应——可出现思维判断上失误，思维敏捷性下降，记忆力明显减退，头脑黏滞感、空白感，强烈自卑感及痛苦感，缺乏精力，情绪低落或忧郁，紧张焦虑，行为失常（如重复动作、动作减少、退缩行为等），意志减退，等等。② 明显的躯体不适感——由于中枢控制系统功能失调可能引起所控制的人体各个系统功能失调。如：影响消化系统则可出现食欲不振、腹部涨满、便秘等症状；影响心血管系统则可出现心慌、胸闷、头晕等症状；影响内分泌系统可出现女性月经周期改变、男性性功能障碍等。③ 损害大——此状态患者不能或勉强能完成其社会功能，缺乏轻松、愉快的体验，痛苦感极为强烈，"哪里都不舒服""活着不如死了好"是他们真实的内心体验。④ 需心理医生的治疗——此状态患者一般不能通过自身调整和非心理科专业医生的治疗而康复。心理医生对此类患者的治疗一般采用心理治疗和药物治疗相结合的综合治疗手段。在治疗早期通过情绪调节和药物快速调整患者情绪，中后期结合心理治疗解除患者心理障碍并通过心理训练达到社会功能的恢复以提高其心理健康水平。

四、大学生心理健康的基本要求

大学生是一个特殊的群体，根据大学生年龄阶段、所处环境、社会角色和心理发展的特点，我们将其心理健康的基本要求概括如下。

（一）客观地认识自我、悦纳自我

心理健康的大学生应该能够正确地评价自我，客观地认识自己、了解自己、接纳自己，有自知之明。既不苛求完美，也不怨天尤人；既善于看清并利用自身优势，也敢于直面并改进自己的缺点。扬长避短，自尊自信，不卑不亢，找准前进的基点和努力的方向。

（二）人际关系和谐

人际关系状况是心理健康状况最直接的反映。心理健康的大学生表现为乐于与人交往，平等待人：既尊重他人的个性，宽容他人的缺点，也能保持自己的尊严和自身的独立性；既能理解他人，又能为他人所接受；既能友善地与人相处、享受友谊的乐趣，也能独处而不感到孤独。

（三）学习兴趣浓厚，有较强的学习能力

心理健康的大学生应智力正常，有强烈的求知欲望和浓厚的学习兴趣，掌握适合自己的科学的学习方法；能克服学习中遇到的困难，保持良好的学习效率，从学习中获得快乐与满足的体验。

（四）拥有控制和调节情绪的能力，心境良好

情绪健康是心理健康的重要指标之一。心理健康的大学生一般乐观开朗，心情愉快，善于控制和把握自己的情绪，喜不狂、忧不绝、胜不骄、败不馁。即便遇到悲、愁、忧、怒等消极情绪的困扰，也能及时、适度地加以宣泄和控制，尽快予以调节。良好的情绪状态有利于身体健康、学习效率的提高和人际关系的协调。

（五）人格完整、和谐

人格是个体比较稳定的心理特征的总和，包括气质、性格、能力和动机、兴趣、信念、理想、人生观等。人格完整、和谐是指人格的各要素之间相辅相成，有一定的连贯性和稳定性，所言、所思、所行协调一致、平衡发展。心理健康的大学生，思考问题的方式适中、合理，待人接物能采取恰当、灵活的态度，对外界刺激不会有偏颇的情绪和行为反应，能够与社会的步调合拍，能够很快融入集体。

（六）社会适应正常

良好的适应能力是心理健康的重要体现。进入到陌生环境中，心理健康的同学不会消极地抱怨、不满、苦闷，而是善于观察、思考，与环境保持良好的接触，对

环境做出客观的判断和评价,认识到环境对自己的新要求,及时调整原有的愿望、需要、目标,自觉并有效地调节自我需要与社会需要的矛盾冲突,使自我与社会始终保持协调一致。

(七) 心理行为符合年龄特征

个体的心理与行为总是随着年龄的增长而不断变化发展的。每个人的认识、情感、言行举止应基本符合自己的年龄特征,才是心理健康的表现。大学生处于特定的年龄阶段,就应该具有与该年龄段和角色相符合的心理行为特征。大学生过于老成或过于幼稚都是心理不健康的表现。

第四节 大学生心理保健

大学生正处于由青少年心理向成年人心理过渡和转变的时期,大学阶段是人迅速社会化的关键阶段。在这一阶段的大学生,其心理发展表现出一些独有的特征,也会遇到一些相应的心理问题。大学生的心理特点及心理矛盾问题是其社会角色发生转换、生活环境发生变化的必然反映,这在大学新生中表现得尤为明显。对于这些矛盾如不进行及时疏导、调适和化解,很可能会引发大学生的心理问题,影响其心理健康,影响其成长。大学生只有对自身的心理特点有一个明确的认识,对心理咨询有个初步的了解,对出现的心理问题能够及时调适,才能以良好的心态面对大学的学习和生活。

一、大学生的心理特点

(一) 心理发展具有阶段性

大学生在校期间的学习、生活,可以分为入学适应、稳定发展和就业准备三个阶段,不同阶段的心理状况有所不同。入学适应是迈进大学校门的新生都要经历的难关。面临全新的环境、角色、人际关系、生活方式和学习方法等变化,相当一部分新生原有的心理平衡被打破,内心交织着自信与自卑、轻松与压力,需要尽快建立新的心理结构,才能实现新的心理平衡。入学适应阶段是整个大学时期最困难的阶段。适应不好,可能会影响到整个大学时期的学习生活。适应期的时间长短因人而异,一般为一个学期左右。经过一段时期的调整、适应后,大学生进入稳定发展阶段，这是大学生活最主要、最长久的时期，基本持续到大学毕业前夕。这一阶段的大学生会面临许多新情况、新问题，并在面对、解决这些问题的过程中不断发展、完善自我，每个人都以自己独特的方式塑造着自己。大学生活即将结束时，大学生进入了就业准备阶段，这是大学生从学生生活向职业生活转变的过渡时期。毕业在即的大学生面对毕业设计、论文答辩、求职择业、恋人去向等诸多选择和思考，心理压力和冲突将会不断出现。这个阶段对大学生来讲是各方面素质的综合考验，同时，又进一步促进了大学生心理的成熟与发展。绝大多数同学经过几年的专业学习和心理发展，已经具备较为稳定的人生观、丰富的知识和良好的心理自我调控能力，但也有少数学生因在学业或求职中遇到挫折，会产生种种心理问题，或悲观失望，无所适从，或做出毁坏公物、打架斗殴的不当行为。

（二）心理活动两极性扩大，心理发展中多种矛盾并存

在中学时期，两极性主要表现在情绪生活方面。到了大学阶段，两极性的表现明显扩大。不仅在情绪生活中继续表现出两极性的特点，而且在意志行动、道德品质和人际交往等许多方面都表现出两极性的特征。例如，在意志行动方面，积极性与消极性、严谨与散漫等两极性特征在大学生中表现得非常明显；在道德品质方面，真实性与虚伪性、自我批判与自我安慰等两极性特征在大学生中也经常可以看到；在人际交往方面，亲密与对抗、开放与孤独等两极性特征在大学生中表现得也比较突出。

大学生正处于由不成熟走向成熟的成长过程中，面对大学新的环境、新的角色、新的竞争带来的新的压力，在其心理发展中出现种种的矛盾：理想与现实的矛盾、交往需要与心理封闭的矛盾、独立性与依赖性的矛盾、自信与自卑的矛盾、情感与理智的矛盾、积极进取与安于现状的矛盾、知与行的矛盾等等。这些内在的矛盾往往使大学生们进退两难、难于抉择，如不进行及时、合理的心理调适，便有可能破坏心理平衡，影响心理健康。

（三）思维能力迅速发展但易带主观性

思维能力是人的智力的核心。大学生由于掌握的知识越来越多，受到的思维训练越来越复杂，抽象思维能力得到迅猛发展，思维的逻辑性、发散性都有了新的提高，加上丰富的想象力，促进了思维的活跃性和创造性，因而产生了积极的创造欲和成就感，喜欢标新立异，能灵活运用各种思维技能，提出新的设想和见解，以获得新颖、独创性的思维结果。此外，大学生思维的独立性和批判性也有明显的增强，不再满足于被动地接受，而是主动地去观察、思考和实践，开始用批评的眼光看待周围的事物，对他人的意见不轻信和盲从，遇事要先问问"为什么""是否有道理"；喜欢怀疑和争论，敢于大胆发表个人的独立见解，能对自己的思考结果进行检查和评价。但由于其知识水平、经验积累、社会阅历的局限，辩证逻辑思维能力不

够强，在观察、分析事物时易带主观性，表现出过分的自信和固执己见。

（四）自我意识增强但存在一定误区

自我意识是人对自身及自身与周围世界关系的认识，包括自我认识、自我评价、自我期望和自我监控。人的自我意识从儿童期开始发展，到青年期逐步走向成熟。大学生身心发展迅速，自我意识进一步增强，能够将自我分化为"主体的我"和"客体的我"，用"主体的我"去观察、分析和统一"客体的我"；能根据社会和他人对自己的要求以及自己对自己的要求，进行自我认识和自我评价；有较好的自立、自律、自强意识，崇尚自我完善，重视探索自我价值与社会需求的有机结合；在"成人感"和求知欲望的驱动下，逐渐把思考的对象由自我转向社会，开始关注更多的社会问题。但是如果对自我的认识不够客观、全面，自我评价有失偏颇，就容易导致自大或自卑的产生；如果自我期望值比较高，而自我约束控制能力又比较差，就会感觉到力不从心。所以，在入学后的一段时间里，相当一部分同学常感到苦闷和迷茫。

（五）需要复杂，情感丰富但情绪波动大

需要是情绪与情感产生的基础。大学生的心理需要复杂多样，既有衣食住行等基本生活的需要，又有迫切的交往需要和成就需要，渴望理解和尊重，寻求友谊和爱情。他们还有自我实现和求真、求善、求美的高层次需要。复杂强烈的需要导致大学生的情绪与情感体验丰富而深刻，使得他们不论在日常生活、学习、交往中，还是在从事社会活动时，无不带有浓厚的感情色彩。青年期是人生中感情最丰富的时期。大学生年轻气盛，有着丰富、复杂而又强烈的感情世界，情绪体验来得快而且强烈，喜怒哀乐表现得比较充分而具体，常表现出"疾风暴雨"式的激情状态。这种激情状态具有两重性：积极方面，往往表现出为真理而奋斗的热忱，可以激发出见义勇为的正义举动；消极方面，容易表现为感情的冲动、盲目的狂热，往往导致不假思索、不听劝阻、不计后果甚至丧失理智的举动，铸成错误。而且情绪容易摇摆不定，跌宕起伏大，激情与消沉、盲目狂热与懊丧悔恨交替迅速。

大学生的情感除了易外露之外，还往往有相反的一面，即内向性和闭锁性，这是青年出于自卫本能而出现的心理特征。这种闭锁性使大学生情绪的外部表现和内在体验经常处于矛盾状态，经常有意地掩饰自己的真实情感，不愿意把内心的秘密和真实的思想感情轻易地向他人吐露，同时，内心深处又存在希望被人理解的强烈愿望，从而导致苦恼。

（六）性意识觉醒，但处理相关问题的知识能力却较为欠缺

大学生身体已发育成熟，性意识开始觉醒，感情欲望逐渐增强。许多同学开始注重自我形象，关注异性，渴望与异性交往，希望获得爱情。然而，中国的传统文化对大学生的性冲动一般采取否定甚至压抑的态度，这就使得大学生对自己的性冲

动产生强烈的矛盾心态。本能的冲动欲望使他们渴求与异性接触，一般的社会道德又压抑他们的冲动欲望，如果处理不当，就会产生心理问题。若是能够合理选择恋爱的时机，正确处理好学业与爱情的关系，并采取文明、健康的恋爱方式，那么这段感情就会成为我们美好人生的华丽篇章。但在实际生活中，有的同学因欠缺科学的性知识，对自身的性问题感到困惑和疑虑；有的同学因缺乏交往训练和技巧而不知道如何与异性进行正常交往，不善于掌握与异性交往的分寸；有的同学喜欢感情用事，不计后果，忽略责任，容易在与异性交往的过程中发生"出格"行为，受到舆论指责；还有些同学过于压抑自己的性冲动，使个人处于自我封闭等多种困扰中。这些，都容易导致心理障碍，影响校园的正常生活。特别值得注意的是，大学生虽然在性心理上已经成熟，性意识也非常强烈，但因缺乏社会经验，很容易将性爱问题简单化、理想化，一旦接触复杂的实际问题，便容易陷入悲观、失望等消极状态。近年来的调查显示，大学生因性爱问题引发的心理困扰呈明显的上升趋势。因此，对大学生在性爱方面的心理困扰必须给予足够重视，积极采取措施加以正确引导，才能为他们性意识乃至整个人格的健康发展打下良好基础。

二、大学生常见的心理问题

（一）大学生活适应问题

适应大学生活，完成大学生作为"文化人"和"社会人"的培养任务，帮助大学生完成社会化，是大学生活的重要内容。大学生来到新的校园后，有许多人可能会出现以下状况：因对环境和专业不满而产生失落感；因对自己及他人认识的片面性而产生自卑感；因离开家乡和家庭，不善于与陌生人交往、与他人关系淡漠而产生孤独感；因暂时的目标迷失、学习失去动力而产生无聊感；因学习压力或是经济压力而产生恐惧感；因热心参加社团活动而又处理不好学习与这些活动的关系而产生矛盾感。凡此种种，都属于大学生活适应问题。

（二）学业问题

大学学习与中学学习的要求有很大的不同，强调宽松、自由、自主，注重自主学习的能力、合理建构知识体系能力的培养，一切都要靠学生个人的自觉和努力。进入大学后，面对突然宽松的环境和大量可自由支配的时间，相当多的同学一时无所适从，失去了动力和目标，不能够及时调整、改变学习方法及养成新的学习习惯，结果造成成绩一落千丈、自信心受到极大打击，心理就容易出现问题。还有的同学处理不好专业学习与兴趣爱好、社团活动等之间的矛盾，虽整天忙忙碌碌，却收获甚少。有的同学仅仅满足于课堂学习，不懂得课堂的学习只是大学学习的一部分，要掌握更多、更广、更深的知识，还必须自己在课下多钻研、拓展，多动手操作、实践，关注本专业、学科及相关领域的动态和前沿问题。

（三）情绪问题

稳定的情绪和积极、良好的情绪反应，是学生成才很重要的因素，也是学生心理健康中值得重视的问题。情绪问题主要表现在两个方面：一是抑郁，二是情绪失衡。抑郁表现为长久的情绪低落，心情压抑、沮丧、无精打采，什么事情都提不起精神，什么活动都懒得参加。家庭经济状况差、家庭亲和感差，以及考试失利、失去亲人、失恋、同学关系破裂等都可能是抑郁的直接诱因。情绪失衡则表现为情绪波动大、高低不定，喜怒无常，有一点小成绩就沾沾自喜，遇到一点挫折就一蹶不振，无法控制自己的情绪。学校里的打架事件，起因多是生活中一点小的摩擦。学生的群体情绪一旦激发，很难受到理性和校规、校纪的约束，"为朋友而战"，"为义气而战"，当情绪稳定下来之后，往往后悔不已。

（四）人际交往问题

现在的大学生基本上是独生子女，以自我为中心的意识特别强，很难融入集体生活。有些同学很想与人交往，却不知道该怎么样去交往，总希望别人先主动与自己接近，缺乏交往的主动性，处于"守株待兔"的状态；有些同学缺乏在公众场合表达自己思想的能力和勇气，面对各种各样的活动，充满了兴趣，却又害怕失败，结果在犹豫中错过了机会，久而久之，开始回避参与，感叹"外面的世界很精彩，外面的世界很无奈"；有些同学一旦与人交往失败，就变得性格孤僻或少言寡语，从而对人际关系敏感、对人总有敌意，偏执、多疑甚至自闭。由于缺乏人际交往的训练和技巧，很多人在交往中不能有效沟通，不能及时、理性地解决生活中发生的摩擦与矛盾，往往产生情绪的波动而影响学习。

（五）焦虑问题

大学生的焦虑主要表现为自我焦虑和考试焦虑。青年时期比任何其他年龄阶段都更关注自己在他人尤其是异性心目中的形象，往往会受到长相、身高、体形、能力、家境等各种因素的影响，产生各种各样的焦虑。尽管所有的大学生都经过了"黑色六月"的严峻考验，但考试对学生心理的影响却依然无处不在，特别是对于那些基础较差、在大学第一个学期考试失利的学生的影响尤为突出。他们无端担心考试失败，甚至产生了厌倦考试的心理状态，即便作了最精心的准备，在考试前也还是睡不好觉，一想到考试就非常紧张。

（六）情感问题

爱情、友情、亲情是学生情感方面的三个重要问题。爱情在大学里虽然并非一门必修课，但学会如何正确处理爱情与学业的关系却是每个大学生都应该认真思考的课题。大学生们在自觉与不自觉中开始了自己的情感之旅，却往往找不到方向。各种轻佻的、不负责任的恋爱观给大学生们的恋情造成极大的困扰。在大学时代，友谊与爱情的界限往往不那么分明，男女同学交往的尺度也不是那么好把握的。在情感的边缘，许多同学都在徘徊着，"想说爱你并不是很容易的事"，"想得到爱情却害怕连友谊一同失去"。与恋人之间、同学之间频繁的联系相比，与父母的对话越来越简短，常常是涉及实际问题如经济供给的时候才想起父母。学生们对父母的亲情关爱并非一无所知，但回报太少且理直气壮地认定父母并不求回报。

（七）性教育问题

青春期性心理的成熟，必然带来相应的心理变化，渴望获得异性的好感与承认，产生性幻想、性冲动等，这是正常的心理反应。由于性教育的严重缺失，很多学生不能正确认识自我的性反应，产生了堕落感、耻辱感与性罪恶感，把性与不洁联系起来。有的同学因做性梦产生性幻想不能自拔以致萌发了轻生的念头；也有的同学由于对自身性生理欲望的放纵，与恋爱对象甚至其他对象发生两性行为并不罕见。由于性生理的成熟与性心理的不够成熟的矛盾，大学生们面临这样的选择：现在的恋人可能不是最终的选择，性关系无论从道德上还是心理上都使对方多了一分沉甸甸的责任。"面对男朋友的性要求，如何选择才能既不伤双方感情，又保持了自身的尊严？""既不破坏社会公德、又不影响他人，健康的性行为为什么不可以呢？"性好奇、性无知、性贞洁感的淡化，甚至性与爱的困惑、分离以及由于性行为引起的后果及产生的心理压力，都是值得引起重视的问题。

（八）特殊群体学生的心理健康问题

首先是独生子女群体。独生子女大学生一般都有较好的家庭条件，缺乏直接的竞争压力与经济压力。相对而言，他们独立生活能力、自立能力、进取意识显得不足；他们对集体生活不适应，不为他人着想，凡事以自我为中心；他们缺少明确的学习动力，对生活质量的要求高，对人生理想的追求则不够高，成就需要弱，心理承受能力差。其次是特困生群体。近年来，特困生的思想教育、生活受到社会各界的广泛关注，各高校采取"奖、勤、助、补、贷"等多种措施，解决困难学生的生活问题。但是，仅仅关注解决困难学生的经济困难是不够的，他们的心理问题也需要引起高度重视，尤其是那些家庭经济困难，学习成绩也不理想的"双困生"。经济条件影响和制约着他们的成长，强烈的自尊和强烈的自卑并存令他们心理失去平衡。有的特困生要面子，不肯申请贫困补助，特别是类似寒衣补助之类的实物补助，生怕自己被打上贫困生的标签而让人看不起；有的贫困生则视学校提供的一切帮助为理所当然，"我困难，你学校里总不能让我失学吧"；有的贫困生补助、贷款、减免都有份，就是不肯参加勤工助学工作，认为太辛苦，对补助产生了心理上的依赖感，只知索取，不懂回报，助长了惰性，也滋长了"等""靠""要"的思想。上述这些都不利于他们健康人格的培养。

三、大学生自我心理调适

(一) 正视情绪问题

遭遇困境或受挫出现消极的情绪时,不要逃避,要正视消极情绪,要明白它是一种正常的反应;冷静下来,对受挫及不良情绪产生原因仔细地进行客观剖析和认真体验,以便有的放矢地找出最佳的解决方案。此外,要敢于表达或暴露自己的情绪,这样才能有针对性地和有效地驾驭与控制它。否则,盲目地压抑和掩饰既有害于自身情绪系统的健康发展,又不利于良好人格的重塑。

(二) 合理宣泄

通过适当的途径将压抑的不良情绪释放出来。宣泄要适度,方式需合理,不可违反社会公序良俗。不择方式与不顾后果的尽情宣泄可能会把事情弄得更糟,增添新的烦恼。合理宣泄通常可以用以下方式进行。

1. 学会倾诉

当产生不良情绪时,朋友们聚一聚,一壶清茶,一杯咖啡,就事论事倾诉一番,把自己积郁的消极情绪倾诉出来,以便得到别人的同情、开导和安慰;也可以通过电话、微信、QQ、微博、BBS等形式达到同样的效果。

2. 高声唱歌

放开喉咙高声唱那些平时自己最喜欢唱的、唱得最好且又有气势的歌曲,是排除紧张、激动情绪的有效手段。歌的旋律、词的激励、唱歌时有节律的呼吸与运动,都可以缓解紧张情绪。

3. 哭出声来

从医学角度来讲,短时间内的痛哭是释放不良情绪的最好方法,是心理保健的有效措施。因为人在情感激动时流出的泪会产生高浓度的蛋白质,它可以减轻乃至消除人的压抑情绪。当痛苦悲伤时,流泪会使人内心感到舒畅一些,如果低声饮泣不能减轻悲痛,那就索性哭出声来。

4. 大声呼喊

可以吼叫(在室内面壁)或呼喊(到操场、旷野、山顶),在不妨碍他人的情况下高声疾呼,吐出胸中的郁闷。

5. 文体活动

听音乐、玩游戏或参加体育活动均为宣泄的好方法。尤其人在运动时会产生多巴胺,而多巴胺是一种神经传导物质,用来帮助细胞传送脉冲的化学物质,可以传递兴奋及开心的信息。所以情绪不佳时,去跑步、打球、登山等,是一个很好的选择。

6. 以静制动

默默地侍花弄草,观鸟赏月,或舞文弄墨,垂钓河边,这种看似与排除不良情绪无关的行为恰是一种以静制动的独特的宣泄方式，它以清静雅致的态度平息心头怒气，从而排除沉重的压抑。这种方式往往是知识型社会成员的选择。

现实生活中宣泄的方法很多，人与人因个体差异和所处环境、条件各异，采用宣泄的方式也各不相同，从小小的一声叹气，到大声痛哭、疾呼、怒吼以及打球、玩游戏、聊天，甚至适当购物等都可以起到宣泄作用。

（三）改变不合理信念

合理信念产生合理的情绪行为方式，不合理信念则产生不合理的情绪行为反应。可以借助理性的思考方式，纠正不正确或不合理的信念，以消除情绪困扰和行为异常。需要注意的不合理信念有以下几种。

1. 对自己的不合理要求

"我必须出色地完成所做的事情，赢得别人的赞赏。否则，我会认为自己是一个毫无价值的人。"在这种情况（给自己提出的是难以达到的目标）下，因失败（在所难免）而失望（感到受不了），由此产生情绪障碍。理性的人应当意识到，一件事没做好，并不说明自己一无是处，而只说明自己在这件事上办糟了。

2. 对他人的不合理要求

"人们必须善意对待我，并以我所希望的方式来对待我。否则，社会应该对他们那种轻率之举给予严厉的谴责、诅咒和惩罚。"事实上，这种无理要求行不通。理性的人都懂得尊重他人，不会要求他人以自己的意志为转移，这样，就会避免消极情绪的产生。

3. 对周围环境及事物的不合理要求

"我周围的环境与条件，必须是安排得良好的，以便我能很舒服、很快、很容易地得到每一种我想得到的东西，而我不想要的东西一件也碰不到。"世界上各种事物均有其各自的运动规律，不可能凡事都顺着个人心意。理性的人一般都会尽可能地去改善周围环境以适合自己的需要；如果确实不能改变，就需努力去正视并接受这个事实。

（四）自我暗示

自我暗示是指自己将某种观念暗示给自己，靠思想、语词对自己施加影响以达到心理卫生、心理预防和心理治疗目的的方法。一个人如果故意对他人说心情不好，见一个人就说"我心情不好，别碰我"，说得多了，他真的就心情不好了。积极的自我暗示将形成一种强烈的心理定势，并引导潜在动机产生行为。每个人都会有不顺的时候，试着在最不开心和失败时对自己说："这是最糟糕的了，不会再有比这更倒霉的事发生了。"既然"最糟糕的事"都已经发生了，还有什么可怕的呢？既然已经到了最低谷，那么以后就该否极泰来了！当你在最不顺利的时候给自己这样的心理暗示，既会增强心中的安全感，也会给自己以信心。我们越经常性地意识到我们正在告诉自己的一切,选择积极、乐观的语言和概念,我们就越能够容易地创造出一个积极的现实。比如:面临紧张的考试,反复告诫自己"沉着、沉着";在荣誉面前,自敲警钟"谦虚、谦虚";在遭遇挫折时,安慰自己"要看到光明,要提高勇气";等等。学习自我暗示,需要坚强刚毅的意志,要对自我及自我暗示有坚定不移的信心,并在实践中进行锻炼,使自我暗示得到恰如其分的应用。

(五)自我放松

通过放松自己的躯体(身体)和精神(心理),以降低交感神经的活动水平,减缓肌肉紧张,消除焦虑等主观状态而获得抗应激效果。当人们面临挫折与冲突时,学会自我放松可远离消极情绪的困扰与伤害。如在思考时出现过度紧张,可用深呼吸来放松自己的躯体(身体)和精神(心理)。具体做法:深吸气时,先使腹部膨胀,然后使胸部膨胀,达到极限后,屏气几秒钟,逐渐呼出气体。呼气时,先收缩胸部,再收缩腹部,尽量排出肺内气体。这样反复进行吸气、呼气,每次3~5分钟,循环往复,直到过度紧张反应消失为止。此外,再介绍一些放松的方法:

(1)平卧,从上至下,从左至右分别使身体各部位肌肉紧张起来,然后再放松。做完之后,安静地松弛几分钟。

(2)洗热水澡,可使心身放松。

(3)在条件允许时,做些户外运动如游泳、在沙滩或草地上奔跑,以获得一种解脱感。或者在快速行驶物上让新鲜空气扑面而来,或纵声喊叫、唱歌、大笑,在地上打滚、丢石头、爬树,忘记习俗的约束。

(4)闭目养神或听音乐。

以上调节方法对于有轻度心理障碍的人能起到一定的缓解和调节作用,但对于有中度以及严重的心理障碍问题的人,还是建议到专门的机构找专业的咨询人员来一起解决问题。

四、大学生心理咨询

心理咨询是由专业人员即心理咨询师运用心理学以及相关知识,遵循心理学原则,通过各种技术和方法,协助来访者解决心理问题的过程。"协助来访者解决心理问题"的含义有两个方面:① 咨询关系是"来访"与"协助"关系,或者说是"求"与"帮"的关系,这种关系在心理咨询中有普遍意义。② 帮助解决的问题,只能是心理问题,或是由心理问题引发的行为问题,除此以外,咨询师不帮助求助者解决任何生活中的具体问题。

心理咨询这一概念有广义和狭义之分。广义概念涵盖了临床干预的各种方法或手段;狭义概念主要是指非标准化的临床干预措施。也就是说,广义的"心理咨询"

这一概念,包括了"狭义的心理咨询"和"心理治疗"这两类临床技术手段。

心理咨询根据内容不同可分为发展性咨询和健康性咨询。前者是对个人成长发展方面的咨询,偏重于心理保健、情绪调节、潜能开发,即对来访者在环境适应、人际交往、专业学习、情感恋爱、就业等方面遇到的问题提供帮助,指导来访者更好地认识自己、发展自己,提高社会适应能力和生活质量,在大学生中较常见的有环境适应、人际关系、情感恋爱、学习、就业等;后者是对个人健康方面的咨询,偏重于心理健康,即对有一定程度的失眠多梦、烦躁易怒、心情压抑、疲倦懒散、情绪低落、焦虑不安、内心困扰等亚健康和心理障碍的咨询,在大学生中较常见的有失眠、烦躁、心情压抑、情绪低落、内心困扰等。

心理咨询是增进心理健康,防治心理疾病的重要措施,是心理教育的重要组成部分。大学生心理咨询的主要目的是优化学生心理素质,增进学生的心理健康,它的服务对象是全体学生,服务方式形式多样:通过个别面谈,排解学生成长中的困惑与烦恼;通过心理测验,了解学生的心理状况;通过团体咨询,改善学生的社会适应能力。它所涉及的领域几乎包括学生学习、生活的各个方面。实践证明,心理咨询可以帮助大学生实现有效的心理调节,扬长避短,提高心理素质,对于维护大学生心理健康具有非常重要的作用与功能。在实践中,许多大学生通过向自己信任的师长、同学等倾诉、求助,或阅读心理书籍、上网查询,找到了心理疏导方式,舒缓了紧张心理。具体地说,心理咨询具有以下功能:

(1) 心理咨询可以为来访者提供一种新的学习经验和机会。来访者通过与咨询员的交流,体验新感觉,学习新经验,纠正不适应的行为。心理咨询为来访者更加有效地面对现实提供了机会,使他们更全面、更客观地认识自己和现实,采取积极的方式去面对现实。

(2) 心理咨询可以纠正来访者的某些错误观念。通过心理咨询,帮助来访者以更准确的观念取代原有的某些错误观念,从而获得适应社会的行为。

(3) 心理咨询可以深化来访者对自身的认识。心理咨询员可以引导来访者去发现真实的自我,从而根据自己的心理状况设计自己的行为,获得实实在在的成长。

(4) 心理咨询可以提供一种建立新型人际关系的机会。在心理咨询中,咨询双方彼此信任,充满安全感,平等参与,可降低来访者的心理防御反应,形成一种和谐的咨询氛围。

(5) 心理咨询可以帮助人们认识到,自身问题的很大一部分是由于尚未解决的内部冲突,而不是外界的影响造成的。这是更为重要的功能。只有改变了自己的内部冲突,才能解决问题,并获得成长。

例分析

蔡某，女，20岁，某大学二年级学生。"我入学已一年半了，但和同学关系总是处不好。不知从什么时候起，周围的人好像都不喜欢我，讨厌我。有的人一见到我就掉头走开，有的人还在背后嘀嘀咕咕议论我。为此，我心里很烦，不知道周围的人为什么不喜欢我。你能帮助我解决这个问题吗？"

[思考题]
1. 这位女生的心理健康状态处于哪一等级？
2. 周围的人真的都不喜欢她吗？

第二章

大学生健康人格的塑造

有这样一个小故事：一位老教授昔日培养的三个得意门生都事业有成，一个在官场上春风得意，一个在商场上捷报频传，一个埋头做学问如今也苦尽甘来，成了学术明星。于是有人问老教授："你认为三人中哪个会更有出息？"老教授说："现在还看不出来。人生的较量有三个层次，最低层次是技巧的较量，其次是智慧的较量，他们现在正处于这一层次，而最高层次的较量则是人格的较量。"这个故事生动地向我们说明，在人的素质结构中，人格起着近乎决定性的作用。人格是一个人区别于其他人的独特的精神面貌和心理特征。心理学认为，随着社会的发展，人类健康而幸福的生活越来越多地取决于人类自身的人格健康状况，而且人格的健康发展也是促进社会健康发展的一种力量。人格素质是大学生综合素质的重要组成部分，综合素质的发展和提高包含着人格素质的发展和提高，而人格素质的发展和提高对综合素质的发展和提高有着重要的促进作用。因此，寻找通向健全人格之路、塑造健全的人格是大学生心理健康教育的重要目标之一。

第一节 人格与人格差异

一、人格概述

（一）人格的含义

"人格"是一个有着多种含义的概念，几乎每个人都经常使用这一术语，但对它的实际含义却有不同的看法。在日常生活中，人们往往从道德或法律的角度来使用这个词，比如说：××人格高尚，××人格低下，××侮辱别人的人格，等等。即使是心理学家对人格这一术语的定义也不尽相同。奥尔波特认为："人格是一个人的性格、气质、智能和体格等比较固定而持久的结构。这一特性决定其特有的适应环境的方式。"卡特尔认为人格是"据以推断一个人在特定的情境下将会如何行为的东西"。我国心理学家陈仲庚则认为："人格是个体内在的行为上的倾向性，它表现为一个人在不断变化中的全体的综合，是具有动力一致性和连续性的自我，是在社会化过程中形成的给予人以特色的组织。"

事实上，人格一词源于希腊语 Persona，原指舞台上扮演角色所戴的特殊脸谱，它表示剧中人物的身份、性格和角色特点，现广泛运用于社会学、法学、伦理学、心理学等众多学科，内涵十分复杂，迄今为止还没有形成一个为所有学科共同接受的明确的定义。在《现代汉语词典（第7版）》中，"人格"一词被标出了三种意义：一是指人的性格、气质、能力等特征的总和，二是指个人的道德品质，三是指人作为权利、义务主体的资格。心理学上研究的"人格"主要指上述的第一个层面的含义，也称为个性。心理学借用这个术语用来说明：在人生的大舞台上，人也会根据社会角色的不同来换面具，这些面具就是人格的外在表现。面具后面还有一个实实在在的真我，即真实的人格，它可能和外在的面具截然不同。

我们认为，所谓人格，就是人的各种心理特性的总和，也是各种心理特性的一个相对稳定的组织结构，既包括外在的行为及其表现，也包含内在的心理状态和精神面貌。它是个体的人在社会生活中呈现出的整体的或综合的状态与方式。人格是先天与后天综合作用的结果，它在社会生活中形成和体现，既可获得也可丧失，既可能健康也可能病态，同时也有完整与分裂、高尚与卑下、健全与缺损等差别。人格是一个人的生理、心理和社会行为诸方面综合的整体概念，是一个人的内在品质和外在行为的总和，是人在社会化过程中形成的特有的自我，在不同的时间和地点，它都影响着一个人的思想、情感和行为，使他具有区别于他人的、独特的心理品质。每个人人格中都会有不良的成分，人只有了解了自己人格中的不足，才能加以改正，使自己的人格日趋完善。

需要说明的是，人格的概念和个性的概念既有密切的联系，又有一定的区别。这种区别反映了心理学家对人格概念理解上的差异。苏联心理学界常用个性这个概念，它强调个体之间的差异，认为个性是一个人不同于他人的心理特点的综合。西方心理学界常用人格这个概念，把人格看作个性中除能力以外的其他部分。本书在分析人格构成的时候，基本上把人格等同于个性，因而把能力也看作人格心理特征的组成部分。

(二) 人格的特征

1. 人格的整体性与综合性

人格的整体性与综合性是指包含在人格中的各种要素相互联系、互相渗透、相互制约，构成了一个综合的有机整体。它具有内在的一致性，虽然不能直接观察得到，却表现在行为中，让人的各种行为所表现出来的特征是一个整体，体现了一个人独特的精神风貌。所以通常我们谈论一个人的人格时，多半只用一两个最突出、最明显的特征来代表，如说某人顽强、果断，说某人大方或吝啬等。当一个人的人格结构各方面彼此和谐一致时，就会呈现出健康人格特征；否则，就会使人发生心理冲突，产生各种适应困难，甚至出现人格分裂。

2. 人格的独特性与共同性

人格的独特性是指人与人之间没有完全相同的心理面貌，就像世界上没有完全相同的树叶一样。每个人都有自己的人格，每个人的人格都有自己的独特性。"人心不同，各如其面"。由于遗传、家庭教育、学校教育、周围社会环境、时代背景等方面的差异，人格的形成和发展必然会各不相同。如大学新生在适应新环境方面，因为个体的经历、性格等差异，会形成适应感和不适应感、自信和自卑等多种心态，进而影响到具体个人的人格发展、变化。上述诸多因素综合在一起，就会渐渐形成各具特色的人格特征。

当然，我们强调人格的独特性，并不是排除人格的共同性。事实上，人格是独特性与共同性的统一。人格的共同性是指某一群体、某个阶层或某一民族，在一定的群体环境、生活环境、自然环境中形成的共同的典型的心理特点。人格的独特性与共同性的关系是个性与共性的关系，个性中包含着共性，共性又通过个性表现出来。

3. 人格的社会性和生物性

人们出生之时只是一个生物学意义上的个体，与其他动物并无本质区别。这时人与人之间的差异性纯粹是生物学的或遗传学的。但出生也就意味着从一个简单的生理环境进入到了一个复杂的社会环境之中，要掌握所处社会的行为道德规范、价值观念、信念体系、社会风俗等。因此，人既是一个生物实体，又是一个社会实体，人格的形成既要受生物学规律的制约，又要受社会因素的制约。人格的形成可以说是一个人由生物实体向社会实体转化的过程，也即个体社会化的过程。所谓社会化是个人在与他人交往中逐步掌握社会经验和行为规范，获得自我的过程。每个人的人格都打上了他所处的时代的烙印，不同社会的政治、经济、文化对个体有不同的影响，使人格带有明显的社会性。离开人类的社会生活，人的正常人格就无法形成和发展。

4. 人格的稳定性和可塑性

人格具有相对稳定性，因为人格是在长期的社会实践经历中逐渐形成的。正所谓"江山易改，本性难移"。人在行动中偶然的表现并不能代表他的整体人格，只有在实践中比较稳定的经常表露出的心理特征才能显示其人格。如一个很外向的人，偶然的时间、地点表现得很内向，不能由此说他是内向型的人。同时，人格的稳定性是相对的，也就是说人格并非一成不变的，它具有可塑性。由于人格的特征是在生活实践中逐渐形成的，随着社会生活条件的变化和一个人的发育成熟，人格也会有所变化。生活中重大事件，如丧失配偶、迁居异地等，往往会使一个人的人格发生突变。意志坚强的人通过自我教育，也可能改变自己的人格。

（三）人格的结构

人格是一个复杂的结构系统，它包含着各种成分，简单地说，主要包括人格的倾向性和人格的心理特征两个方面。前者是指人格的动力，后者是指个体之间的差异。

人格的倾向性是关于人的行为活动动力方面的心理特征，包括需要、动机、兴趣等。需要是对有机体内部不平衡状态的反映，表现为有机体对内外环境条件的欲求，是推动有机体活动的动力和源泉。动机是在需要的基础上产生，激发个体朝着一定目标活动，并维持这种活动的一种内在的心理活动或内部动力。兴趣是人认识某种事物或从事某种活动的心理倾向。人格的倾向决定着人对现实的态度，决定着人对认识对象的趋向和选择，是人格结构中最活跃的因素。

人格的心理特征是人的多种心理特点的独特的结合，构成了一个人心理面貌的独特性，说明了心理面貌的个体差异。人格的心理特征包括气质、性格和能力三种成分。气质是表现在心理活动的强度、速度、稳定性和灵活性等动力特点方面的人格心理特征，如有的人活泼好动，有的人沉默寡言，有的人反应敏捷，有的人反应缓慢，有的人暴躁，有的人温柔，等等；性格是表现在人对客观事物的态度以及与这种态度相适应的行为方式上的人格心理特征，如有的人朴实肯干，有的人懒散拖拉，有的人大公无私，有的人斤斤计较，等等；能力是人们顺利有效地完成某种活动所必须具备的心理条件的人格心理特征，如有的人观察细致入微，有的人想象力奇特，有的人擅长语言表达，有的人在音乐上显露才华，等等。性格是人格心理特征中的核心，它反映一个人的基本精神面貌。

人格的倾向性和人格的心理特征相互联系、相互制约，从而构成一个有机的整体。人格对心理活动有积极的引导作用，使心理活动有目的、有选择地反映客观现实。培养健康的人格，对于维护心理健康具有非常重要的意义。

二、人格差异

（一）气质类型的差异

1. 气质的含义及气质类型学说

心理学上所说的气质是指心理活动表现在强度、速度、稳定性和灵活性等动力性质方面的心理特征，相当于我们日常生活中所说的脾气、秉性或性情。

心理活动的动力特征既表现在人的感知觉、记忆、思维等认识活动中，也表现在人的情感和意志活动中，特别是在情感活动中表现得更为明显。例如，一个人言谈举止的敏捷性、注意力集中的程度、思维的灵活性，以及情绪产生的快慢、强弱程度，情绪的稳定性和变化的速度，意志力的强度，等等，都是其心理活动的动力特征的表现。

气质有很多特征，按这些特征的不同组合，可以把人的气质分为几种不同的类型。2500多年以前，古希腊医生希波克拉底根据自己的观察，将人划分为胆汁质、多血质、黏液质和抑郁质四种类型。500年后，罗马医生盖伦在此基础上，提出了"气质"这一概念。之后出现过多种气质类型学说，比如在日本比较有影响的血型说认为：A型血的人温和老实，消极保守，焦虑多疑，冷静但缺乏果断，富于情感；B型血的人积极进取，灵活好动，善于交际，喜欢多管闲事；O型血的人胆大好胜，自信，意志坚强，喜欢支配人；AB型血的人，其外表像B型血的人，内在却像A型血的人。其实，人的血型不止这几种，而且在实际生活中血型相同而气质不同，或者气质相同而血型不同的现象并不少见，所以血型说也是缺乏科学根据的。一直沿用至今并被公认的仍是希波克拉底对气质类型的划分。

巴甫洛夫运用动物条件反射实验的方法建立了高级神经活动类型学说，确定了四种高级神经活动类型，即兴奋型、活泼型、安静型和抑制型，与四种气质类型相对应，较好地解释了气质的生理基础，得到了广泛认同。

2. 大学生的气质类型及其表现

（1）胆汁质。胆汁质的神经过程的特点是强但不平衡。与这种特点相适应，胆汁质的大学生：一般感受性低而耐受性高，能忍受强的刺激；能以极大的热情和旺盛的精力投身于事业，有理想，有抱负，有独到见解；反应迅速，行为外向，给人以直爽热情、善于交际的印象，情绪兴奋性高。但是他们的心境变化剧烈，脾气暴躁，往往比较粗心、难于自我克制，易感情用事，有时显得刚愎自用和鲁莽。

（2）多血质。多血质的神经过程的特点是强、平衡且灵活。与这种特点相适应，多血质的大学生：感受性低而耐受性高；活泼好动，言语行动敏捷，反应迅速、注意转移的速度都比较快，行为外向；容易适应外界环境的变化，善交际、不怯生，容易接受新事物，表现出较强的工作能力和较高的办事效率。但是他们的情绪不够稳定，体验也不够深刻，注意力容易分散，兴趣多变，缺乏耐心和毅力。

（3）黏液质。黏液质的神经过程的特点是强、平衡但不灵活。与这种特点相适应，黏液质的大学生：感受性低而耐受性高，反应速度慢，情绪兴奋性低但很平稳；举止平和，行为内向；头脑清醒，做事有条不紊，踏踏实实，坚忍不拔，埋头苦干；注意力容易集中，稳定性强，不善言谈，交际适度。但是他们不善于随机应变，习惯于墨守成规，容易循规蹈矩，做事缺乏灵活性和主动性。

（4）抑郁质。抑郁质的神经过程的特点是弱，而且兴奋过程更弱。与这种特点相适应，抑郁质的大学生：感受性高而耐受性低；多疑多虑，内心体验极为深刻，行为极端内向；敏感机智，能注意到别人注意不到的事情；胆小孤僻，情绪兴奋性弱，爱独处，不爱交往，常落落寡合；做事认真仔细，动作迟缓，防御反应明显。

事实上，单纯地属于某一种气质类型的人并不多，绝大多数人都是两种或两种以上气质类型的中间型或是混合型。我们已经知道，气质类型是由神经过程的特点决定的，而神经过程的特点是先天形成的，所以，遗传素质相同或相近的人气质类型也比较接近。一个人的气质类型在一生中是比较稳定的，但又不是一成不变的。如果一个人在童年时期生活条件极为恶劣，或者在成年时期遇到了重大的生活事件，那么他的气质就会发生变化。但是，这种变化过程是很缓慢的，甚至如果条件适宜的话，原来的面貌还会得到恢复。

气质仅使人的行为带有某种动力的特征，就动力特征而言无所谓好坏，每一种气质类型都既有其积极的一面也有其消极的一面，没法比较哪一种气质类型更好。气质类型不决定一个人智力发展的水平，也不会决定一个人成就的大小，但气质类型会影响个人性格特征形成和对环境的适应的难易，不同的气质类型适合从事的工作也不一样，这还是值得考虑的。

为自己的气质类型而纠结是没有意义的，因为我们无法选择。重要的是了解自己，自觉发扬自己气质中的积极方面，努力克服气质中的消极方面。

（二）性格的差异

1. 性格的含义及影响性格形成的因素

性格是表现在人对客观事物稳定的态度以及与这种态度相适应的习惯化的行为

方式上的人格特征。性格是在社会生活实践中逐渐形成的，一经形成便比较稳定，会在不同的时间和情况下表现出来。与气质不同的是，性格具有可塑性，一个人生活环境的重大变化，一定会给他的性格特征带来显著变化。而且，性格受社会、历史、文化的影响，有明显的社会道德评价的意义，直接反映一个人的道德风貌。所以，气质更多地体现了人格的生物属性，性格则更多地体现了人格的社会属性，个体之间的人格差异的核心是性格的差异。

影响性格形成的因素是多方面的，生物因素、环境因素和主观心理因素都对性格的形成有一定的影响：大脑的功能完好性、性别因素、外表特征、发育早晚等，是影响性格形成的生物因素；家庭教养方式、家庭结构状况及家庭氛围、学校教师的素质、校风、班风、同伴群体、社会风气以及重大生活事件，是影响性格形成的环境因素；自我意识的发展水平则是影响性格形成的重要的主观心理因素。

2. 大学生的性格类型及其表现

从心理活动倾向性上划分，性格可分为内倾型和外倾型。

性格内倾的大学生比较偏重自己的主观世界，珍视自己的内心体验，在情感方面经常自我满足，很少向别人显露自己的喜怒哀乐。他们一般较难适应外部环境的变化，在外人面前容易害羞，说话紧张，不愿抛头露面，做事深思熟虑，缺乏实际行动，常给人忧虑、闷闷不乐之感。

性格外倾的大学生心理活动倾向于外部，经常对外部事物表示关心，容易适应环境的变化。他们性情活泼开朗，善于交际，善于在集体活动与群体交往中表达自己的情绪和情感。他们不愿独自苦思冥想，而要依靠他人或集体活动来满足个人情绪的需要。他们行动快，不拘小节，自由奔放，当机立断，易做出轻率举动。

性格的内倾与外倾也没有好坏、优劣之分，与智力水平的高低没有关系，不能成为一个人的事业和社会价值的决定因素，但它与领导能力和职业选择密切相关。一般来说，外倾性强的人，比较适于创业、开拓新事业或成为领导管理人才；内倾性强的人，适于从事学术性或精细的工作。

(三) 能力的差异

1. 能力的含义

能力是人们成功地完成某种活动所必须具备的并直接影响活动效率的人格心理特征。能力是在活动中形成、发展，并在行为活动中表现出来的，如语言表达能力、数理逻辑能力、人际交往能力、认知能力、空间能力、运动能力等。

人的能力发展与知识、技能的发展是不完全同步的，发展轨迹也是不同的。知识和技能在一生中可以随着年龄的增长而不断积累，而能力的发展随着年龄增长却有一个发展、停滞和衰退的过程。据研究，知觉能力发挥最早，也最早下降，其次是记忆能力，然后是思维能力。比较和判断能力从 80 岁开始急剧下降。知识多了，能力不一定高，两个成绩同样优秀的大学生，一个可能能力超群，另一个可能"高分低能"。但是，能力又是在掌握知识和技能的过程中得到提高的，离开了学习和训练，任何能力都不可能得到发展。

2. 大学生的能力差异

大学生的能力差异主要表现在：不同学生的能力类型不同，个人有不尽相同的特殊能力；在同一种能力上，存在能力发展水平高低和能力表现的时间早晚不同。高等教育是在全面发展的基础上，认可差异、鼓励多元发展的教育。大学生应充分利用在校时间，一方面注重德、智、体、美、劳全面发展，一方面加强与专业相关能力的培养，并积极发展自己的特长和特殊能力，成为社会需要的人才。

第二节 人格障碍与大学生常见人格发展缺陷

一、人格障碍概述

(一) 人格障碍的含义

大学生的人格结构比较复杂，受影响的因素也很多。在人格的形成和发展过程中，不良因素不同程度地影响着人格的健康发展，从而导致人格发展缺陷，严重的甚至产生人格障碍。在大学生群体中真正有人格障碍的人并不多，但存在不良人格倾向的人却不少。大学生是人格障碍的易感人群，所以，有必要了解人格障碍问题。

人格障碍也称病态人格或变态人格，是指人格特征明显偏离正常，形成了一贯的反映个人生活作风和人际关系的异常行为模式。这种模式显著偏离特定的文化背景和一般认知方式，明显影响其社会功能和职业功能，造成对社会环境的适应不良，病人为此感到痛苦。人格障碍与健康人格相对应，但并不意味着一个人没有健康的人格，他就一定患有人格障碍。人格障碍有轻重程度之分：轻者可以完全正常生活，只有与他们接触较多的人才会发现他的怪癖；严重者事事都违反社会习俗，难以适应正常生活，甚至会出现违法犯罪行为。与其他违法犯罪行为不同的是：人格障碍者实施违法犯罪行为一般不是有计划、有预谋的，其动机模糊，很难察觉有什么目的；不仅使他人受到伤害，同时也使他本人陷于耻辱和痛苦境地。

(二) 人格障碍的特点

（1）主要表现为情感和意志障碍，但思维和智能并无异常。人格障碍者一般来说意识是清醒的,认识能力也保持完整。这种人是在没有意识到障碍、智力活动无明显缺损的情况下,出现行为活动和情感等方面的明显障碍。他们中的大多数都有求医的要求,希望治好自己的"病"。

(2) 有紊乱不定的心理特点和难以相处的人际关系,这是各类人格障碍患者最主要的行为特征。

(3) 遇到困难时,不是积极地解决,而是想方设法推卸责任,归咎为命运的捉弄或他人的过错,从而使自己摆脱尴尬处境或自己假想中的两难处境。

(4) 他们没有责任心和责任感,对别人造成了伤害,也能做出自以为是的辩护。

(5) 他们的认知、行为等具有绝对的恒定和一致性。

(6) 缺乏自知,且不能从生活经验中吸取教训,难以适应单位和社会环境。

(7) 他们不会先自我感知到人格上存有障碍,只有通过别人的埋怨或使他们的不良行为得以暴露,他们才会情绪不安。

(8) 人格障碍通常开始于童年、青少年,并一直持续到成年,甚至维持终生。人格障碍关键在于预防,而不是治疗,因为治疗的效果一般不太理想。

(9) 人格障碍与一般疾病不同,它没有起病标志和病程变动。因此,人格障碍不能作为真正的精神病。

(三) 人格障碍的类型

1. 偏执性人格障碍

偏执性人格障碍的典型特征是明显的猜疑和偏执。特点是主观、固执、敏感、多疑、心胸狭隘、报复心强。一方面,骄傲自大,自命不凡,总以为自己怀才不遇,自我评价甚高;另一方面,在遭遇挫折、失败时,又过分敏感,怪罪他人,推诿客观,很容易与他人发生冲突与争执。患者把生活中本来与自己无关的事件都认为是针对自己的,对现实生活中或想象中的耻辱特别敏感、多疑。

2. 分裂性人格障碍

分裂性人格障碍是以观念、行为、外貌装饰奇特、情感冷漠、人际关系明显缺陷为主要特征。患者对生活缺乏热情和兴趣,对喜事缺乏愉快感,对人冷淡,缺乏知音,我行我素,很少与人来往,过分沉湎于幻想。

3. 强迫性人格障碍

强迫性人格障碍是以要求严格和完美为主要特点。做事过分谨慎与刻板,事先反复计划,事后反复检查,不厌其烦。平时犹豫不决,优柔寡断。不合理地坚持要求别人严格服从或按照他们的方式做事,否则就极不愉快。表现为过分谨慎、刻板、无业余爱好、缺乏愉快和满足体验,较易内疚或悔恨自己。

4. 冲动性人格障碍

冲动性人格障碍又称爆发型或攻击型人格障碍,以行为与情绪有明显性的冲动为主要特点。发作前没有先兆，不考虑后果，不能自控，易与他人发生冲突；发作后能认识到自己不对，间歇期一般表现正常。

5. 反社会性人格障碍

反社会性人格障碍又称悖德型人格障碍，以行为不符合社会规范为主要特点。这种人感情冷淡，对人缺乏同情、漠不关心，缺乏正常的爱；挫折耐受性差，轻微刺激即可引起冲动性行为；即使给别人造成痛苦，也很少感到内疚，缺乏罪恶感，因此常发生不负责任的行为，甚至是违法乱纪的行为，屡教不改。

6. 依赖性人格障碍

有依赖性人格障碍的人缺乏独立性，感到自己无助、无能和缺乏精力，生怕被人抛弃。将自己的需要依附于别人，过分顺从别人意志；要求和容忍他人安排自己的生活，当亲密关系终结、联系中断或孤独时则有被毁灭和无助的体验，易与他人发生冲突；有一种将责任推给他人来对付逆境的倾向。

7. 癔症性人格障碍

癔症性人格障碍又称表演型人格障碍，其典型的特征表现为心理发育的不成熟性，特别是情感过程的不成熟性。具有这种人格障碍的人的最大特点是做作、情绪表露过分，总希望引起别人的注意。

8. 焦虑性人格障碍

焦虑性人格障碍又称回避型人格障碍，此类人的特征是长期和全面地脱离社会关系。他们回避社交，特别是涉及较多人际关系的职业活动；他们害怕被取笑、嘲弄和羞辱；自感无能，过分焦虑和担心，怕在社交场合被批评和拒绝。

（四）人格障碍的形成原因

从生理—心理—社会医学模式角度来看，人格障碍往往由以下因素综合形成，但幼年期家庭因素起主要作用。

1. 生物学因素

意大利犯罪心理学家Rombroso曾对众多犯罪者的家庭进行大样本的调查发现，许多犯罪者的亲族患有反社会人格障碍，他们犯罪的比率远高于其他人群。因此，人格障碍的遗传因素不能忽视。也有报告指出，人格障碍者中脑电图异常者比率高于正常人群，从而提示生物因素对人格障碍有一定的影响。

2. 心理发育的影响

幼儿在心理发育过程中如受到精神创伤，其人格的发育会受到重大的影响。这种影响是未来形成人格障碍的主要因素。常见的情况如下：

（1）婴幼儿母爱或父爱被剥夺。

（2）被遗弃或受继父母的歧视。

（3）父母等亲人过分溺爱，使其自我中心的思想恶性增长，异常地发展至蔑视父母的教育、学校的校规与社会纪律。这为发展成反社会性人格障碍提供了温床。

（4）研究表明，人格障碍和犯罪者往往与其自主神经功能异常有关。一个孩子若有迅速消除恐惧反应的自主神经系统的功能，那么与其相关的是具备迅速、强大和良好的习得性控制能力；反之，若自主神经系统反应迟缓，与之相联系的是具备缓慢和软弱的习得性抑制能力。

（5）幼儿与青少年期受虐待导致产生仇恨或敌视社会或人类的心理。

（6）父母或其他抚养者，幼儿园或小学教师教育方法失当或期望过高，过分强迫、训斥易造成精神压力或逆反心理，易形成不良人格。

（7）父母本人品行或行为不良，对儿童的人格发育影响极大。

3. 不良社会环境影响

社会上的不良风气、不合理现象、拜金主义等都会影响青少年的道德价值观，使他们产生对抗、压抑、自暴自弃等不良心理而发展至人格障碍。

二、大学生常见人格发展缺陷及调适

在大学生中，有人格障碍的极少，主要表现为人格发展缺陷。人格发展缺陷是介于健康人格与人格障碍之间的一种人格状态，表现为人格发展的不良倾向。在大学生中有相当一部分人存在着不同程度上的人格发展缺陷，常见的主要有自卑、害羞、怯懦、懒惰、狭隘、拖拉、抑郁、焦虑、虚荣、自我中心等。

（一）自卑

自卑是对自己不满、鄙视、否定的情感。进入大学后，有些大学生发现"山外有山"，尤其是当学习、社交、文体方面显露出某些不足时就会陷入怀疑自己、否定自己之中，产生自卑心理。因此，自卑往往是自尊心受挫的结果，没有自尊心也就不会有自卑感，过强的自卑感往往又以过强的自尊心表现出来。有些大学生敏感、脆弱，经不起批评，原因即在于此。

如何才能走出自卑的阴影？对大学生来说，首先，要正确认识自己，悦纳自己，人有所长也有所短，有所短也有所长，不要为自己的所短而自卑。其次，要进行自信心磨炼，将目标定得小些、切合实际些，多积累成功的愉悦体验。最后，要确立合理的评价参照系和立足点，若以强者为标准则可能自卑，因而寻找适合自己的评价标准就显得很重要。俗话说："人比人，气死人。"理性的比较方式是多与自己作纵向比较而不是一味地与人作横向比较。有了足够的自信心，自卑感就会悄然而退。

（二）害羞

害羞在大学生中并不少见。比如不敢在大众场合发表意见，害怕与陌生人打交道，路上见到异性同学会手足无措，见到老师会难为情，说话感到紧张，等等。害羞是一个人自我防御心理过强的结果，他们常常过于胆小被动，过于谨小慎微，过于关注自己,自信心不足。他们特别注意自己在别人心目中的形象,总觉得自己时时处在众目睽睽之下,于是敏感拘束,一句话要在喉咙口反复多次,一件事总要左思右想,为此搞得神经紧张,坐立不安。

害羞之心人皆有之,但过分的害羞,不该害羞时害羞,尤其是当害羞成了一种习惯,则是有害的,它会导致压抑、孤独、焦虑等不良心理状态,还会阻碍人际交往,影响一个人才能的正常发挥。因此,要通过有意识的调节来改变:一是要增强自信心。许多害羞者在知识才能和仪表方面并不比别人差。美国心理学家 J. 可奇和 W. 利布曼的一项研究表明,害羞的女大学生自以为长得不美,但不相识的男生凭照片都认为她们与那些社交活跃的女生一样动人。因此要正确评价自己,多看到自己的长处。二是要放下思想包袱,不要过于计较别人的议论。每个人都会说错话、做错事,这并没什么大不了的,因为没有完美的人和事。即使有人议论也是正常的,俗话说"哪个人后无人说",没必要太看重。"走自己的路,让别人去说吧!"会使自己变得更洒脱。三是要有意识地锻炼自己。胆量和能力都是锻炼的结果,要敢于说第一句话,敢于迈第一步。上课、开会时尽量坐到前排去;走路时抬头挺胸,把速度提高四分之一;主动、大胆地和别人尤其是陌生人、异性、老师讲话;与人说话时,正视对方的眼睛;高兴时,开怀大笑;等等。

(三)怯懦

怯懦主要表现为缺乏勇气和信心,害怕可能面临的困难和挫折,在挫折、困难面前常常知难而退,甚至不战而败。有些大学生过去的经历一帆风顺,因而特别害怕失败。"只能成功,不能失败"的非理性信念是造成一些大学生怯懦的认知因素。有些大学生由于胆怯,不敢与人讲话,不敢出头露面,也不敢表明自己的态度,甚至不敢向老师提问题;有些大学生由于软弱不敢冒风险,不敢担重任,不敢与坏人坏事作斗争,不敢坚持自己正确的观点。但越是这样回避矛盾、躲避失败,越是容易体验到强烈的挫折感。

在挑战与机遇并存的现代社会,怯懦者会失去很多成功的机会,并可能成为落伍者。积极迎接挑战,争做生活的强者才是明智的选择。改变怯懦的最好办法是要敢于抓住机遇,积极锻炼,不怕失败,不怕丢面子,不怕担子重,多给自己鼓励和加压,在生活的词典中去掉"不敢"二字。

(四)懒惰

大学生本应是充满朝气和活力、开拓进取的群体,但事实并不总是如此。大学校园内曾经流行着这样的打油诗:"人生本该 HAPPY,何必整天 STUDY,只要考试 PASS,拿到文凭 GO AWAY。"这从一个侧面反映了他们疲疲沓沓、得过且过、做一天和尚撞一天钟、缺乏进取精神的懒惰心理。

懒惰是不少大学生为之感到苦恼又难以克服的一种人格发展缺陷,是意志活动无力的表现。懒惰是影响大学生积极进取、张扬青春活力的天敌，尤其是在改革开放、日新月异的今天，它与时代是那么格格不入，必须予以改变，否则会有被时代淘汰的危险。处于懒惰状态的大学生也常以此感到内疚、自责、后悔，但又觉得无力自拔，心有余而力不足。这主要是因为他们往往想得多而做得少，缺乏毅力所致。

要克服懒惰，就应该做到：充分认识到其危害性，自己对自己负责，振作精神，"坐而言不如起而行"，从日常小事做起，并努力做到不给自己找借口，不原谅自己的偷懒，力争"今日事今日毕"；多与人交往，多关心外部世界，多参加有益身心的社会活动。而做到这一切，有一个坚定而有价值的理想是非常重要的。

（五）狭隘

受功利主义影响，大学生中的"狭隘"现象有增无减。凡事斤斤计较、耿耿于怀、好嫉妒、好挑剔、容不得人等，都是心胸狭隘的表现，即日常说的"气量小"。心胸狭隘往往影响人际关系，伤害他人感情，也常给自己带来烦闷、苦恼，影响自己的情绪和在他人心目中的形象，于人于己有百害而无一利。狭隘人格多见于性格内向者。

要克服狭隘，就应该做到：一要胸怀宽广坦荡，一切向前看，正如歌德所言，比海洋更广阔的是天空，比天空更广阔的是心灵；二要丰富自己，一个人的视野越开阔，就越不会陷入狭隘之中，这就是所谓的"站得高，看得远"；三要学会宽容，宽以待人。

（六）拖拉

拖拉是不少大学生的通病。拖拉是指可以完成的事而不及时完成，今天推明天，明天推后天，正是："春天不是读书天，夏日炎炎正好眠，秋多蚊虫冬又冷，一心收拾待明年。"导致拖拉的原因，一是试图逃避困难的事，二是目标不明确，三是惰性作用。拖拉一方面耽误学习、工作，另一方面并没有使人因此而轻松些，相反往往会导致心理压力，引起焦虑，总觉得有事情没完成，干别的事也难以安心，还会贻误时机。

要改变拖拉，就应该做到：首先，要充分认识其危害性，找到自己拖拉的原因，下决心改变；其次，要科学安排时间，凡事有轻重缓急，要一件一件地完成，还要讲究科学的学习和工作方法；最后，要敢于做不合心意或者需要花大力气的工作，必须完成的事，与其拖着、欠着，还不如及早动手干，完成后会有一种如释重负的感觉，会有一种欣喜感、满足感、成就感，而拖拖拉拉只会带来疲惫、松垮及焦虑。

（七）抑郁

抑郁是大学生常见的情绪困扰，是一种感到无力应付外界压力而产生的消极情绪，常伴有厌恶、痛苦、羞愧、自卑等情绪体验。抑郁人皆有之，对于大多数人来说，抑郁只是偶尔出现，时过境迁，很快会消失；但那些性格内向、多疑多虑、不爱交际、生活中遭遇意外挫折的人更容易长期处于抑郁状态，甚至导致抑郁症。

抑郁的大学生的主要表现是：情绪低落，郁郁寡欢，闷闷不乐，思维迟缓，兴趣丧失，缺乏活力，反应迟钝，干什么都打不起精神，体验不到快乐。抑郁在低年级大学生中更为普遍。所谓的"周末综合征"在很大程度上即是抑郁。

要避免抑郁或从抑郁中解脱出来，就应该做到：正确地评价自己，看清自己的长处，建立自尊，增强自信；调整认知方式，建立理性认知，不把事物看成非黑即白；扩大人际交往，多与人沟通，多交朋友。如果抑郁情绪较严重，就应寻求心理咨询帮助。

（八）焦虑

焦虑是个体主观上预料将会有某种不良后果产生或模糊的威胁出现时的一种不安感，并伴有忧虑、烦恼、害怕、紧张等情绪体验。在这个紧张刺激不断增多、竞争不断增强的社会里，每个人都可能处于一定的焦虑状态。适度的焦虑对于保持生命活力是必要的，这里所说的焦虑主要是指不适当的高度焦虑。

被焦虑困扰的大学生常表现出烦躁不安、思维受阻、行动不灵活、身体不舒服等症状。大学生焦虑主要集中在考试和人际关系两个方面。我国大学生的考试焦虑是对考试的紧张感、自信心缺乏、对考试结果过于担忧、认知障碍等因素造成的，而且女生比男生更易焦虑。一般认为，大学生对人际关系的焦虑与缺乏自信、交往技能差（或自认为差）、自尊心过强等密切相关。

不适当的高度焦虑对身心健康是不利的。为此，应增强自信，相信车到山前必有路，总会有办法的；应不怕困难，磨炼意志，无所谓的担忧正是焦虑之本质；应当机立断，积极行动。总之，凡事尽最大的努力，把注意力从担心失败转移到积极行动、争取成功上来。

（九）虚荣

可以说，虚荣心普遍存在于每一位大学生身上，尤其是女生身上，这是正常的，但一旦过分，则会有害无益。虚荣心往往与自尊心、自卑感联系在一起，没有自尊心，就没有虚荣心，而没有自卑感，也就不必用虚荣心来表现自尊心，虚荣心是自尊心和自卑感的混合物。虚荣心强的大学生一般性格内向、情感脆弱、多愁善感。他们虽然自惭形秽，却又害怕别人伤害自己的尊严，过分介意别人的评论与批评，与人交往时总有一种防御心理，不允许有稍微侵犯，且常会千方百计地抬高自己的形象。他们捍卫的往往是虚假的、脆弱的、不健康的自我，以致无暇来丰富、壮大真实的自我。

要防止或改变过强的虚荣心，就应该做到：首先，要对其危害性有清醒的认识，有勇气、有决心改变自己；其次，应当努力认识自己，了解自己的长处与短处，扬长避短；再次，要树立自信和健康的荣誉心，正确表现自己，不卑不亢；最后，不为外界的议论所左右，正确对待个人得失。

（十）自我中心

随着自我意识的发展，大学生越来越感到自己内心世界的千变万化、独一无二。他们越来越多地把关注的重心投向自我，尤其是那些有较强自信心、自尊心、优越感、独立感的学生就更容易出现自我中心倾向。当这种倾向与一些不健康的思想意识（如个人主义、自私自利思想）和心理特征（如过强的自尊心、唯我独尊等）结合时，就会表现出过分的、扭曲的自我中心。过多自我中心的人往往以自我为核心，想问题、做事情，从"我"出发，不能设身处地地进行客观思考，颐指气使，盛气凌人，不允许别人批评，"老虎屁股摸不得"。这种人往往见好就上，见困难就让，有错误就推，总认为对的是自己、错的是别人，因而他们常不能赢得他人的好感和信任，人际关系多不和谐。

克服过分自我中心的途径包括：首先，树立健康的人生观，自觉地将自己和他人、集体结合起来，走出自己的小天地；其次，恰当地评价自己，既不低估也不高估，既不妄自菲薄，也不妄自尊大；再次，尊重他人，只有尊重和信任才能获得友谊；最后，设身处地地从他人的角度思考问题，将心比心，真诚地关爱他人，从而做到"我爱人人，人人爱我"。

第三节　大学生健康人格的塑造

一、健康人格概述

（一）健康人格的含义

所谓健康人格，就是人格的生理、心理、社会、道德和审美各要素完美的统一、平衡、协调，人的才能得以充分发挥。马克思所描述的"全面发展的、自由的人"就是健康人格的理想标准。健康的人格，不仅是人类应该追求的价值目标，也是人们充分发展所能达到的一种境界。具有健康人格的人，其最显著的特点是：他们能够有意识地控制自己的生活，掌握自己的命运；他们正视自己，正视过去，面对现实，注重未来，渴望迎接生活的挑战，在实践中充分发挥自己的潜能并实现自己的价值。

(二) 健康人格的基本特征

1. 人格整体协调与和谐

在社会改革时期，面对现代文化和传统文化的冲突，大学生要注意调整自己的主体价值，注意自身的文化修养、高尚审美意识的培养。那些将调侃和庸俗视为美，热衷于厕所文化、熄灯文化、课桌文化等行为与高等学府学子的形象极不相配。大学生应真正领悟"品学兼优"的内涵，塑造健康和谐的整体人格。这也是大学生解决"如何做人"，"做什么样的人"的根本问题。

2. 相对和谐的人际氛围

良好的人际氛围是一个人健康人格的基本特征之一，它有利于个体在与他人交往中传递信息，不断调整行为，更新观念和态度。可以说，人际交往直接影响着大学生人格的发展和成型。

3. 正确的自我意识和社会意识

能努力做到正确看待自我，认识自我；不自高自大，也不妄自菲薄；从实际出发，确立自我价值，认识和理解个人与社会的统一；人不可能脱离集体，个人也只有在集体和社会的大熔炉中，才能真正实现自我。

4. 付诸实践，知行合一

健康、优良的人格只有在实践中才能得以体现，也只有在实践中才能获得更好的发展。"千里之行，始于足下"，健康的人格不是只停留在口头上，而是要付诸行动之中，杜绝"拖拉"和克服"懒散"等不良人格也只有在实践中才能得以实现。

(三) 健康人格的标准

健康人格的标准可以分为概括的标准和具体的标准。从总体上看，人格健康的人应该是在推动社会进步的实践中充分发挥自己全部才干，为人类、为社会做出自己力所能及的贡献，同时使自己的人格在各个方面得到充分的协调、平衡发展的人。从具体特征上讲，健康人格应具有以下标准：

1. 和谐的人际关系

人际关系是人们在社会实践中形成的人与人之间的相互作用的关系，是社会关系的直接表现，是构成人类社会最普遍、最直接的关系。人际关系是在社会交往中建立的。社会交往可以促进人与人之间相互沟通、理解，调节身心状态，增强人的责任感。人际关系最能体现一个人人格健康的程度。人格健康的人乐于与他人交往，能与别人建立良好的关系，与人相处时，尊敬、信任等正面态度多于嫉妒、怀疑等消极态度；健康的人常常以诚恳、公平、谦虚及宽容的态度尊重他人，同时也受到他人的尊重和接纳。和谐的人际关系既是人格健康水平的反映，同时又影响和制约着健康人格的形成与发展。

2. 良好的社会适应能力

社会适应能力反映了人与社会的协调程度。人的社会适应能力是在社会化过程中不断发展的。人格健康的人能和社会保持良好的密切的接触，以一种开放的态度，主动关心社会、了解社会。他们观察所接触到的各种事物和现象，看到社会发展的积极面和主流，在认识社会的同时，使自己的思想、行为跟上时代的发展，与社会的要求相符合，表现出能很快适应新的环境。

3. 乐观向上的生活态度

积极的人生态度是人类在社会进步中获得本质力量的表现。乐观的人常常能看到生活的光明面，对前途充满希望和信心，对自己所从事的工作或学习抱着浓厚的兴趣，并在工作和学习中发挥自身的智慧和能力，最终获得成功。即使在生活中遇到困难和挫折，也能耐心地去应付，不畏艰险，勇于拼搏。相反，悲观的人常常看到生活的阴暗面，对任何事情都没兴趣，遇到一点挫折就情绪低落、怨天尤人，甚至自暴自弃。大学生的主要活动是学习，因此，对学习的兴趣可以反映出对生活的基本倾向。人格健康的大学生对学习怀有浓厚的兴趣，表现出观察敏锐、注意集中、想象丰富、充满信心、勇于克服困难。如果对学习和生活缺乏兴趣，处于苦恼烦闷之中，就必然会影响人格的健康发展。

4. 正确的自我意识

自我意识是个体对自己和自己与他人、与周围世界关系的认识。自我意识是一个完整的心理结构：表现于认知过程就是正确地认识自己，客观地评价自己；表现于情感过程就是自尊、自信、自豪感、责任感、悦纳自己；表现于意志过程就是能够自我监督，自我调节，努力发展身心潜能。具有健康人格的大学生对自己有恰如其分的评价，充满自信，扬长避短，在日常生活中能有效地调节自己，与环境保持平衡。而缺乏正确自我意识的大学生常常表现出自我冲突，自我矛盾；或者自视清高，妄自尊大，做力所不能及的工作；或者自轻自贱，妄自菲薄，甘愿放弃一切可以努力的机遇。

5. 良好的情绪调控能力

情绪对人的活动乃至对人的健康都有重要影响。积极的情绪体验能使人振奋精神，增强自信，提高活动效率；消极的情绪体验会降低人的活动效率，甚至使人患病。情绪标志着人格的成熟程度。人格成熟的人情绪反应适度，具有调节和控制情绪的能力，经常保持愉快、满意、开朗的心境，并富有幽默感；当消极情绪出现时，他们能合情合理地宣泄、排解、转移和升华。

健康人格的各个标准都是相关的。"具有体验丰富的情绪并控制情绪表现的人，通常是有能力满足自身基本需要的人，是能紧紧地把握现实的人，是获得了健康的自我结构的人，是拥有稳定可靠的人际关系的人。"

总之，人格健康的人，其人格的各个方面是统一的、平衡的。上述标准不仅是衡量一个人人格健康的尺度，同时也为大学生改善自己的人格提出了具体的努力目标。

二、塑造大学生健康人格的方法

大学生健康人格的塑造，不仅关系到他们自身的健康和成才，也关系到社会的进步和发展，关系到我国社会主义现代化建设的进程和质量。美国社会学家英格尔斯指出："一个国家只有当它的人民是现代人，它的国民从心理和行为转变为现代的人格，它的现代政治、经济和文化管理机构中的工作人员都获得了某种与现代化发展相适应的现代性，这样的国家才可真正称之为现代化国家。"可见，人格的现代化是社会现代化发展和成功的先决条件。

中国是一个具有上下五千年的历史和文化传统的国家，在现代化的过程中，必然会出现传统文化与现代文化的冲突。而当代大学生就是处在这样一个新旧交替、社会大改革、大开放的时期。这样的背景一方面使大学生感到迷茫、困惑、不适应，并由此给他们人格的成长和塑造带来价值认同和行为导向上的困难；另一方面，也为他们人格的发展与塑造提供了一个广阔的天地。当代大学生应自觉地在比较和选择中吸取中西文化、古今人格的长处，从而形成一种适合中国现代化发展，有利于身心健康和个人全面发展的新型人格模式。

健康人格的塑造，既是大学生健康成长的要求，又是社会发展的需要。因此，每一位大学生都应该积极关注自己的人格健康，通过正确的实践途径，完善自身的人格修养。

（一）做自己气质、性格的主人

做自己气质、性格的主人，其前提是要了解自己的气质和性格类型，知道自己的长处与不足，进而才能有目的、有意识地去扬长避短，不断完善自己的性格和气质。从自知之明到自我完善的过程，也是气质和性格的自我悦纳过程。

（二）积极参加集体活动，求同存异，培养自己开放的人格、博大的胸襟

目前大学生中的独生子女占有相当大的比例，家庭的教育和社会所形成的矛盾也比较复杂，而对多元化的环境因素和各式各样的心理压力源，大学生应努力培养自己具有一种求同存异、有容乃大的博大胸襟，把坚定不移的原则性和因势利导的灵活性结合起来。一个人如能做到这样，必然能形成和谐的人际氛围，并产生健康的人格动力源。

（三）陶冶情操，提高素质

大学生正处于学习的黄金年龄，除了要学好基础课、专业课外，还应该培养自己的爱好，加强素质方面的学习和提高，从而达到陶冶情操、优化人格的效果。例

如，练习书法可以净化心灵，稳定情绪，克服急躁心理；练习下棋可以开拓智力，活跃思维；运动可以磨炼意志；等等。

（四）积极发展独立性和创造能力

独立性和创造能力是现代人格结构中所必不可少的。当代大学生应敢于创新，敢于开拓，"不唯书"，"不唯上"，只"唯实"；善于想象，善于联想，不受传统观念的束缚，崇尚理性、自主、自立和自强，勇于探索，勇于进取。

（五）脚踏实地，磨炼意志，培养良好的人格素质

具体的人格在实践中体现，当然也要通过实践来塑造人格。"一屋不扫，何以扫天下？"要的就是一步一个脚印，脚踏实地地奋斗，在行动中磨炼意志，塑造自己良好的心理素质。意志在人格中占有重要的地位，坚强或软弱的人格特征以意志的发展水平为标志，而意志的培养则是一个艰苦、长期坚持不懈的过程。"有志者事竟成"。任何人都没有理由看轻自己而悲观，怀疑自己以致自暴自弃。当代的大学生更应顺应时代的进步，"读万卷书"，"行万里路"，在人类优秀文化传统的继承、改造和发展中充实自己，塑造自己健康、优秀的人格。

第三章

大学生的认知与心理健康

认知既包括对自我的认知，也包括对他人的认知；既包括对人的认知，也包括对事物的认知。对同一事件的不同认知，会产生不同的情绪反应：积极的认知产生积极的情绪与行为反应，消极的认知产生消极的情绪与行为反应。

第一节 自我意识与心理健康

本节内容主要包括：自我意识的定义、作用、结构，自我意识的形成与发展；自我意识的发展规律、发展特点；良好自我意识的标准；自我意识与心理健康的关系；自我意识完善的途径与方法。

一、自我意识的概念

自我意识，即自我，是自己对所有属于自己身心状况的认识。自我意识包括三个层次：对自己及其状态的认识，对自己肢体活动状态的认识，对自己思维、情感、意志等心理活动的认识。自我意识不仅是人脑对主体自身的意识与反映，而且人的发展离不开周围环境，特别是人与人之间关系的制约和影响，所以自我意识也反映人与周围现实之间的关系。自我意识是人类特有的反映形式，是人的心理区别于动物心理的一大特征。

二、自我意识的作用

自我意识在个体发展中有十分重要的作用。首先，自我意识是认识外界客观事物的条件。一个人如果还不知道自己，也无法把自己与周围相区别时，他就不可能认识外界客观事物。其次，自我意识是人的自觉性、自控力的前提，对自我教育有推动作用。人只有意识到自己是谁、应该做什么的时候，才会自觉自律地去行动。一个人一旦意识到自己的长处和不足，就会有助于他发扬优点，克服缺点，取得自我教育的积极效果。最后，自我意识是改造自身主观因素的途径，它使人能不断地自我监督、自我修养、自我完善。可见，自我意识影响着人的道德判断和个性的形成，尤其对个性倾向性的形成更为重要。

三、自我意识的结构

自我意识的结构是从自我意识的三个层次，即从认知、情感、意志三方面分析的，由自我认知、自我体验和自我调节（或自我控制）三个子系统构成。因此，自我意识也叫自我调节系统。

自我认识是自我意识的认知成分。它是自我意识的首要成分，也是自我调节控制的心理基础，它又包括自我感觉、自我概念、自我观察、自我分析和自我评价。自我概念（Self-concept），即一个人通过经验、反省和他人的反馈，逐步加深对自身的了解。自我观察是对自我所感所知、所思所想、情感、意向等内部经验感受的观察和分析，并将结果报告出来。自我分析是在自我观察的基础上对自身状况的反思。自我评价是对自己能力、品德、行为等方面社会价值的评估，它最能代表一个人自我认识的水平。

自我体验是自我意识在情感方面的表现。自尊心、自信心是自我体验的具体内容。自尊心是指个体在社会比较过程中所获得的有关自我价值的积极的评价与体验。自信心是对自己的能力是否适合所承担的任务而产生的自我体验。自信心与自尊心都是和自我评价紧密联系在一起的。

自我调节是自我意识的意志成分。自我调节主要表现为个人对自己的行为、活动和态度的调控。它包括自我检查、自我监督、自我控制等。自我检查是主体在头脑中将自己的活动结果与活动目的加以比较、对照的过程。自我监督是一个人以其良心或内在的行为准则对自己的言行实行监督的过程。自我控制是主体对自身心理与行为的主动的掌握。自我调节是自我意识中直接作用于个体行为的环节，它是一个人自我教育、自我发展的重要机制，自我调节的实现是自我意识的能动性的表现。自我意识的调节作用表现为启动或制止行为、心理活动的转移、心理过程的加速或减速、积极性的加强或减弱、动机的协调、根据所拟订的计划监督检查行动、动作的协调一致等。

四、自我意识的形成

每个人对自己的意识不是一生下来就有的，而是在其发展过程中逐步形成和发展起来的。人首先认识外部世界和他人，然后才逐步认识自己。自我意识是在与他人交往过程中，根据他人对自己的看法和评价而发展起来的，这个过程在人的一生中一直进行着。

每个人都是一个心灵画家，不过，这个画家的水平是逐渐提高的，当一个人对自己的认识达到以下水平时，他对自己的画像就基本完成了：

能意识到自己的身体特征和生理状况，能认识并体验到内心进行的心理活动，能认识并感受到自己在社会和集体中的地位和作用。

每个人给自己的画像从无到有，从差到好，大体经历以下三个阶段：

1. 生理自我（又称物质自我）

生理自我是个体对自己的躯体的认识，包括占有感、支配感、爱护感。人们有时把生理自我发展阶段称为自我中心期，这种初级的形态是以自我感觉的形式表现出来的。

大约在一岁末的时候，牙牙学语的儿童开始用手指可以拿到纸、笔，拿到什么是什么，但他知道手指是自己的。这样就把自己的动作和动作的对象区分开来，这是自我意识的最初表现。以后儿童开始知道由于自己扔皮球，皮球就滚了，进一步把自己这个主体和自己的动作区分开来。

两岁左右的儿童，开始知道自己的名字。这时儿童只是把名字理解为自己的代号，遇到叫周围同名的别的孩子时，他会感到困惑。儿童从知道自己的名字过渡到掌握代名词我、你，这在儿童自我意识的形成上，可以说是一个质的变化。此时，儿童开始把自己当作一个与别人不同的人来认识。从此，儿童的独立性开始大大增长起来，儿童经常说我自己来，我要……随着儿童把自己当作主体的人来认识，他们逐步学会了自我评价，懂得了乖或不乖、好或不好的含义。

当儿童在三岁左右，会用人称代词"我"来表示自己，用别的词表示其他事物时，说明他开始意识到了自己心理活动的过程和内容，开始从把自己当作客体转化为把自己当作一个主体的人来认识。这是自我意识的萌芽阶段，也是自我意识发展中的一次质变和飞跃，人的自我意识从此萌生。儿童掌握人称代词比掌握名词困难得多，代词具有很大的概括性。"我"一词可与每一个人相联系，运用时必须要有一个内部转换过程。例如，母亲问孩子："谁给你的糖？"孩子应该回答："阿姨给我的糖。"而不能说成"阿姨给你的糖"。儿童要能完成人称代词运用中的这一内部转换，如果没有对自我与他人、自我与他物的一定区别和把握，则是不可能的。当然，这时的儿童还没有关于自己内心的意识，还不可能像成人一样沉思、内省。

2. 社会自我

从3岁到青春期开始，个体通过幼儿园的学前教育和学校教育，受到社会文化的影响，增强了社会意识，认识到自己是社会的一员，尽量使自己的行为符合社会的标准，这个阶段称为社会自我阶段。

3. 心理自我（又称精神自我）

从十四五岁到成年，大约10年的时间，这个时候，人的性意识觉醒，抽象思维能力和想象力大大提高。在生理和心理上急剧地发展变化的同时，促进了自我意识的成熟，开始进入心理自我时期。

此时的人在意别人对自己的评价，希望自己引起别人的注意；不再像以前那样满足，开始对自己不满意，希望改变自己的外貌、性格等。

心理自我是一个人逐渐脱离对成人的依赖，并从成人的保护、管制下独立出来，表现出自我意识的主动性与独立性，强调自我的价值与理想。这是自我意识发展的最后阶段。这时的人能够透过自我意识去认识外部世界，而且这样的自我意识过程将伴随人的一生。

一个人心理健康的发展是与他的心理自我发展的是否完善密切相关的。心理自我发展完善的个体能够以客观的社会标准来认识社会和评价事物,树立正确的伦理道德观念,形成对待现实的正确态度、理想与信念等。

人的一生是一个不可逆过程,要提高人的社会价值,使人生更有意义,就必须善于认识自己、设计自己、安排自己、控制自己,使个人的发展与社会的进步相协调、相和谐。要尽可能去发展每个人的自我监控能力。这样,不仅有利于每一个人,而且有利于整个社会、整个人类。

五、发展自我意识的途径

(一) 正确的自我认知

"人贵有自知之明",全面而正确的自我认知是培养健全的自我意识的基础。自我认知是从多方位建立的,既有自己的认识与评价,也有他人的评价。我们不妨自己认真、仔细地想一想,用尽量多的形容词描述自己,要忠实于自己的内心。在此基础上,进行第二步,即他观自我的描述,描述父母眼中的我、同学眼中的我、老师眼中的我、恋人眼中的我、兄弟姐妹眼中的我。再寻找这些描述中共同的品质,将其归类。描述的维度越多,就越会找到比较正确的自我。正确认识自我的方法简述如下:

1. 关于自我的乔韩窗口理论

现代人有很多文化经验、科学知识,可以说无所不知,但却很少自知。而自知乃是一个人自我意识发展的基础。美国心理学家约翰(Jone)和哈里(Hary)提出了关于人自我认知的窗口理论,被称为"乔韩窗口理论"。他们认为,人对自己的认识是一个不断探索的过程,因为每个人的自我都有四个部分:公开的自我、盲目的自我、秘密的自我和未知的自我。通过与他人分享秘密的自我,通过他人的反馈减少盲目的自我,人对自己的了解就会更多、更客观。

	自知	自不知
他知	A 公开的自我	B 盲目的自我
他不知	C 秘密的自我	D 未知的自我

乔韩窗口理论

2. 认识自我的三条渠道

(1). 比较法——从我与他人的关系中认识自我。

他人是反映自我的镜子,与他人交往,是个人获得自我意识的重要来源。我们先从家庭中的亲情关系扩展到外面的友爱关系,进入社会又体验到人与人之间的利害关系。有自知之明的人能从这些关系中用心向别人学习，获得足够的经验，然后按照自己的需要去规划自己的前途。但是通过与别人的比较认识自己，应该注意比较的参照系。

① 跟别人比较的是行动前的条件，还是行动后的结果？大学生来大学学习，如果认为自己来自农村，条件不如别人，开始就置自己于次等地位，自然会影响心态和情绪。而应看大学毕业后的工作成绩才有意义。

② 跟别人比较是相对标准还是绝对标准？是可变标准还是不可变的标准？经常有大学生认为自己不如他人，其实他们关注的可能是身材、家世等不能改变的条件，这些没有实际比较的意义。

③ 比较的对象是什么人？是与自己条件相类似的人，还是个人心目中的偶像或极不如己的人？所以，确立合理的参照系和立足点对自我的认识尤为重要。

（2）经验法——从我与事的关系中认识自我。

从我与事的关系中认识自我，即我从做事的经验中了解自己。一般人通过自己所取得的成果、成就及社会效应来分析自己，却又常受成败经验的限制。其实任何一种活动都是一种学习，不经一事，不长一智。成败得失，其经验的价值也因人而异。对于聪明又善用智慧的人来说，成功或失败的经验都可以促使他再成功，因为他们了解自己，有坚强的人格特征，善于学习，因而可以避免重蹈失败的覆辙。而对于某些自我比较脆弱的大学生来说，失败的经验使其更失败，这也是最常见的现象，因为他们不能从失败中吸取教训，改变策略追求成功，而是受挫后形成害怕失败的心理，不敢面对现实去应付困境或挑战，甚至失去许多良机。而对于那些自我夸大的人来说，成功反可能成为其失败之源。他们可能侥幸成功便骄傲自大，以后做事便不自量力，往往失败的多；或成长过于顺利，又有家世、关系，而一旦失去这些"保护源"，便一蹶不振，不能支撑起独立的自我。由此可见，一个大学生对在成败经验中获得的自我意识也要细加分析和甄别。

（3）反省法——从我与己的关系中认识自我。

古人曰："吾日三省吾身。"从我与己的关系中认识自我，看似容易实则困难。大概可以从以下几个"我"中去认识自己：① 自己眼中的"我"。能让人实际观察到的客观的"我"，包括身体、容貌、性别、年龄、职业、性格、气质、能力等。② 别人眼中的"我"。与别人交往时，由别人对你的态度、情感反应而觉察自我。不同的人对自己的反应和评价不同，它是个人从多数人对自己反应归纳的结果。③ 自己心中的"我"，也指自己对自己的期许，即理想的"我"。还可以从实际的"我"、自觉别人眼中的"我"、自觉别人心中的"我"等多个"我"来全面认识自己。但是，对于现代大学生而言，虽然有多个"我"可供认识，但形成统合的自我观念比较困难，因为现代社会急剧变迁，改革开放后多元价值的影响，使现在的大学生自我认识难以客观、全面。

（二）客观的自我评价

一个人必须建立在正确的自我认知基础上，才能有正确的自我悦纳、积极的自我体验、有效的自我控制。

自我悦纳是自我意识健康发展的关键所在。悦纳自我首先要接纳自己、喜欢自己、欣赏自己，体会自我的独特性，在此基础上体验价值感、幸福感、愉快感与满足感；其次是理智而客观地对待自己的长处与不足，冷静地看待得与失。在生活中注重自我，自我意识是将注意力集中在自我的一种状态。积极的策略是：关注你自己的成功，并将优势积累。每个人身上都有着无数的闪光点，重点在于寻找你自己的闪光点并将其构成亮丽的人生风景线。

（三）积极的自我提升

提高自我效能感是个体在一定情境下对自我完成某项工作的期望与预期。当一个人期望自己成功时，他必然会尽自己最大的努力，并且，当面临挑战性任务时，会表现出更强的坚持力，从而增加了成功的可能性。自我效能感高的人一般学业期望较高，也就是说，自我效能感与成就动机呈正相关。

另一条途径是克服自我障碍。人们经常会有这样的感觉：体验对自己能力程度的焦虑带来的不安全感，这便是一种自我障碍。有太多这样的故事：由于考试前身体不好，所以在大考中没有取得好成绩。这便是典型的自我障碍，为自己的考学不成功找到了适当的借口。一个渴望自我发展的人必须主动克服自我障碍，进行积极的自我提升与自我尝试。积极的自我在尝试中会发现自己的新的支点。

（四）关注自我成长

自我的发展需要不断地自我反思、自我监控。但将成长作为一条线索贯穿于人的始终时，整理自己成长的轨迹显得尤为重要。依照过去、现在、未来进行清理，深刻了解与把握自己。要记住：自我体验永远是个体的，在分享他人自我成长的硕果时，也在促进自己的成长。

六、青年初期学生自我意识的特点

青年初期学生自我意识的特点，可以归结为以下五个方面：

（1）自我意识中独立意向的发展。青年人已完全意识到自己是一个独立的个体，因此要求独立的愿望日趋强烈。与少年期不同的是，这时独立性的要求是建立在与成人和睦相处基础上的。

（2）意识成分的分化。青年初期学生在心理上把自我分成了"理想的自我"和"现实的自我"两个部分，他们能够按照"理想的自我"去要求调控"现实的自我"，但有时也会出现矛盾。

（3）强烈地关心着自己的个性成长。青年初期的学生十分关心自己在个性方面的优缺点，对别人或自己进行评价时，也特别重视个性方面的特点。

（4）有很强的自尊心。青年初期个体自尊心变得脆弱而敏感。他们最不能忍受被轻视、侮辱，既希望得到父母的支持，更在乎同伴的赞许和重视。他们会以各种方式表现自己，争强好胜，以求获得赞赏和满足。如果不能通过正当的途径满足这种要求，他们有可能用不符合社会角色的方式去寻求满足，如寻衅滋事、玩世不恭、打架斗殴、搞恶作剧等。自尊心长期得不到满足时会导致低自尊、抑郁情绪以及普遍的失望甚至绝望。

（5）道德意识高度发展。学龄期儿童已经初步懂得了一些道德准则与道德观念。进入青少年期以后，由于接触的范围和自我道德实践经验的不断扩大，他们所掌握的道德准则不仅在数量上增加，而且越来越深刻。在道德情感中直觉式情感减少，伦理道德式情感体验开始占优势。道德理想更为现实，道德意识在道德行为中的作用日益加强。

七、学前儿童自我意识的培养

当你发现宝宝某一天突然开始出现这些行为的时候，那就是在告诉你，宝宝的自我意识已经开始萌芽：对家中摆放的各种物品产生兴趣，喜欢把物品拿起来并扔掉，你越是把东西一样样收拾好，他越是扔得带劲；宝宝开始喜欢自己用手抓饭吃；开始喜欢在镜子面前关注镜中的自己，并且用手来抓镜子里的小人儿；好像没有以前听话了，开始对大人安排的事情做出反抗；开始挑剔自己的穿着了……

如上行为，代表着宝宝开始意识到"我"的存在，意识到"我"有自己的想法了，宝宝的"自我意识"开始萌芽了。简单地说，自我意识就是宝宝对自我的认识，而能否正确认识自我，是心理健康的一项重要指标。自我意识不是生来就有，而是逐步形成和发展起来的。这种自我意识的萌芽期出现在宝宝一周岁左右。这时候，宝宝开始通过行动证明自己的独立，就像故事里的布奇一样，不愿意穿妈妈拿出来的衣服，要求自己选择。

作为父母，发展1~2岁宝宝的自我意识能力，是重要责任之一，说得远一些，这的确能够决定孩子今后的发展方向。有些人为什么能够成功，在其成功的背后，可能隐含着这些人善于认识自己、设计自己、安排自己、控制自己，并且拥有良好的自我控制能力。一个人心理健康的发展是与他的心理自我发展是否完善密切相关的。这影响着人类是否能够以客观的标准来认识社会和评价事物，是否能够树立起正确的伦理道德观念，从而形成对待现实的正确态度、理想与信念等。

面对宝宝在自我意识萌芽期表现出的种种"不听话"行为，要如何应对呢？布奇乐乐园中的故事《我就要穿这一件》中的布奇妈妈给了大家不少的启发——布奇的妈妈允许了布奇的尝试，布奇穿着自己挑的羽绒服出门了。温暖的春天穿着厚厚的羽绒服，布奇的感受可想而知。故事的最后，是布奇自己领悟到应该穿合适的衣服，或者仅仅是新一轮的选衣过程呢？故事的创作者并没有给出唯一的答案，宝宝想怎么理解就怎么理解！

故事更深一层的含义在于对家长的启发：生活中，如果宝宝对我们的决定提出了自己的不同意见，那么，也许我们可以多给他一些尝试的机会。比如，多拿几件衣服供宝宝挑选，让他们在一定程度上自己决定自己的事情，在尝试中得到学习。事实上，宝宝的自我意识和判断能力就是在这样的过程中慢慢培养起来的。

八、大学生自我意识的发展规律

大学生自我意识的发展表现为自我意识的分化、矛盾和统一。

（一）自我意识的分化

自我意识的分化是主观我与客观我（理想我与现实我）分化，是自我意识开始走向成熟的标志。此时，儿童时期那种笼统的、较稳定的"我"被打破了，出现了两个"我"，一个是主体的"我"（I），一个是客体的"我"（Me），即大学生既有观察自己的一面，又有作为被观察者的一面。"I"往往代表了社会的要求，在头脑中塑造了一个"理想的我"的形象。Me实质上就是现实生活中的我的形象，即"现实的我"。自我的分化，使大学生主动、迅速地对自己的内心世界和行为具有了新的意识。开始意识到那些以前没有注意过的、没有为之引起过思想波动的"我"的许多方面和细节。于是，自我内心活动复杂了，自我沉思、内省的时候明显增多了，并开始考虑自己应怎样做、能怎样做和不应怎样做、不能怎样做等人生观问题。

（二）自我意识的矛盾

自我意识的分化不可避免地要带来自我意识的矛盾，因为理想的自我毕竟与现实的自我存在一定差距。当大学生发现现实我在许多方面不符合理想我的要求时，就会为之苦恼不安。例如，有的同学希望自己成为一个开拓型人才，向往着干一番惊天动地的大事，但实际上自己连目前的学习都跟不上；有的同学希望自己豁达开朗，却不时要为小事而烦恼生气；有的同学因不再能像从前一样单纯而忧心忡忡；等等。这些正是理想自我与现实自我矛盾冲突的反映。归纳起来，当今大学生自我意识的矛盾主要有以下几个方面：理想自我与现实自我的冲突；独立意向与依附心理的冲突；自尊心与自卑感的冲突；交往需要与自我闭锁的冲突；追求上进与自我消沉的冲突；等等。

一方面，自我意识的矛盾给大学生带来了不安与焦虑，从而有可能影响到大学生的心理发展与心理健康。但是，另一方面，大学生为了摆脱不安与焦虑，总是力图设法解决矛盾，使理想的我与现实的我统一起来。

(三) 自我意识的统一，即自我同一

自我意识的统一就是指把主体的我与客体的我统一起来。这种统一是在新的水平与方向上的协调一致，使现实的我努力符合理想的我的要求。同时，由于自我意识是一个多维度、多层次的心理系统，所以自我意识的统一又表现为自我认识、自我体验与自我控制的统一，也表现为自我与外部世界的统一，即自我与客观环境、教育、社会发展的协调统一。由于每个大学生的社会背景不同、生活经历不同、追求目标不同以及个性特点不同，其自我意识统一、转化选择的结果也会有所差异。

九、大学生自我意识发展的特点

大学生自我意识的特点和同年龄的青年有相同之处，但由于其特殊的教育环境和知识背景，其自我意识又与一般的青年存在一些不同。

(一) 强烈关心自己的发展

大学生不像普通的青年那样直接进入社会，而是有四年左右的知识技能的储备时间。在这段缓冲期里，围绕个人发展、个人和社会关系，大学生能够主动、积极地探索自我。比如，他们会经常独思、反省这样一些问题："我聪明吗？""我风度如何？""别人会怎样看我？""我性格怎样？""我将成为什么样的人？""我如何实现自我价值？"……能自觉地把自我的命运和集体、国家的命运结合起来，经常考虑如何为社会服务。

(二) 大学生的自我意识具有矛盾性

大学生的自我意识，是在个人主观和客观的相互作用中形成的，是主观内省和客观现实反映的统一体。主观的自我是一个人对自己的认识和评价，客观的自我是别人对自己的认识和评价，这两者之间往往存在着较大的差距。大学阶段是走向社会的准备和过渡阶段，大学生虽在年龄上多半已进入成年，自我认知意识较中学时代有明显增强，且更加自觉和主动。但是他们的心理发展尚不成熟，自我意识的发展在多方面表现出矛盾性的特点：其一，独立性和依赖性之间的矛盾；其二，强烈的逆反心理；其三，"理想的我"与"现实的我"之间的矛盾；其四，强烈的交往需要与情感的闭锁性之间的矛盾。大学生希望与他人沟通和交流，模拟成人社会的交往过程，但又担心别人窥视自己的内心世界，内心体验不愿暴露。故他们常抱怨人际交往中缺乏真诚，但在交往中自己又不愿或不敢表露出自己的真诚。另外，大学生富于幻想，总希望自己将来成为某种理想的人，因而在头脑中塑造了一个未来的理想的自我形象，并经常将这种理想的自我形象与现实的自我形象加以比较，一旦发现与自我形象不一致时，就会产生理想自我和现实自我之间的矛盾。这些矛盾处理不好，就会产生自我意识的混乱。

(三) 大学生自我意识仍然不协调、不完整

1. 自我评价能力趋于客观，但自我认识有片面性

由于各类知识增多，生活经验扩大，感性与理性趋于成熟，大多数大学生对自己的分析、评价逐渐变得客观、全面。1992年，据王登峰等人的发现，大学生的"理想自我"与"现实自我"之间的相关性比较高，在0.50～0.60之间（但其中个体差异大，有的人这两者之间相关性低，有的人则高达0.90）。大多数学生对自我的认识和评价基本与外界一致，并且自觉地按照社会要求来评价和设计自己。大学生能借助一定的社会评价来认识自己，但又不完全依赖别人的评价，这是他们自我评价能力增强的表现。与此同时，对客观事物理解的肤浅性和片面性，常常使他们对自我的理解和判断只看到表象而看不到本质，所以就有可能时而夸大自己的长处、缩小自己的短处，时而又相反。

2. 自我体验具有起伏性

鉴于自我认识的片面性和局限性，大学生的自我情绪体验就显得十分不稳定，致使自我肯定和自我否定的交互频率较高。比如：在一段时期内事事顺利，就会自信之极；在一段时期内连续遇到挫折和困难，又会极度自卑。自信心和自卑感常常处于相互交织的状态，甚至在部分大学生身上出现恶性循环的现象，对其心理健康产生了较大的危害。

3. 自我控制能力差

随着独立性的提高，大学生自我控制力也有所增强，但相对于较高的社会期望来说，他们的自我控制能力还是有些欠缺。主要表现是部分学生：还不能够理智地处理同学之间的矛盾与冲突；不能克服自己对专业学习的厌倦情绪，考试出现不及格现象；不能按学校的规章制度和要求管理自己。因此，大学生中违纪现象时有发生，同学之间矛盾激化的情况也时常出现。一旦出现问题，学生的自我监督、自我管理、自我教育能力仍不能起到应有的作用。

4. 独立意识与依赖性并存

随着社会的发展和时代的进步，当代大学生的独立自主意识亦有所增强，但是对家庭和学校的依赖性还仍然存在。在心理上对父母、朋友存在深深的依赖，特别是遇到困难和挫折时，这种依赖就表现得更为明显。尤其是对现代社会的独生子女来说，长期受到父母的溺爱与保护，这种独立与依赖的矛盾表现得非常突出。因此，心理渴望的独立与现实生活中的依赖性相互纠缠，便成了大学生自我意识冲突的主要根源。

5. 自我意识水平存在年级差异

大学生的自我意识水平总体而言比较高，但不同年级的大学生在自我的发展方面存在明显的差异，而且大学生自我意识发展趋势与心理障碍的表现趋势似乎存在

某种对应关系。大学一、三、四年级的学生自我意识随着年级的升高而发展，而二年级是大学生自我意识最低、内心矛盾冲突最尖锐、思想斗争最激烈、回顾与展望时间最多的时期，是大学生自我意识相对稳定阶段中的不稳定时期，但也是一次新的上升时期。因此，也有人称二年级为大学生自我意识发展的转折时期。

十、大学生良好自我意识的标准

大学生良好自我意识体现在以下几个方面：
（1）能够自我肯定、自我统合；
（2）自我认知、自我体验、自我调节协调一致；
（3）独立的，同时又与外界保持协调；
（4）主动发展自我，且自我具有灵活性；
（5）不仅自己能健康发展，而且能促进社会文明和进步。

十一、自我意识与心理健康的关系

自我意识是心理健康的重要标志；良好的自我形象是成功的基础；自我概念影响心理健康。

（一）自我意识是心理健康的重要标志

心理健康的人，对自己有客观认知，接纳自我，自尊，但不自以为是，不自我陶醉。

（二）良好的自我形象是成功的基础

自我形象影响人的心理健康和成就水平。一般而言，自尊，才会尊重别人；自信，才会相信别人。而偏低的自我形象往往隐含在许多精神病症里，例如情绪问题、人际关系问题和药物滥用。不同的自我形象有以下不同的表现：

1. 高自我形象

接纳自我，喜欢和尊重自己；有安全感和自我肯定；清楚个人的能力；独立自主，自律；对自己的行为负责；对自己有恰当的期望；有勇气开放表达自己；对自己的成就感到自豪。

2. 低自我形象

否定自我，讨厌和不尊重自己；没有安全感，怀疑自己；不清楚个人的能力；依赖他人；情绪化；逃避责任；对自己没有恰当的期望；羞怯，不敢表达自己的观点；害怕成功。

（三）自我概念影响心理健康

（1）自我概念是一个人对自身存在的体验。它包括一个人通过经验、反省和他人反馈，逐步加深对自己的了解。

(2) 自我概念在临床和精神病根源中，等同于自我。

(3) 自我概念的特性：是学来的，受生命中重要他人的影响，不一定客观，有自行增强的效果。

(4) 自我概念影响心理健康表现在以下几个方面。

① 大学生自我概念与心理健康呈较高的相关。

② 大学生消极的自我概念容易诱发抑郁、强迫、人际关系敏感、精神病性等不健康心理。

③ 大学生心理疾病（尤其是抑郁）的发生与其自我认同程度、自我接纳程度和自我调节能力均存在较高负相关。

十二、构建完善的自我意识

自我意识的完善是一个长时间的自我认识、自我调整的过程。在这个过程中正确认识自我，全面评价自我是自我意识完善的基本原则。

（一）正确认识自我，全面评价自我

在正确认识自我、全面评价自我的过程中，大学生应注意克服以下几种趋向：

1. 过度的自我接受与过度的自我拒绝

所谓自我接受，是指对自己的认可，对自身价值的肯定。合理的自我接受表现在对自己的才能和局限、长处和缺点能客观评价、坦然接受，不过多地抱怨和谴责自己。对自我的合理接受是心理健康的表现。相反，过度的自我接受就是过高地估计自我，对自己的肯定评价远远超越自己的实际水平。存有这种过度的自我接受心理的大学生往往容易滋长盲目乐观情绪，自以为是，不易处理好人际关系。过高评价自己还容易滋生骄傲，对自己提出过高要求，承担无法完成的任务、义务而导致失败。

所谓自我拒绝，是指不喜欢自己，不能容忍自己的缺点和弱点，否定、抱怨、指责自己。过度的自我拒绝则是严重、经常、多方面地否定自我。事实上，许多大学生都有不同程度的自我拒绝，这可以促使他们不断修正自己，但过度的自我拒绝则是严重低估自我引起的。过度的自我拒绝的大学生往往看不到自己的价值，只看到或夸大自己的不足，往往感到自己什么都不如他人，低人一等，丧失信心。严重的还可能由自我否定发展为自我厌恶甚至走向自我毁灭。过度的自我拒绝压抑人的积极性，限制对生活的憧憬和追求，易引起严重的情感损伤和内心冲突，同时不能很好地发挥潜能和社会作用，给个人和社会都带来损失。

2. 过强的自尊心与过度的自卑感

自尊心和自信心、好胜心、独立感等都是大学生自我意识发展的主要表现。它

是要求自己的言行和人格得到尊重、维护自己一定荣誉和社会地位的一种自我意识倾向。大学生一般都比较好强、好胜、不甘落后。自尊心强的大学生对自己有信心，相信自己能克服缺点，取得进步。但过强的自尊心却和骄傲、自大等联系在一起。自尊心过强的大学生缺乏自我批评，而且也不允许别人批评，回避、否认自己的缺点，缺乏自知能力，不能与人和谐相处，容易失败，也容易受伤害。

自卑感是对自己不满、否定的情感，往往是自尊心屡屡受挫的结果。大学校园是人才济济之地，有些人在某些方面曾有自卑的倾向和感受，亦很正常。但有的同学过度地自卑，斤斤计较自己的缺点、不足和失误，结果因自卑而心虚胆怯，遇有挑战性场合就逃避退缩，不敢正视现实。自卑是大学生常见的一种不健康心理。

3. 自我中心和从众心理

大学阶段是人生自我意识发展的最强烈的阶段，大学生们往往愿意从自我的角度、标准去认识、评价他人与自己，容易出现自我中心倾向。当这种倾向与某些不健康的思想意识（如个人主义、自私自利思想）和心理特征（过度的自我接受和自尊心）结合时，就会表现过分的、扭曲的以自我为中心。以自我为中心的人凡事从自我出发，不能设身处地地进行客观思考。为数不少的大学生往往以同学的导师或领袖身份出现，颐指气使，盛气凌人，处事总认为自己对、别人错，好把自己的意志强加于人。因而他们不易赢得他人的好感和信任，人际关系多不和谐，行为做事难以得到他人的帮助，易遭挫折。

大学生中与以自我为中心相反的另一种心态就是从众。从众心理人皆有之，但过强的从众心理实际上就是依赖的反映。有过强的从众心理的学生，往往缺乏主见和独立意向，自己不思考或懒于思考，经常会"人云亦云"，遇到问题束手无策，结果导致自主性受阻、创造力受抑制。

4. 过分的独立意向与过分的逆反心理

大学生自我意识发展最显著的标志之一是独立意向。但很多大学生把独立理解为"万事不求人"、不需要别人的帮助。其实独立并不意味着独来独往、我行我素、不顾社会规范，而是指在感情上，个体能对自己负全部责任。一个真正成熟的个体是独立的，他对自己负责但不排除接受他人的帮助。逆反心理是大学生自我意识发展过程中的一种产物，其实只是为了寻求独立、寻求自我肯定，保护一个比较脆弱、尚不成熟的自我，这是青年极端心理发展的必然反映。逆反心理具有双重性：一方面表现青年人的反抗精神、独立意识；另一方面，不少人不能确切把握反抗，表现为过分的逆反心理。逆反心理过分的大学生往往采取非理智的反应方式：在内容上不区分正确与错误、精华与糟粕，一概排斥；在手段上简单地拒绝和对抗，情绪成分大。这种心理给大学生的成长带来消极影响，不利于他们的健康成长。

(二) 欣然接受自我与恰当评价自我

在正确认识和全面评价自我的基础上，欣然接受自我，恰当评价自我，是构建完善的自我意识的一项重要内容。因此，要特别注意克服以下几种不良现象：

1. 过分追求完美

正如"爱美之心，人皆有之"一样，"追求完美之心"也是人类健康向上的本能，但不切实际地过分追求完美则容易引起自我适应障碍。

大学生过分追求完美表现在：对自己过高要求，期望自己完美无缺，不能容忍自己"不完美"的表现；过分在乎自己"不完美"的地方，事事对自己不满意，从而严重影响自己的情绪和自信心。他们对自我十分苛刻，只能接受自己理想中完美的自我，不能接受现实中平凡或有点缺陷的自我。这就使得他们对自我认识和适应产生障碍。

2. 对自我评价不客观，导致对自我现状不满，引起心理失衡

一些大学生不能客观、恰当地评价自己和认识自己，只看到自己的缺点而忽略自己的长处并且过分关注自我的能力和表现，导致影响个体的情绪和兴趣，严重地阻碍了对自我现状的改善，影响正常的学习和对环境的适应。其实，每一名大学生各有其短处，也各有其长处，都有能力使自己更加出色。只要自己能悦纳自己的现状，找准定位，很好地把现实自我与理想自我协调起来，就可以成为一个真正强有力的自我。

3. 受他人期望的影响

大学生追求自主和独立，但他们仍然自觉不自觉地广泛接受着他人的影响，有的还把他人的期望当成自我的一部分。经常有为父母、为老师或为他人学习的学生。对于别人对自己的期望和评价，每个人应当有所吸纳，但不能完全受其束缚。对大学生来说，必须明确自己的期望是什么，以及这种期望的来源是否与社会需要相吻合，等等。只有这样，才能正确认识自己，恰当评价自己，规划自己的发展方向，成为期望的强大动力。

（三）有效控制自我与不断超越自我

1. 有效控制自我

自我控制是人主动地改变自己的心理品质、特征及行为的心理过程，是大学生健全自我意识、完善自我的根本途径。很多大学生对自我抱有很高的期望，但因没有足够的自制能力和意志，经受不住挫折和打击，无法实现自我理想。而那些自卑自怨、自暴自弃的大学生更是因为无法控制自我的不良情绪使自己偏离了健全的自我意识的轨道。大学生应根据自己的实际情况和社会需要，确立合适的抱负水平，通过自我奋斗，达到最终利国、利民、利己的自我实现和自我成功。

2. 不断超越自我

每个大学生都有很高的抱负和远大的理想。经验表明，自我认识已是不易，自我控制亦是很难，若再期望自我开拓、提升、超越，更是难上加难。但做人一生，

唯求成为自己。对于大学生而言，塑造自我、实现自己更是终身努力的目的。但古人说得好，要"齐家治国平天下"需从"修身、养性"开始，即从点滴小事开始，从积极行动开始，行知并重。要想运动健身，就天天进行自己喜欢的体育运动；要想开阔思路，就多读书，多听讲座。在行动时，无论对人对事，均全力以赴，使自己的能力得到最大限度的锻炼和提高。行动之后再反省得失原因，再度投入行动吸取教训经验，一旦有所成果时，再反省总结。如此反复进行，自我便一步一步得到扩展和深化，自我的境界也就自然而然地得到开拓与提升。

（四）促进自我意识的统一

自我意识分化、矛盾所带来的痛苦不断促使大学生寻求方法以求自我意识的统一，即自我同一性。自我同一，主要是指主观我与客观我的统一、自我与客观环境的统一、理想我与现实我的统一，也表现为自我认识、自我体验、自我监督的和谐统一。

消除矛盾，获得自我统一的途径有三条：

（1）努力改善现实自我，使之逐渐接近理想自我。

（2）修正理想自我中某些不切实际的过高要求，使之与现实自我趋近。

（3）放弃理想自我而迁就现实自我。

按照心理健康标准，不管哪种途径达到自我意识统一，只要统一后自我是完整的、协调的、充实的、有力的，就是积极和健康的统一。

第二节 认知理论及认知疗法

认知是影响个体心理健康水平的重要因素。对于同样的刺激，不同的人有不同的认知，从而产生不同的心理体验和情绪反应，并对人的后续行为产生影响。

一、认知一致论

对于态度的形成，西方社会心理学家提出了三种不同的理论解释：① 学习论。认为态度和其他习惯一样是通过后来学习而获取的。② 诱因论。认为一个人采取的态度受他对收益多少的考虑决定。③ 认知一致论。这是目前影响较大的一种理论。

认知一致论强调人的认识总是寻求一种平衡、一致、协调的状态。一个人如果有几种信念或观点彼此不协调,他将感受到心理上的压力,进而引起认知结构的重新组合,以便恢复认知结构的一致。

认知一致论有三种变式。第一种变式是平衡论,它是由海德在1958年出版的《人际关系心理学》中提出的。海德提出,在一个简单的认知系统里,存在着欲使这一系统达到平衡的形式在于改变现存的认识之一,或添加一种新的认识,以校正不平衡。所谓平衡的系统,是指你和你所喜欢的人意见一致,或和你不喜欢的人的意见不一致。不平衡的系统,则是指你和你喜欢的人的意见不一致,或和你不喜欢的人的意见一致。换言之,只有在这个系统的三项评估中,有一项或三项评估为正时,系统才能达到平衡。

不平衡结构趋向平衡结构改变,改变的方式有很多,平衡理论用"最少劳力原则"来预测改变的方向,即在最终平衡的目下,人们以改变最少知觉关系的方式来达到平衡。平衡论的主要意义在于它以较为简单的概念说明了认知一致论的基本想法。

认知一致论的第二种变式是认知—感情的一致论。这一说法的基本假设是,我们的信念或认识在一定程度上是受我们的感情偏爱所决定的。罗森伯格曾进行一项实验,证明了在一个人对另一个人的态度中,感情的改变能引起随后的态度改变。

认知一致论的第三种变式是认知失调论。它的基本含义是:态度如果与外显行为不一致时,将会为保持与行为的一致而趋向改变。失调论是由费斯廷格于1957年提出的。这一理论最初提出时主要集中在信念与行为不一致的起因研究,强调不一致者将引起认知的失调,有种种不同的方式减轻失调,最重要的一种是改变态度以达到态度和行为的一致。

二、认知不和谐理论(认知失调论)

认知不和谐理论,有的心理学家又称之为认知失调论。它是社会心理学的基本理论之一,也是态度和认知研究范畴中的一个重要课题。认知不和谐(认知失调)理论是由费斯廷格在1957年提出来的。他以认知元素为基本单位(认知元素指有关环境、个人及个人行为的任何认识、意见及信念),将两个单位的关系区分为协调(和谐)、不协调(不和谐)和不相关三种。简言之,认知不和谐(不协调)就是指两种认识上的不一致而导致紧张心理状态,产生动机冲突。这种不和谐程度取决于两个因素:① 认知对个体的重要性程度。② 与某一不平衡的特殊问题有关的认知与总认知所占的比例。费斯廷格假定,当认知间的不和谐程度增加时,个人所感受到要改变这种状况的心理压力也就愈来愈大。如果得不到解决,就必然导致人格失常与离轨行为。

导致认知不和谐的原因有两个方面：一是逻辑上的不一致。如果说所有的乌鸦都是黑的，那么如果见到某只乌鸦是白色的，则个体的认识就会产生不一致，失调就会随之产生。二是态度与行为之间的不一致，或者同一个体的两种行为不一致最容易导致失调。一个人在态度上可能反对战争，这样，"我反对战争"和"我参加战争"就是两种矛盾的认知，个体也就必然产生认知失调。这种范例同样可应用于两种不一致的行为。

在谈到失调对行为的影响时，费斯汀格作了两个假定："当失调存在时，由于个体心理上的痛苦，个体则试图减少失调，达到认知和谐，以减少心理上的不舒适体验。当失调存在时，除了努力减少失调外，个体还积极地避开可能导致增加失调的情景和信息。"减少失调可通过三种方式：① 改变自己对行为的认知，② 改变自己的行为，③ 改变自己对行为结果的认知。例如，倘若抽烟导致认知失调，个体减少失调的方式是：停止抽烟，或改变对抽烟消极后果的认知。

三、态度与行为

（一）态度与行为的关系

一般的情况下，态度决定行为，行为是态度的外部表现。但是，也经常发现态度和行为之间并不完全处于对应的关系，其相关程度并不高。产生态度和行为不一致的原因，除了可以归结于态度测定及调查等方法问题外，还由于从态度到具体的行为之间存在着各种中介因素，主要包括个体心理、人格因素和社会的环境因素。这两类因素往往共同起作用。

态度与行为的相关性，大体表现为以下几种情形：① 如果态度本身是强烈的、明确的，那么态度与行为的一致性就高。② 如果在态度体系中，没有彼此矛盾的或冲突的态度存在，态度又很具体，态度与行为的一致性就高。③ 优势动机越强烈又没有冲突，两者的一致性就高；个体能力越强，自我实现抱负越高，行为与态度的一致性就越高。④ 强有力的群体舆论压力与个体已有的态度不一致时，将会较大程度地破坏态度和行为之间的一致性。⑤ 如果个体为表现某种态度所付出的代价高于行为目标的价值，那么态度和行为的一致性就比较低。⑥ 几种态度与一种特定的行为相联系，或者几种行为与一种特定的态度相联系，而在若干种态度之间或行为之间又有冲突的情况下，往往会发生态度与行为之间的不一致。

（二）中性态度

在态度的方向上，那种既不表示反对，又不表示赞成的心理倾向，称中性态度。中性态度有以下特点：

（1）较强的内隐性。即往往以中性态度掩盖赞同或反对的真实态度。

（2）现实的回避性。即采用"不表态"或"中立"来回避现实中存在的矛盾。

(3) 稳妥性。由于对态度对象认识不清楚而以中性态度表现出来，待认识清楚之后，再表示明确态度。

(4) 可变性。中性态度总是要向两极转化的，它处于变化中的过渡期。

(三) 态度的形成

个体的社会态度的获得过程，就是态度的形成。美国社会心理学家 G. W. 奥尔波特认为，态度形成有四个条件：① 经验的积累和整合。从各个零散的经验中形成相同类型的特殊反应的整合。② 经验的分化。开始是笼统的、缺乏特殊的，以后逐渐分化和个别化。③ 剧烈的、外伤性经验，甚至是仅仅一次的经验，就可以形成永久性的态度。④ 对社会已有态度的模仿及语言的学习。

从发展的角度来看，D. 克雷奇认为影响态度的形成有以下因素：① 个人的需要是否得到满足，② 对某一对象的信息获得的质量以及信息源的性质，③ 所属群体或参照群体对个体的影响，④ 个体的人格特点。

凯尔曼于1958年提出态度形成的三阶段说：① 服从。或是出于主体的意愿，不知不觉地模仿；或是受到群体规范的压力，从而产生的服从行为。② 同化。态度不再是表面的改变，也不是被迫，而是自愿地接受他人的观点、信念、行为或新的信息，这一阶段已经与所要形成的态度相接近，但没有同自己全部态度体系相融合。③ 内化。内心发生了质的变化，新的观点、新的情感和新的意愿已经纳入了自己的价值体系，成为自己态度体系中的一部分，比较稳固，也不太容易改变。到了这一阶段，态度才真正地形成。后来，此假说被认为是无法得到证实的，凯尔曼也对此作过补充。

(四) 态度的变化

广义是指由于内部因素或外部因素使某一定时期内持续、稳定的态度发生变化；狭义是指由于社会的影响，特别是由于说服性沟通使以前的态度向相反的方向发生变化。态度变化的方向按照施加影响的社会或他人所期待的方向发生变化的，称肯定性态度变化；按所作用的他人的期待及想法的相反方向变化的，称否定性态度变化。改变人的态度时，可以从认知、情感和行为意向三个方面着手。

四、归因

(一) 归因及其维度

归因，即归结行为的原因，是指个体根据有关信息、线索对行为原因进行推测与判断的过程。

归因是人类的一种普遍需要，每个人都有一套从其本身经验归纳出来的行为原因与其行为之间的联系的看法和观念。

美国心理学家维纳（B. Weiner）对行为结果的归因进行了系统探讨，并把归因分为三个维度：控制点、稳定性和可控性，即内部归因和外部归因（控制点）、稳定性归因和非稳定性归因（稳定性）、可控制归因和不可控制归因（可控性）。

内因，是指存在于个体内部的原因，如人格、品质、动机、态度、情绪、心境以及努力程度等个人特征。如果将行为归因于个人特征，就称之为内归因。

外因，是指行为或事件发生的外部条件，包括背景、机遇、他人影响、工作任务难度。如果将行为结果的原因归于外部条件，就称之为外归因或情境归因。

归因一般从六个方面着手，即能力高低、努力程度、任务难易、运气好坏、身心状态和外界环境。

将事件结果归结为能力、任务难度或环境，属于稳定性归因；将事件结果归结为努力程度、运气或身心状态，属于不稳定归因。

将事件结果归结为努力程度或身心状态，属于可控性归因；将事件结果归结为能力、任务难度、运气或环境，属于不可控性归因。

（二）归因的控制点理论

控制点是罗特提出的一种个体归因倾向的理论观点，认为个体对自己生活中发生的事情及其结果的控制源有不同的解释。

内控者：对某些人来说，个人生活中多数事情的结果取决于个体在做这些事情时的努力程度，所以他相信自己能够对事情发展与结果进行控制。此类人的控制点在个人的内部，称为内控者。

外控者：认为个体生活中的多数事情的结果是个人不能控制的各种外部力量作用的结果，他们相信社会的安排，相信命运和机遇等因素决定了自己的状况，而个人努力无济于事。这类人倾向于放弃对自己生活的责任，控制点在个人的外部，称为外控者。

由于内控者与外控者理解的控制点来源不同，因而他们对待事物的态度与行为方式也不相同。内控者相信自己能发挥作用，面对可能的失败也不怀疑未来可能会有所改善，面对困难情境，能付出更大努力，加大工作投入。而外控者看不到个人努力与行为结果的积极关系，面对失败与困难，往往推卸责任于外部原因，不去寻找解决问题的办法，而是企图寻求救援或是赌博式地碰运气，他们倾向于以无助、被动的方式面对生活。

心理学研究表明：遇到愉快或成功的事，进行内归因能增强自信，有利于心理健康；遇到不愉快的事，外归因则能缓解压力。

实际上，在许多情境中，行为与事件的发生并非由内因或外因单一因素引起，而兼有二者的影响。

（三）影响归因的因素

1. 社会视角的影响

由于人们在归因上的社会视角不同，因而对行为原因的解释也有明显的不同。

2. 自我价值保护

个体在归因过程中，对有自我卷入的事情的解释，带有明显的自我价值保护倾向，即归因向有利于自我价值确立的方向倾斜。

在成败归因中：成功时，个体倾向于内归因；失败时，个体很少用个人特征来解释，而倾向于外归因。成功内归因有利于自我价值的确定，失败外归因，减少自己对失败的责任则是一种自我防卫。

在竞争条件下：个体倾向于把他人的成功外归因，从而减少他人成功对其带来的压力；如果他人失败了，则倾向于内归因。对他人的成败归因，个体均明显地使自己处于有利位置，以保护自我价值，这种倾向叫动机性归因误差。

五、常用的认知疗法

（一）艾利斯（Ellis）的理性情感治疗

理性情感治疗基于这样的假设：非理性或错误的思想、信念是情感障碍或异常行为产生的重要因素。对此，美国心理学家阿尔伯特·艾利斯进一步提出了"ABC"理论。在ABC理论中：A是指与情感有关系的激发事件（Activating Events）；B是指信念（Beliefs），包括理性或非理性的信念；C是指与激发事件和信念有关的情感反应结果（Consequences）。通常认为，激发事件A直接引起反应C。事实上并非如此，在A与C之间有B的中介因素。A对于个体的意义或是否引起反应受B的影响，即受人们的认知态度或信念决定。例如，对一幅抽象派的绘画，有人看了非常欣赏，产生愉快的反应；有人看了感到这只是一些无意义的线条和颜色，既不产生愉快感，也不厌恶。画是激发事件A，但引起的反应C各异。这是由于人们对画的认知评估B不同所致。由此可见认知评估或信念对情绪反应或行为的重要影响，非理性或错误是导致异常情感或行为的重要因素。非理性信念有三个明显的特征：绝对化（应该、必须等词）；过分概括（总是、都、全部、每次等词）；糟糕至极（一旦……，就……）。

艾利斯的ABC理论后来又进一步发展，增加了D和E两个部分：D（Disputing）指对非理论信念的干预和抵制；E（Effective）指用有效的理性信念或适当的情感行为替代非理性信念或异常的情感和行为。D和E是影响ABC的重要因素，对异常行为的转归起着重要的影响作用，是对ABC理论的重要补充。

理性情感治疗的基本原则方法如下：

（1）向患者解释说明理性情感治疗的基础，说明认知与情感之间的关系以及非理性情感与不适或异常行为的联系。

（2）通过患者的自我监察和治疗的反馈，识别非理性思想。

（3）直接对非理性观念提出疑问，指出不合理所在，并示范对已有激发事件或不良刺激时应如何理性地分析、解释。

（4）自我陈述理性观念，用其代替先前的非理性观念，并练习，在心里重复理性的观念。

（5）设计和采用某些行为技术，如角色扮演、操作条件、脱敏和一些其他技能训练方法，帮助患者发展理性的反应。

（二）贝克（Beck）的认知疗法

认知疗法（Cognitivetherapy）的基础理论来自信息加工之理论模式，认为人们的行为、感情由对事物的认知所影响和决定。例如，如果人们认为环境中有危险，他们便会感到紧张并想逃避。人们的认知建立在自己以往经验的态度和假设基础之上。美国心理学家亚伦·贝克指出，心理障碍的产生并不是激发事件或不良刺激的直接后果，而是通过了认知加工，在歪曲或错误的思维影响下促成的。歪曲和错误的思维包括：主观臆测，在缺乏事实或根据时的推断；夸大、过分夸大某一事情（事件）和意义；牵连个人，倾向将与己无关的事联系到自己身上；走极端，认为凡事只有好和坏，不好即坏，不白即黑。他还指出，错误思想常以"自动思维"的形式出现，即这些错误思想常是不知不觉地习惯地进行，因而不易被认识到。不同的心理障碍有不同内容的认知歪曲。例如，抑郁症大多对自己、对现实和将来都持消极态度，抱有偏见，认为自己是失败者，事事都不如意，认为将来毫无希望。焦虑症则对现实中的威胁持有偏见，过分夸大事情的后果；面对问题，只强调不利因素，而忽视有利因素。因此，认知疗法的重点在于矫正患者的思维歪曲。

认知疗法的基本方法步骤如下：

（1）帮助患者认识思维活动与情感行为之间的联系。

（2）帮助患者认识消极歪曲或错误的思维，检验支持和不支持自动思维的证据。

（3）帮助改变歪曲的错误的思维方式、内容，发展更适应的思维方式和内容。

在以上步骤的实施中，同时采用各种认知技术和行为技术。

案例分析

小丁（化名）自述同学都不喜欢她。寝室的其他几个人，家里都很富有，她们几个人总是一起逛街、一起玩。团支书小陈和小丁一个寝室，小陈什么事都不干，最后都是小丁干。

小丁认为班长因为团支书小陈长得漂亮而喜欢小陈。因此班长总是让小丁代做小陈的事。虽然班长的做法不合理，但小丁因害怕班长打击报复，不敢对老师说，导致班级的事都是小丁一个人在做。

小丁希望进行班级选举，想看看到底有多少人选自己做班长，但是又担心要是被选上了，也管不了现任班长。因为小丁认为现任班长经常请客，笼络了一帮人，如果自己做班长，现任班长会联合一帮人对付小丁。

[思考题]

请分析小丁苦恼的来源。

小王出生后，他妈妈身体一直不好，经常要吃药。在得知小王考上一所家人认为不是很理想的大学的时候，他妈妈出现晕眩，并于小王考上大学的那年中秋节离开人世。奔丧回校后，室友陪小王上街买衣服时，室友的钱包被盗了。一周后，另一位室友邀小王一起去食堂吃饭，回寝室时，突然下雨，把他俩都淋湿了。综合以上三件事，小王认为自己是有罪的，认为是上天在惩罚自己。因此以后遇到下大雨，他会主动到室外去淋雨，以接受惩罚。

[思考题]

请判断小王的认知是否存在问题。如果有，问题出在哪里？应如何应对？

思考题

1. 长相一般的你，走路时，有人回头看你。你对此的想法是（　　）

    A. 我很帅吗？　　　　　　B. 我帅呆了。　　　　　　C. 我很丑吗？

    D. 难道我丑到这个程度？　　E. 我太丑了，我很伤心。

2. 某门专业课你考了80分，你的想法是（　　）

    A. 太差了。　　　　　　　B. 我是最牛的。　　　　　　C. 运气真好！

    D. 肯定是老师统分时算错了，多加了10～20分。

    E. 郁闷，还是失败了，我永远超不过第一名。

3. 如何克服自卑，增强自信？

第四章

情绪与心理健康

情绪与每个人的生活、学习、人际交往、工作密切相关。处于青春期的大学生，心理上处于急剧变化的时期。这个时期他们体验着各种各样的情绪，而且情绪波动较大，经常会面临着各种各样的情绪困扰。对大学生情绪心理进行正确认知与疏导，对促进他们健康成长有着重要的意义。

第一节 情绪概述

一、情绪概念

（一）情绪

什么是情绪？心理学界有很多定义。一般而言，情绪是指人们在内心活动过程中所产生的心理体验，或者说，是人们在心理活动中，对客观事物是否符合自身需要的态度体验。

情绪同人的需要和动机有着密切的关系，当人的某种需要得到满足或没有得到满足时，人将会产生愉快或者难过等主观感受。因此，情绪是客观事物是否符合个体的需要所产生的态度体验，是人脑对客观事物与人的需要之间关系的反映。

情绪是有方向的，即有正性情绪与负性情绪。快乐与愉悦是最主要的正性情绪，是为人们带来心理享受的重要来源；与之相反的最主要的负性情绪是痛苦，它是人类最普遍的负性情绪。引起大学生负性情绪的主要诱因是失败与重大丧失，如人际冲突、失恋、学习障碍、考试失败等因素。

（二）情绪与情感

在日常生活中，我们对情绪与情感这两个概念的使用非常随意，但在心理学上，情绪和情感是两个不同的概念，心理学界普遍认为两者既有区别也有联系：

（1）从所联系的心理层次来看，情绪的心理层次较低一些，是先天的与生理需要相联系的；情感则与人的社会性需要相联系，属于高级心理现象。

（2）从所具有的品性来看，情绪一般不稳定，具有较大波动性；情感则较稳定，持续时间长。

（3）情绪与情感相互联系和依存。情感是在情绪基础上产生的，进而发展成为情绪的深层核心，它通过情绪得以实现；情绪包含着情感，受情感的制约，是情感的外在表现。二者相互依存、制约和发展。

（三）情绪与情商

情商，英文表达是 Emotional Quotient，缩写为 EQ，又称"情绪智力"，是近年来心理学家们提出的与智力和智商相对应的概念。它主要是指人在情绪、情感、意志、耐受挫折等方面的品质。

就情商所包含的内容而言，美国心理学家认为应包括以下几个方面：

（1）认识自身的情绪。因为只有认识自己，才能成为自己生活的主宰。

（2）能妥善管理自己的情绪，即能调控自己。这方面能力较差的人常受低落、不良情绪的困扰，而能控制自身情绪的人则能很快走出命运的低谷，重新奔向新的人生目标。

（3）自我激励。它能够使人走出生命中的低潮，重新出发。

（4）认知他人的情绪。这是与他人正常交往，实现顺利沟通的基础。

（5）人际关系的管理。这方面的能力强意味着他的人际关系和谐，或者适于从事组织领导工作。

美国哈佛大学心理学博士丹尼尔·戈尔曼在1995年出了《情感智商》一书，提出"情绪智力"理论，在全球教育界掀起了一股强劲的旋风。他认为，人们首先要认识EQ的重要性，改变过去只重视智商IQ，认为高IQ就等于高成就的传统观念。他通过科学论证得出结论："EQ是人类最重要的生存能力"，人生的成就至多20%可归诸IQ，另外80%则要受其他因素（尤其是EQ）的影响。因此，必须从重视IQ转到重视EQ上来，并大力提升年轻一代的EQ。换句话说，在现代社会中EQ的重要性绝不亚于IQ。

（四）情绪的要素

情绪的复杂性远非语言所能完整表达。对复杂的情绪及其现象，心理学通常归结为三个方面，即情绪的生理反应、内省的情绪体验、外在的情绪表现。

1. 情绪的生理反应

在不同的情绪下，人的身体各系统器官都会发生相应的生理变化，如人的心律、血压、呼吸和内分泌、消化等系统都会产生相应的变化。例如，人在焦虑状态下，会感到呼吸急促、心跳加速；在恐惧状态下，则会出现身体战栗、瞳孔放大；在愤怒状态下，会出现汗腺分泌加剧、面红耳赤等生理现象。这些变化都是受人的神经系统支配下的生理反应。

2. 内省的情绪体验

简单地说，就是人对情绪状态的自我感受。人的不同情绪生理状态必然反映在人的知觉上和人的意识中，从而形成人的不同的内心体验。例如，人在受到伤害时，会感到痛苦；在好友聚会时，会感到快乐；在面临危险境地时，会产生恐惧感；当自己的某些需要得到满足时，会感到幸福愉快。内省的情绪体验是人脑对客观环境和客观现实的重要反映之一。这种反映形式不同于认知活动，它不是对客观事物本身的反映，而是带有主观色彩的反映。

3. 外在的情绪表现

情绪不仅体现为生理反应和内心情绪体验，而且也会直接反映到人的外在行为表现中，主要反映在人的表情、语态和行为过程中。面部表情最直接反映着人的情绪状态，人们可以通过一个人的面部表情的变化，来了解一个人的情绪状态。例如，当发生了自己高兴的事情的时候，人的脸上不由自主地会喜笑颜开；当遇到解决不了的困难时，会愁容满面。体态行为同样也反映着一个人的情绪状态，如坐立不安、手舞足蹈、垂头丧气等词语都是很形象的表述。语音语调同样也会反映情绪状态，例如，悲伤时会出现语调低沉、言语缓慢、断断续续；兴奋时会语调高昂、抑扬顿挫、清晰有力。

二、情绪分类

情绪是复杂的、各种各样的，难以有统一的划分方法，主要可以概括为以下几种：

（一）基本情绪

从情绪形成与发展的角度，可将情绪分为基本情绪与社会情绪。基本情绪主要是指与人的生理需要相联系的内心体验。如人的恐惧、焦虑、满足、悲哀等。人的基本情绪幼年时期就已经形成了，更带有先天遗传的因素。

（二）社会情绪

社会情绪是指与人的社会性需要相联系的情绪反应，表现为一种较为复杂而又稳定的态度体验。例如人的善恶感、责任感、羞耻感、内疚感、荣誉感、美感、幸福感等，是后天随着人的成长而逐步发展和形成的。社会性情绪是在基础情绪上形成和发展起来的，同时又通过基础情绪表现出来。大学生在大学阶段，更多的是形成和丰富自己的社会性情绪的感受和体验时期。

（三）心境、激情、应激

有心理学家依据情绪强弱、持续时间长短等因素将情绪状态划分为心境、激情、应激三种形态。

心境是指一种深入持久、又比较微弱的情绪状态，具有渲染性和弥散性的特点。例如，当一个人心情舒畅时，什么事情对他而言都会觉得积极、乐观；而当一个人心情不佳时，很可能对很多事都会感到没有兴趣。

激情是指一种短暂、强烈的、狂风暴雨式的情绪状态。如球迷看球时的欣喜若狂的表现。激情具有强烈的冲动性和爆发性，发生的时间短，会随着时过境迁而弱化或消失。激情的发生常常具有明显、突出的原因和指向性。激情也可以表现为积极的或是消极的：积极的激情能增强人的敢为性和魄力，激励人们克服困难；消极的激情则会使人丧失理智、情绪和行为失控。

应激又称为应激状态，是指由于出乎意料的紧张或危险情境所引发的情绪状态。在应激状态下，人的心律、血压、呼吸、肌肉紧张度和内分泌都会发生显著的变化，从而增加身体的应变能力。在应激状态下,人们往往能做出平时难以做到的事,使人尽快地转危为安。但是,人在紧急情境中的应激状态下,也往往会产生知觉狭窄、行动刻板、注意力受局限等不良影响;过于强烈的应激情绪,也有可能导致人的临时性休克甚至死亡;一个人如果长期或频繁处于应激状态中,会导致身心疾病和心理障碍。

三、情绪的功能

(一) 自我防御功能

通常会认为,愤怒、恐惧、焦虑、痛苦等负性情绪是不好、不应该的,但实际情况是,情绪包括负性情绪,在生活当中是必要的,有其不可替代的作用。每一种情绪都是有其功能的,在最简单的层面上,情绪能够帮助我们做出更迅速的反应。例如,当人处于危险境地时,恐惧的情绪反应,能促使人更快地脱离险境;当人在工作或学习中承担的负荷超出了自身承受能力时,疲惫的情绪状态,会使人不得不调整工作强度,获得更多的休息;在被人伤害时,愤怒的情绪会促使人奋起反抗。这些情绪反应表现出明显的自我防御功能。

(二) 人际沟通功能

心理学家阿尔伯特研究了以英语为日常交流语言的人的交流现象后发现,在日常生活中,55%的信息靠非言语表情传递,38%的信息靠言语表情传递,只有7%的信息靠言语传递。

由此可见,情绪在人际交往过程中担当着传递信息、沟通思想的重要功能。像微笑、热情、喜悦、宽容和善意的情绪表达,会促进人际的沟通和理解,所以很多服务类工作人员,如空姐,常常会做微笑训练,就是为了与顾客更好地交流;而冷漠、猜疑、排斥、偏执、妒忌、轻视等情绪反应,则会构成人际交往中的障碍。

(三) 信息传递功能

情绪还能起到信息传递的功能。情绪不仅促进人际间的交流,还会引起对方的感情反应。例如,恋人之间的一个眼神、一个微笑,就可表达爱意,如成语"暗送秋波"就是很好的例证;配合默契的伙伴之间一个动作、一个表情,对方就会心领神会;上课、考试时老师的眼神就会让同学有所警觉。情绪还可以相互地影响和传播。例如,一个人兴高采烈时,这种正面情绪也会感染周边的人;而当一个人沮丧、愤怒时,也会使这种情绪在周围传播开来,并有可能将这些负性情绪迁移到他人身上。

(四) 强化功能

研究证明,情绪状态可以影响学习、记忆、社会判断和创造力。情绪反应在人们对生活经历进行组织和分类时起着重要作用。例如,当出现紧急情况时,消极情绪能够唤起大脑的警觉水平；积极情绪能使一个人的感觉、知觉变得敏锐，记忆获得增强，思维更加灵活，有助于一个人内在潜能的充分展示。也有研究表明，一个人在特定的情境下体验到特定的情绪时，那些和当前情绪一致的内容更容易被发现、注意和深加工。

总之，情绪在人的生活中占有重要的地位。正是因为情绪的存在，人们才能体验到幸福、欢乐、喜悦、爱情，才会欣赏美好的事物，体会创造的愉悦。如果没有情绪生活，这个多姿多彩的世界将会毫无意义。因此，每个人都应学会认识自己的情绪，并适时地管理和调控自己的情绪，以促进自己的身心健康和生活幸福。

（五）动力功能

情绪的一个重要功能是促使人向重要的目标迈进。由情绪环境引发的生理唤醒可以令人达到最高的绩效水平。适度的情绪兴奋，可以使身心处于最佳状态，使人有效地完成工作任务。人在紧张情绪发生时，会表现出一系列生理变化，如血压升高、呼吸急促、肾上腺分泌增加等。这些反应都有助于一个人充分调动体力，去应对紧急状况。这些适度的情绪反应能够激励人的活动，提高人的活动效率，进而推动人们有效地完成工作任务。

四、情绪与健康

情绪在人的成长和发展中起着重要作用。健康的情绪，会使人积极乐观、心胸开阔、努力向上；而不良情绪，则会使人郁郁寡欢、萎靡不振，甚至失去理智。

（一）健康情绪

什么是健康的情绪？健康的情绪有什么标准吗？健康的情绪，即是良好的情绪状态。良好的情绪状态，是指一个人的情绪的发展、反应水平和自我控制能力与其年龄和社会的要求相适应，并为社会所接受。

美国心理学家马斯洛曾经提出了健康情绪的六个特征：① 情绪自然、愉悦、稳定；② 有清醒的理智；③ 适度的欲望；④ 对人类有深刻、诚挚的感情；⑤ 富于哲理、善意的幽默感；⑥ 丰富、深刻的自我情感体验。

（二）不良情绪及其表现

不良情绪是指不良的情绪反应或对自己及他人带来不良影响甚至伤害的消极情绪状态。不良情绪具有如下表现。

（1）负性情绪持续时间过长。如一个人长期处于悲观、失落的情绪状态而又无法调整时，就会形成一种抑郁的心境，导致抑郁甚至心理疾病。

（2）负性情绪超过了自己所承受的强度，自己却不能控制，使自己行为失常或感到被伤害。如考试时，过度的焦虑会使一些学生发挥失常。

（3）负性情绪出现了恶性循环，无法自拔。如学生面对学习压力，感到焦虑不安，影响了自己的学习，而自己又无法调整，引起更深焦虑，导致失眠等问题。

（4）情绪状态已构成了对自己或他人的影响或伤害。如对自己喜欢的异性与其他同性交往，会产生嫉妒情绪，这是正常的情绪反应。但如果这种嫉妒情绪导致对他人的过分行为，如限制其人身自由或造成人身伤害时，就已经成为一种不良的情绪反应了。

（5）由于情绪适应不良导致严重的情感障碍、人格障碍等心理问题。如退缩、孤独、怀疑、抑郁等，都是情绪适应不良的表现。

（三）情绪对健康的影响

心理学的研究表明，情绪与疾病的关系是双向的，情绪可以是疾病的诱因，也可能是疾病的产物。情绪既可以致病，也能治病。积极、愉快的情绪有利于人的身心健康；反之，不良的情绪易导致心理障碍，引发生理疾病。

1. 良好的情绪能促进身心健康

良好的情绪不仅是维护心理健康的保证，也是促进生理健康的有效途径。因为良好的情绪可以作用于生理系统，保持内分泌功能的适度平衡，从而使全身各系统、器官的功能更加协调、健全。巴甫洛夫曾指出：忧愁、顾虑和悲观可以使人得病；积极、愉快、坚强的意志和乐观的情绪可以战胜疾病，更可以使人强壮和长寿。

良好的情绪与人的身心健康相关：往往使人乐于行动，有兴趣学习、工作和生活，有积极地与人交往的愿望；并有助于开阔思路，使人注意力集中和富有创造性。

2. 不良情绪对身心健康的危害

不良情绪会降低机体的免疫力，直接危害到身心健康。过度的情绪反应或持续的消极情绪，容易导致心理障碍，如大学生当中常见的抑郁症、强迫症、神经衰弱等，甚至会进一步影响内脏器官的功能，从而损害生理健康，如消化不良、偏头痛、心律失常、月经失调等。

第二节 大学生的情绪与健康

情绪是个体与环境、事物之间关系的反映，它具有独特的主观体验和外部表现形式，对人的活动有着非常重要的影响。作为特殊群体，大学生的生理基本成熟而心理尚未完全成熟，易受到外界的干扰，因而对人、事、社会等各种现象特别关注，对新鲜事物十分好奇，对学业和未来充满信心，朝气蓬勃、积极进取，拥有许多积极的情绪。他们的每一个心理过程都是在某种特定的情绪背景下进行并受其影响和调节的。

一、大学生的情绪特点

大学时期是青年人心理成熟的重要时期，也是情绪丰富多变、相对不稳定的时期。随着社会地位、知识素养的提高以及所处特定年龄阶段的影响，大学生情绪带有鲜明的特征。具体表现在以下几个方面：

（一）丰富性与复杂性

几乎人类所具有的各种情绪，都可在大学生身上体现出来，并且各类情绪的强度不一，例如有悲哀、遗憾、失望、难过、悲伤、哀痛、绝望之分。从自我意识的发展来看，大学生表现出较多的自我体验，自我尊重的需要强烈，易产生自卑、自负等情绪体验；从社交方面来看，大学生的交际范围日益扩大，与同学、朋友及师长之间的交往更细腻、更复杂；有的大学生还开始体验一种更突出的情感——恋爱，而恋爱活动往往又伴随着深刻的情绪体验，这种特殊的体验对大学生有十分重要的影响。在情绪体验的内容上，大学生的情绪呈现出相当丰富多彩的特征。以惧怕的情绪来说，大学生所怕的事物，主要与社会的、文化的、想象的、抽象复杂的事物和情绪有关，诸如怕考试、怕陌生人、怕惩罚、怕寂寞等。

（二）冲动性与爆发性

由于知识水平和认知能力的提高，大学生对自己的情绪能够有所控制；但由于他们兴趣广泛，对外界事物较为敏感，加之年轻气盛和从众心理，因而在许多情况下，其情绪易被激发，犹如急风暴雨不计后果，带有很大的冲动性。他们往往对符合自己信念、观点和理想的事件或行为迅速发生热烈的情绪；对不符合自己信念、观点和理想的事件或行为，则迅速出现否定情绪。个别的有时甚至会盲目地狂热，而一旦遇到挫折或失败又会灰心丧气。情绪来得快，平息也快。

大学生情绪的冲动性常与爆发性相连。大学生的自制力较弱，一旦出现某种外部强烈的刺激，情绪便会突然爆发，借助于冲动的力量驱使，以致在语言、神态及动作等方面失去理智的控制。

（三）波动性与两极性

大学时期是人生面临多种选择的时期，学习、交友、恋爱等人生大事基本在这一阶段完成。社会、家庭、学校及生活事件，都会对大学生的情绪产生影响。尽管大学生的认识水平有了一定的提高，对自己的情绪已有了一定的控制能力，情绪亦趋于稳定，但同成年人相比，大学生相对敏感，情绪带有明显的波动性。一句善意的话语、一个感人的故事、一支动听的歌曲、一首情理交融的诗歌，都可以促使青年情绪发生骤然变化。特别是在社会转型过程中，社会的变迁、体制的变革、新与旧价值观的更替、种种复杂的社会现象，更容易使大学生产生困惑和迷茫，产生情绪的困扰与波动。

同时，大学生正处于情绪表现的"动荡"时期，由于自我认知、生涯发展及心理发展还未成熟等原因，他们的情绪起伏较大，带有明显的两极化特征：胜利时得意忘形，挫折时垂头丧气；喜欢时花草皆笑，悲伤时草木流泪。情绪的反应摇摆不定、跌宕起伏。有人对大学生进行过调查，发现70%的人情绪都是经常两极波动的，也就是像波动曲线一样，忽高忽低、忽愉快、忽愁闷。

（四）阶段性与层次性

大学阶段由于不同年级培养目标和培养重点不同，教育方式和课程设置有所区别，各个年级面临的问题不同，因此大学生的情绪特点也不同，呈现出阶段性和层次性特点。刚入学的一年级大学生，会因过去对大学的幻想与现实大学生活的差别而出现失落感，情绪处于不稳定阶段。二年级是情绪波动较大的阶段，突出反映在一年级的新鲜感已经荡然无存之后，暴露出的在大学生活、学业、人际交往等方面所面临的矛盾冲突和因此造成的情绪困扰。从三年级开始，大学生的情绪自控能力有所增强，对大学生活基本适应，并具备了一定的自控能力，情绪状态相对比较稳定。四年级时，由于即将走上社会，人生将面临重要的转折，情绪状态再次呈现出矛盾性和复杂性。

（五）外显性与内隐性

大学生对外界刺激反应迅速、敏感，喜、怒、哀、乐常形于色，比起成年人较外露和直接，但比起中小学生，较会文饰、隐藏或抑制自己的真实情感，表现出内隐、含蓄的特点。一般而言，大学生的很多情绪是一眼就能看出的，如考试第一名或赢得一场球赛，马上就喜形于色。但由于自制力的逐渐增强，以及思维的独立性和自尊心的发展，他们情绪的外在表现和内心体验并不总是一致的。在某些场合和特定问题上，有些大学生会隐藏或抑制自己的真实情感，有时会表现出内隐、含蓄的特点。例如有的学生对异性萌生了爱慕之情，却往往留给对方的印象是贬低、冷落人家。

二、大学生常见的情绪问题

（一）焦虑

焦虑是一种类似担忧的反应或是自尊心受到潜在威胁时产生担忧的反应倾向，是个体主观上预料将会有某种不良后果而产生的不安感，是紧张、害怕、担忧混合的情绪体验。人们在面临威胁或预料到某种不良后果时，都有可能产生这种体验。

焦虑是大学生常见的情绪状态，当他们在学习、工作、生活各方面遭遇挫折或担心需要付出巨大努力的事情来临时，便会产生这种体验。焦虑对大学生的影响是复杂的，既可以成为大学生成才的内驱力，起促进作用，也可以起阻碍作用。实验证明：中等焦虑能使学生维持适度的紧张状态，注意力高度集中，促进学习；过度焦虑则会对学生带来不良的影响。如有的大学生在临考前夜的失眠或考试时"怯场"，在竞赛中不能发挥正常水平，等等，多是高度焦虑所致。被过度的焦虑困扰的大学生，常常会感到内心极度紧张不安，惶恐害怕，心神不定，思维混乱，注意力不能集中，甚至记忆力下降，同时还容易产生头痛、失眠、食欲不振、胃肠不适等不良生理反应。焦虑的大学生在内心深处有一种无法解脱、不愿正视的心理问题，焦虑只是矛盾、冲突的外显，借此作为防御机制以避免那些更深层次的困扰。

大学生常见的焦虑有自我形象焦虑、学习焦虑与情感焦虑：① 自我形象焦虑。如担心自己不够漂亮、没有吸引力、体貌过胖或矮小等，也有的因为粉刺、雀斑等影响自我形象而引起的焦虑。这类焦虑主要与自我认知有关，需要通过调整自我认知重新接纳自我，建立新的自我形象。② 学习焦虑。如考试焦虑，在学生情绪反应中最为强烈，我们在大学生学习心理中专门谈及考试焦虑，需要引起重视。③ 情感焦虑。多数是由于恋爱受挫而引发的自我否定，认为自己不具备爱人与被爱的能力，因过度担心而引起焦虑。

（二）自卑

自卑感是一种因自我评价偏低、过多地自我否定而产生的负性情绪体验，也可以表述为自我效能感低。班杜拉认为，自我效能感低是个体在特定情境中对自己是否有操作行为的预期比较低。自卑的人不敢奢望自己能做成什么大事，对特定行为的预期总是很低，成就体验也较弱。

大学生自卑情绪容易使他们产生一种压抑、孤独的情感，易使他们遭受挫折，严重影响他们的学习与生活。理想自我与现实自我的差距是导致自卑的主要原因，如学历、家庭、身体、学习、交际、性格、文体活动等方面的差距。有自卑心理的大学生往往气质忧郁，性格内向，不善言辞，消极情绪占主导地位，对他人的评价过于敏感，自信心不足，甚至自惭形秽。其实自卑者不一定能力低下，而是凡事期望过高，不切实际，在交往过程中总想使自己的形象理想完美，害怕丢丑。这种心境也使自卑者将自己的社交圈子局限在狭小的范围内，常会因为与身边的人缺乏必要的交流导致社会适应困难。

大学生的自卑心理往往会有两种不同的表现：① 逃避参加集体活动。在诸多竞争活动中退缩，甚至明明能成功也放弃机会；遇事害羞、胆怯，感到焦虑，害怕失败，甚至还有某些生理症状，如失眠、盗汗、心悸等。② 不承认自己的不足并竭力掩饰，以使他人觉察不到自己的自卑，为此常常夸张自己的作为，故作炫耀，总想一鸣惊人；有时还表现出较强的虚荣心，对自己的不足和别人的评价很敏感。这一切都是为了掩饰自己并由此而获得一种补偿。

(三) 抑郁

抑郁症状不仅仅指各种感觉，还指情绪、认知与行为特征。抑郁最明显的症状是压抑的心情，表现为仿佛掉入了一个无底洞或黑洞之中，正被淹没或窒息。其他感觉包括容易发火、感到愤怒或负罪感。抑郁常常伴随着焦虑，对所有活动失去兴趣，渴望一个人独居。抑郁也伴随着个体思维方式的转变，比如注意力不集中、记忆力衰退或者很难做出决定。在思考中可能有更多的心境转变，如消极地看待世界、自我和未来。因此，抑郁的人很难唤起美好的记忆，不适当地责备自己，认为他人更消极地看待自己，对未来感到悲观。抑郁还伴随身体症状，例如，常常乏力，起床变得困难，严重时睡眠方式都将改变，如睡得太多或者早晨醒得太早，并且不能再次入睡；也可能出现饮食紊乱，吃得过多或过少，以及随之而来的体重激增或剧减。抑郁是一种持续时间较长的低落、消沉的情绪体验，它常常与苦闷、不满、烦恼、困惑等情绪交织在一起。

抑郁这种情绪多发生在性格内向、孤僻、敏感多疑、依赖性强、不爱交际，或者生活遭遇挫折、长期努力得不到回报的大学生身上。那些不喜欢所学专业，或有人际关系处理不当、失恋等问题的大学生也会产生抑郁情绪。

(四) 嫉妒

嫉妒是自尊心的一种异常表现，是指因他人在某些方面胜过自己引起的不快甚至是痛苦的情绪体验。嫉妒在大学生中普遍存在。

嫉妒是人性的一种弱点，它常常会发生在两个年龄、文化、社会地位与条件相当，有竞争关系的人之间，竞争中的失败者会对竞争对象产生嫉妒心理。在大学生中最常见的嫉妒心理是攀比心理，别人有的东西自己没有就会产生心理不平衡和一种相对剥夺感。有些大学生不能对自己做出正确评价，总是喜欢拿自己的长处和别人的短处比，不允许别人超过自己。当看到别人学识、品行、穿着打扮超过自己时，内心会产生不平、痛苦、愤怒等感觉；当别人身陷不幸或处于困境时则幸灾乐祸，甚至落井下石，在人后恶语中伤、诽谤。嫉妒是一种情绪障碍，它扭曲人的心灵，妨碍人与人之间正常、真诚的交往。

嫉妒心强的人往往事事好胜，常想方设法阻止别人的发展，总想压倒别人。这可能使同学们想躲开他，不愿与他交往，从而给他自己造成一个不良的人际关系氛围，带来孤独、寂寞等情绪。嫉妒还会造成个人内心的痛苦。要克服嫉妒，首先，要开阔视野，开阔心胸，懂得"天外有天"的客观规律。其次，要学会转移注意力，要积极进取，使生活充实起来，以期取得成功，并不亚于竞争对手。再次，要学习并欣赏别人的长处，化嫉妒为动力。最后，要建立正确的自我意识，提高自我意识水平，正确地评价自己和别人。

（五）冷漠

冷漠是指人对外界刺激缺乏相应的情感反应，对生活中的悲欢离合都无动于衷。具体表现为凡事漠不关心、冷淡、退让的消极情绪体验。如有的大学生对周围的人和事漠不关心，对集体和同学态度冷淡，对自己的前途命运、国家大事等漠然置之，似乎自己已看破红尘，超凡脱俗。于是，把自己游离于社会群体之外，独来独往，对各种刺激无动于衷。这种冷漠的情绪状态，多是压抑内心情感、情绪的一种消极、逃避反应。具有这种情绪的人从表面上看虽表现为平静、冷漠，但内心却往往有强烈的痛苦、孤寂和压抑感。如果大学生长时间地处于这种情绪状态下，巨大的心理能量无法释放，当超过了一定限度时，就会以排山倒海的形式爆发出来，致使心理平衡遭到破坏，从而影响身心健康。

冷漠与退缩一样，是一种消极情绪的内化而非外显的行为，事实上，冷漠比攻击更可怕。冷漠会带来责任感的下降、生活意义的缺失与自我价值的放弃。可以说，冷漠是有百害而无一利的消极情绪体验。冷漠的形成多与人生重大生活事件与重要丧失有关，也与个体的生活经历有关。

克服冷漠最根本的是改变认知，发现生活的意义，发现自我的价值，改变长此以往形成的对人生消极的看法；从行为上，积极投身于各种有意义的活动中，融入集体中，进行积极的自我暗示与自我提升；正确认识自我与他人、个体与社会，并不断矫正自己的非理性观念。

（六）愤怒

愤怒是由于客观事物与人的主观愿望相违背，或因愿望无法实现时，人们内心产生的一种激烈的情绪反应。心理学研究表明，当愤怒发生时，可能导致人体心跳加快、心律失常、高血压等躯体性疾病，同时还会使人的自制力减弱甚至丧失，思维受阻、行为冲动，甚至干出一些事后后悔不迭的蠢事或造成不可挽回的损失。

处于精力充沛、血气方刚的青年时期的大学生，在情绪、情感发展上往往容易产生好激动、易动怒的特点。例如，有的大学生因一句刺耳的话或一件不顺心的小事而暴跳如雷；有的因人际协调受阻而怒不可遏、恶语伤人。如此种种遇事易动怒的不良情绪特点，在一些大学生身上时有体现。这种情绪对大学生的影响是极其有害的，因而有人说："愤怒是以愚蠢开始，以后悔结束。"

三、情绪对大学生的影响

（一）对大学生健康的影响

现代生理学、心理学和医学的研究成果表明，情绪对人的身心健康具有直接影响。若能保持愉快的心境，为人开朗乐观、积极向上，则人体免疫功能活跃旺盛，可以减少患病的机会，有益健康。良好的情绪不仅使大学生对生活充满希望，对自己满怀信心,而且能够使他们的求知欲增强、思维敏捷、富于创造力、爱好广泛、建立良好的人际关系,促进他们的全方位发展。

与此相反,消极的情绪对人的身心健康危害极大,在压抑、紧张、焦虑、恐惧等消极情绪的长期作用下,人的免疫能力下降,容易患各种传染性疾病,内脏功能也会受到伤害。许多研究表明,消极情绪是健康的大敌。突然而强烈的紧张情绪会抑制大脑皮层高度心智活动,破坏大脑皮层的兴奋和抑制的平衡,使人的意识范围狭窄、判断力减弱、失去理智和自制力。调查发现,大学生中常见的消化性溃疡、紧张性头痛和偏头痛、心律失常、月经失调、神经性皮炎等,都与消极情绪有关。

(二) 对大学生学习的影响

情绪不仅与大学生的身心健康有关,而且与大学生的潜能开发、工作效率有关。良好的情绪往往使大学生乐于行动,有兴趣学习、工作和活动,有助于开阔思路、注意力集中、富有创造性。研究发现,精神愉快、心情舒畅、紧张而轻松是思考和创造的最佳状态。只有在这种状态下,才能有效地进行智力活动。

心理学家用实验方法研究情绪与学习成绩的关系,结果表明,适度的焦虑能使大学生取得最好的学习效率,焦虑程度过高或过低,均难以取得优异的学习成绩。在生活中常有这种现象:有的大学生在考试时过分紧张,结果出现"晕场"现象;反之,有的学生对考试采取不以为然的态度,考试成绩也不好。

(三) 对大学生人际关系的影响

具有良好的情绪特征,如乐观、热情、自尊、自信,是人与人之间产生相互吸引的重要条件,能促进彼此间心理距离缩短、情感融洽。而自卑、情绪压抑、爱发怒的人,往往不能与他人正常相处,难沟通、易疏远。

情绪具有感染性与传染性,良好的、积极而稳定、适度的情绪即正性情绪大于负性情绪的人,在人群中更受欢迎,更容易获得别人的赞赏,容易形成良好的人际关系。一位大学生这样形容同宿舍的另一位同学:他的情绪如六月的天,喜怒无常,无法把握。与他相处,有些如履薄冰,我们时刻要受他情绪的支配与感染。我们认为,他没有用坏情绪影响我们好心情的权利,因而我们选择逃避,尽量少与他交往。

由此可见,大学生在人际交往中,注重提高自身修养,学会适度控制与调适自己的情绪,做情绪的主人,才能拥有良好的人际关系。

(四) 对大学生行为目标的影响

1979年,心理学家埃普斯顿在《人类情绪的生态学研究》这篇文章中,介绍了他对大学生的自我观念、情绪与行为变化之间关系的研究成果。结果表明:当体验到的是积极的情绪,如感到高兴、亲切、安全、平静时,大学生的行为目标也往往是积极、生动的,对新经验的接受和开放、对周围人的尊重和理解、对价值和长远目标的献身精神等都有明显增强;当体验到的是痛苦、愤怒、紧张或受威胁等消极情绪时，一部分大学生的社会兴趣下降，反社会行为增加，对新经验持审慎甚至闭锁的态度，另一些大学生的行为并没有向消极方面转化，而是吸取教训，准备再干。

埃普斯顿的实验结果表明：积极的情绪体验与积极的行为变化总是有一致的关系。因此，在大学生活中要尽可能多地缔造这种关系，积极引导消极情绪转化为长远目标和价值献身的精神。

第三节 大学生情绪管理与调节

情绪对大学生心理成长和发展有着极大的影响。对大学生而言，管理、调节好自己的情绪，做情绪的主人，不仅是维护身心健康的需要，而且也是自我发展和人格成熟的条件。

一、情绪的适应与调节

情绪的适应与控制，会随着人的年龄的增长而发生变化。例如，一个小女孩遇到不高兴的事，回家向父母哭诉，这是很正常的反应；而一个成年人如果在工作中或学习上遇到不顺心的事，动不动就向家人哭诉，这就属于情绪失控。

所谓情绪适应，是指对情绪和发生情绪的环境之间的关系进行某种调整，使之相互适合，即对情绪进行积极的调节。对于一名大学生而言，当遇到自己焦虑的情境发生时，会尽量地让自己保持镇定；当感到自己心情过于郁闷时，则主动参加一些使自己振奋的活动，让自己的心情变得好一些。这就是我们所说的情绪适应。

所谓情绪控制，是指选择情绪反应的方式和内容，以及情绪反应的程度。例如，一名大学生发现有人动了她宿舍的东西，于是大吵大闹，搞得周围的同学都疏远了她，事后她对自己的情绪失控感到后悔。喜、怒、哀、乐是人的情绪的正常反应，但是在什么时间、什么地点与场合，对什么人采取什么样的方式反应，就有社会和道德的规范标准。也就是说，情绪的反应以及情绪所表现的行为要符合社会的规范。

在情绪的自我调节中，一味忍耐、压抑并不是最好的方式；吸烟、喝酒等有害身体的方法也不是健康的；迁怒于他人更是不可取的。应主动采取诸如找人倾诉、听音乐、运动、寻求心理帮助等正面方式。

二、情绪调适的方法

(一) 理性情绪疗法

理性情绪疗法是由美国临床心理学家阿尔伯特·艾利斯在20世纪50年代创立的，简称RET，其核心是去掉非理性的、不合理的信念，建立正确的信念。

艾利斯的RET理论认为：情绪并不是由某一诱发事件本身直接引起的，而是由经历这一事件的个体对这一事件的解释和评价所引起的。这一理论也称为情绪困扰的ABC理论：A是指诱发性事件；B是指个体所遇到的诱发性事件之后产生的相应信念，即他对这一事件的想法、解释和评价；C是指在特定的情境下，个体的情绪及行为的结果。

当一名大学生因考试成绩平平（A）而焦虑甚至产生抑郁时（C），这是因为他有这样的信念（B）：大学生应当在各方面都是优秀的、出类拔萃的，否则情况就非常糟糕。而合理的解释是，大学生未必各方面都优秀，做最好的自己是最重要的。

合理情绪理论的应用步骤一般为：

（1）将引发不良情绪的事件和认识一一列出；
（2）找出引发不良情绪的非理性观念；
（3）通过对非理性观念的认识和纠正，找出合理的观念；
（4）通过建立合理的信念，最后达到情绪感受的改变。

例如，一位大学生叙述了一次被朋友伤害的经历："在我的朋友遇到困难时，我主动地帮助他，而当我遇到困难时，他却视而不见，为此我感到被欺骗了，很愤怒。"我们可以分析，找出其不合理观念是"我帮助了他，他就应该帮助我"。而理性的信念应该是"我朋友有困难我帮了他，是我主动而且愿意的，我希望我遇到困难时，我的朋友同样会帮我"。从应该到希望的认识就是从不合理到合理的转变。如果有了这种想法，那么，当他真的遇到困难时，朋友没有帮他，他可能会感到遗憾，但不会有愤怒等强烈的情绪波动。

(二) 转移注意力

注意力转移法就是把注意力从引起不良情绪反应的刺激情境转移到其他事物上去或从事其他活动的自我调节方法。当出现情绪不佳的情况时，要把注意力转移到使自己感兴趣的事情上去，如外出散步、看电影、看电视、读书、打球、下盘棋、找朋友聊天、换换环境等，都有助于使情绪平静下来，在活动中寻找到新的快乐。这种方法，一方面中止了不良刺激源的作用，防止不良情绪的泛化、蔓延；另一方面，通过参与新的活动特别是自己感兴趣的活动而达到增进积极的情绪体验的目的。

(三) 适度宣泄

过分压抑只会使情绪困扰加重，而适度宣泄则可以把不良情绪释放出来，从而使紧张情绪得以缓解、轻松。因此，遇有不良情绪时，最简单的办法就是"宣泄"。宣泄一般是在背地里，在知心朋友中进行的。采取的形式：或是用过激的言辞抨击、谩骂、抱怨恼怒的对象；或是尽情地向至亲好友倾诉自己认为的不平和委屈等，一旦发泄完毕，心情也就随之平静下来；或是通过体育运动、劳动等方式来尽情发泄；或是到空旷的山林原野，拟定一个假目标大声叫骂，发泄胸中怨气。必须指出，在采取宣泄法来调节自己的不良情绪时，必须增强自制力，不要随便发泄不满或者不愉快的情绪，要采取正确的方式，选择适当的场合和对象，以免引起意想不到的不良后果。

(四) 自我安慰法

当一个人遇有不幸或挫折时，为了避免精神上的痛苦或不安，可以找出一种合乎内心需要的理由来说明或辩解。如为失败找一个冠冕堂皇的理由，用以安慰自己，或寻找理由强调自己所有的东西都是好的，以此冲淡内心的不安与痛苦。这种方法，对于帮助人们在大的挫折面前接受现实，保护自己，避免精神崩溃是很有益处的。比如，对于失恋者来说，想到"失恋总比结婚后再离婚要好得多"，便可减轻因失恋带来的痛苦。因此，当人们遇到情绪问题时，经常用"胜败乃兵家常事""塞翁失马，焉知非福""坏事变好事"等来进行自我安慰，可以摆脱烦恼，缓解矛盾冲突，消除焦虑、抑郁和失望，达到自我激励、总结经验、吸取教训之目的，有助于保持情绪的安宁和稳定。

(五) 交往调节法

某些不良情绪常常是由人际关系矛盾和人际交往障碍引起的。因此，当我们遇到不顺心、不如意的事，有了烦恼时，能主动地找亲朋好友交往、谈心，比一个人独处冥想、自怨自艾要好得多。因此，在情绪不稳定的时候，找人谈一谈，具有缓和、抚慰、稳定情绪的作用。而且，人际交往还有助于交流思想、沟通情感，增强自己战胜不良情绪的信心和勇气，能更理智地去对待不良情绪。

(六) 情绪升华法

升华是改变不为社会所接受的动机、欲望而使之符合社会规范和时代要求，是对消极情绪的一种高水平的宣泄，是将消极情感引导到对人、对己、对社会都有利的方向去。如一位同学因失恋而痛苦万分，但他没有因此而消沉，而是把注意力转移到学习中，立志做生活的强者，证明自己的能力。

在上述方法都失效的情况下，仍不要灰心，在有条件的情况下，去找心理医生进行咨询、倾诉，在心理医生的指导、帮助下，克服不良情绪。

三、情绪放松训练

放松训练又称松弛反应训练,是一种通过肌体的主动放松来增强人对自我情绪控制能力的有效方法。它的基本原理是通过训练放松所产生的躯体反应,如减轻肌肉紧张、减慢呼吸节律和使心律减慢等,达到缓解焦虑情绪的目的。

具体的操作步骤如下(最好在老师指导下进行):

在一个较为安静的环境中,舒适地坐在或仰卧在沙发或者床上。

步骤一:让自己初步体验肌肉的紧张。

操作要领:

(1)伸直并绷紧双臂,握拳;

(2)绷紧双臂肌肉,握紧双拳,用力,并保持数秒钟;

(3)放松双臂,松拳,放松休息数分钟。

步骤二:在上一步骤的基础上进一步绷紧肌肉。

操作要领:

(1)伸直双臂,握拳;

(2)伸直并绷紧双腿,双脚脚尖内勾,呈倒钩式;

(3)上述各部位肌肉同时用力,并保持数秒钟;

(4)放松上述各部位肌肉,放松休息数分钟。

步骤三:在前两个步骤基础上达到全身肌肉的紧张。

操作要领:

(1)伸直双臂,握拳;

(2)伸直并绷紧双腿,双脚脚尖内勾,同时紧皱前额部肌肉,紧皱眉头,紧闭双眼,皱起鼻子和脸颊,咬紧牙关,紧收下颚,紧闭双唇,紧绷两腮,伸直脖子,胸部、腹部肌肉绷紧,躯干用力挺起;

(3)全身各部分用力绷紧,并保持数秒钟;

(4)放松上述各部的肌肉,放松休息数分钟。

步骤四:在全身肌肉紧张的前提下,配合呼吸,加强对紧张的体验。

操作要领:

(1)深吸一口气(用腹式呼吸),憋住气;

(2)伸直双臂,握拳,头向后伸直并绷紧双腿,双脚脚尖内勾,胸部、腹部肌肉绷紧;

(3)屏住呼吸,全身各部分用力绷紧并保持,直至身体和呼吸的最后极限;

(4)放松呼吸,并放松上述各部的肌肉。

步骤五:紧接步骤四,指导语暗示全身的肌肉、呼吸乃至身心放松。

操作要领：

（1）肌肉放松指导语：头部肌肉放松，面部肌肉放松，脖子放松，双肩放松，双臂放松，双手放松，手指放松，胸部放松，腹部放松，双腿放松，双脚放松，脚趾放松；

（2）呼吸放松指导语：呼吸在变慢，变得越来越慢、越来越深、越来越沉；

（3）身心放松指导语：你会感到身体变得好沉、很重，感到全身越来越沉、越来越重，感到全身很累、很疲倦，好像有一种昏昏欲睡的感觉，自己什么都不去想、什么都不愿意想，感到身心很放松。

步骤六：让自己体验此时此地的放松感受。放松训练结束。

例分析

这是发生在两位大学生之间的事：学生 A、B 是某名牌大学的学生，大学期间两人是形影不离的好友；在研究生学习期间，两人同时参加出国考试并被美国一所名牌大学录取。只因 A 申请的学校排名高于 B 申请的学校，B 的嫉妒心使她无法面对 A 优于她的现实，于是，她以 A 的名义向 A 申请的学校写了一封信，拒绝去美国读书。当 A 得知最终结果时，她无论如何不能相信这一事实，而 B 的理由只有一条：嫉妒。这一致命的弱点毁掉了两个青年的前程。

[思考题]

请问你是怎样看待这一事情的？嫉妒有何特征？哪些人容易遭人嫉妒？哪些人容易嫉妒他人？你认为可以采取哪些行为避免嫉妒？

例分析

这是一位大一女生的自述："我来自一个虽不富有但也比较宽裕的家庭，父亲非常爱我。但在我童年中，发生过重大创伤性生活事件。自从这件事发生后，我不再相信任何人，也不再相信很多人们确信不疑的如友谊、爱情等；我想通过努力学习离开原来的生活环境，开始新的生活，摆脱童年生活的阴影。来到大学后，看到同学们都快乐无忧地生活着，长久潜藏于心的愤怒悄悄地滋长着。我不知道如何化解与排除这种情绪，便经常翻同学的书柜和床位，将她们正在看的参考书藏起来。我并不是为了看书，而是看到她们焦虑、着急的样子，我内在的愤怒便找到了宣泄的出口。这样做我还不解气，我将同学存折里的钱悄悄取出，并将钱全部花掉以化解我心中的愤怒。"

这位女生在童年遭受过挫折与伤害，但缺乏必要的心理辅导与心理支持；在她升入大学后，她的心理问题也没有得到及时的解决。因此，她潜在的愤怒并没有得到升华与缓解，而是压抑起来，并寻找适当的机会进行发泄，导致最后受到学校纪律的处分。

[思考题]

你怎样看待这位女生及其行为？你认为她的这些行为表现应怎样缓解或消除？

第五章

大学生的人际交往心理

卡耐基集众多人成功之经验发现：一个人的成功，15%靠专业知识和技能，85%靠人际交往。由此看来，人际交往的成败在很大程度上决定着人们的生活和事业上的成败。因此，作为有理想、有追求的当代大学生，应当高度重视人际交往，掌握人际交往的原理、技巧。通过人际交往的实践，努力锻炼、提高自己的人际交往能力和水平，建立和谐的人际关系，为自己未来的美好事业和幸福生活奠定坚实的基础。

第一节 人际交往概述

一、人际交往的内涵及其心理因素

（一）人际交往的内涵

人际交往作为日常生活用语，是指人们为了相互传递信息、交换意见、表达感情和需要等目的，运用语言、行为等方式进行的人际联系和人际接触的过程。它是一个多角度、多层面的概念。从动态的角度来看，人与人的交往大致可以分为以下三个层面：

一是物质层面的交往，即物质交往。具体表现为金钱、货物的交换，以及劳动力的交换，反映人与人之间、人群之间一定的经济利益关系。人生在世，要解决衣食住行等生活问题，要创造和获得物质财富，就必须和他人发生经济、物质交往行为。

二是知识信息的交流。这是人际间借助于语言和非语言的媒介所实现的知识、信息的共享，是思想观念的沟通过程，也是口头与非口头的交际过程。这种信息交流与物质交流明显不同。对于它们的不同，英国著名作家萧伯纳曾经打了个很好的比方：假如你有一个苹果，我有一个苹果，彼此交换后，双方还是只有一个苹果；但是，如果你有一种思想，我有一种思想，那么彼此交流后，我们每个人都获得了两种思想。可见，在交往过程中，信息不仅仅是被传递，而且还不断地形成和发展。

三是心灵和情感的交流。人们在交往过程中，总是会有意无意地表明各自的人生态度与追求，是在表现一种对整个世界及人生意义的关注，表明各自的人格倾向和心灵风貌。

人际交往的上述几个层面不是截然分开的，而是相互渗透的。

（二）人际交往的心理因素

人际关系由认知、情感和行为三种心理成分构成。认知成分反映了个体对人际关系状况的认识，是人际知觉的结果，是人际关系形成、发展和改变的基础。在人际关系中认知起到了唤起、控制和改变的作用，对人际关系起调节作用。情感成分是指交往双方在情感上的满意程度和亲疏关系，是与人交往需要和联系的一种体验，反映出对交往现状的满意程度。大学生的人际关系极富感情色彩，双方交往讲究情投意合，尤其是女同学特别重感情。行为成分是指交往双方外显的行为表现，如语言、手势、举止、风度、表现等体现人性和传达信息的行为要素，它是建立人际关系的交往手段与形式。

任何人际关系的发生、发展、变化都是这三种成分相互作用的结果。在不同的社会群体里，这三种因素所起的作用有所不同：在正式群体中（如班集体）行为因素起主导作用，调节着人际交往；而在非正式群体中（如某些沙龙）则是情感因素起主导作用，制约着人际交往的亲疏及稳定、持久的程度。

二、人际交往的有关理论

（一）社会交换理论

在社会交换理论（Social Exchange Theory）看来，人际交往是一个社会交换的过程，人们之间的所有活动都是交换，是一种准经济交易：当你与他人交往时，你希望获取一定的利益，作为回报，也准备给予他人某种东西，他人也是如此。这种理论假定交换中的个体都是自利的（Self-interested）：人们试图使自己的收益最大化，并使自己的成本最小化，从而确保交换结果是一个正的净收益。在这里，交换的东西是非常广泛的，可以是物质的，也可以是"社会"性的，包括信息、金钱、地位、情感等。

交换关系中的每个个体都会评估自己和他人在贡献和收益两方面的相对大小。如果他们觉得自己的投入获得了大致相等的回报，他们就会认为这种社会关系是公平的。有学者指出，公平性的关系是比较稳定和愉快的关系，当关系中存在不公平时，双方都有可能产生不舒服，产生恢复公平的动机。一些学者还讨论了权利对于交换结果的公平性的影响，他们认为，在其他条件相同的情况下，权力较大的人在社会交换中收益更多。需要注意的是，在实际生活中，人际交往是在特定的社会交换结构中展开的，关系的发展必然受到这种结构的制约。

（二）自我表露理论

广义地说，社会交换过程也包含情感的交流，而情感交流是与自我表露分不开的。所谓自我表露就是我们常说的"敞开心扉"，即把有关自我的信息、自己内心的思想和情感暴露给对方。良好的人际关系是在交往双方的自我表露逐渐增加的过程中发展起来的。

自我表露（Self-disclosure）可以增加他人对你的喜欢度。自我表露本身具有很强的象征性，它给对方一个强有力的信号：你对他（她）相当信任，愿意有进一步的交往。而且，对他人的自我表露可以引发他人作自我表露，由此可以增进相互理解、相互信任。

自我表露对他人的益处包括：① 他们知道彼此相似与不同点在何处，还能了解相似与不同的程度；② 准确地向他人表露自我，是健康人格的体现；③ 自我表露增强了自我觉察的能力；④ 分享体验，帮助他人发现这不是他们唯一存在的问题；⑤ 自我表露可以从他人获得反馈，减少不必要的行为。

当然，自我表露也必须注意分寸，过分的表露会让人不舒服。一般来说，表露的范围和深度是随着关系的发展而逐步增加的，对于不同的关系对象，在不同的发展阶段，自我表露的广度和深度明显不同。在非常亲密的朋友中，自我表露往往十分深入，达到所谓无话不说的地步。但是，需要注意的是，无论关系多么亲密，人们都可能存在不愿意暴露的领域，这就是所谓的"隐私"问题。前几年，隐私曾经成为中国社会的一个热门话题，不少人对它还有一些误解与偏见，需要加以澄清。

自我表露也存在风险，主要包括：① 最实质的风险包括来自不同目标人的攻击、嘲笑、拒绝与不关心等；② 个人表露可能会受到听者的伤害；③ 不适当的自我表露，可能会引起他人的退缩或拒绝。对不适宜的人或在不适当的时间过分表露的人，被认为是社会化不良的标志。

在人际交往中，个人往往将部分隐私袒露给自己信任的亲友。除了隐私需要，人还有沟通的需求，需要向"知己"说一些知心话。亲密关系本身也要求人们坦诚相待，但这并不意味着关系亲密的人之间就不应该有任何隐私。只有隐私需求和沟通需求之间保持适度的平衡，亲密关系才能正常发展。

（三）交往分析理论（PAC 理论）

交往分析理论又叫"PAC 理论"，最初是由加拿大心理学家伯恩（Berne）提出的。他认为，每个人的个性中都包括三种成分，就好像一个人身上的三个小我：父母、成人与孩童。

父母（Parent，简称 P）身份以权威和优越感为标志。通常表现为统治人、训斥人等权威式的作风。这种状态学自父母与其他权威人物。当一个人的人格结构中 P 成分占优势时，他的行为表现为：凭主观印象办事，独断专行，滥用权威。这种人讲起话来总是："你应该……""你不能……""你必须……"。

成人（Adult，简称 A）身份表现了客观与理智。其行为表现为：待人接物冷静、慎思、明断，对自己负责，对他人尊重。其语言特征："我个人认为……""我的想法是……"。

孩童（Child，简称 C）身份像婴儿的冲动，表现为服从和任人摆布，喜怒无常，感情用事，一会儿天真可爱，一会儿乱发脾气，让人讨厌。他的表现都是即兴的，不负责任，追求享乐，玩世不恭，遇事无主见，逃避、退缩，自我中心，不管他人。这种人讲起话来总是"我是……""我想……""我不知道……""我不管……"。

在 P、A、C 三种成分中，P、C 具有盲目性、被动性与两面性。而 A 具有自觉性、客观性与探索性，致力于弄清事物真相、事物间的关系与变化规律，能够站在别人的角度审视自己，具有反省能力。根据 PAC 理论，不同的心态可以构成不同的交往组合。当交往双方的相互作用构成一种平行关系时，交往就是可持续的，对话可无限制地继续下去。这种交往有六种具体形式：P-P、A-A、C-C、C-P、A-P、C-A。在这六种交往形式中，P-P 双方都自以为是，这不顺眼，那也不好，双方谈得很投机，但都在指责别人。这样的两个人，如果一直在一起交往，久而久之，就会互相助长偏激苛求的性格。C-C 交往则有些同流合污的味道，两人一拍即合，但都不负责任。C-P、A-P、C-A，均属于互补型的交往，我期望对方的，刚好是对方回应的。这种交往因为互补，所以能够持续，但却潜藏着不平等与依赖，长此以往，也不利于交往双方的发展。只有 A-A 交往是最健康的，大家都本着负责与尊重的原则，力图合情合理地解决问题，因此，A-A 交往是最成功的。

三、人际交往的功能

一位阿拉伯哲人说过："一个没有交际能力的人，犹如陆地上的船，是永远不会漂泊到壮阔的大海中去的。"人的社会交往，是个体适应环境，适应社会生活，担当一定社会角色，形成丰富、健全个性的基本途径。交往既有社会功能，又有心理功能。

（一）信息沟通功能

人际交往最明显的作用是交流信息。人们之间信息的交流沟通，不仅是互相联系的形式，而且是获取知识的途径。一个人直接从书本上学得的知识毕竟是有限的，即便是学富五车，但在现代社会潮水般涌来的新信息中也只是沧海一粟，而通过社会交往，就能以更迅速的方式直接沟通信息，丰富知识。人际交往是个互动过程，人际间信息交流是一种积极的对流，是思想的交换，能使人思维活跃，提高人们对知识的理解。不同思想的交换可以产生更多的思想。大学生应努力拓展交往空间，主动、积极地与他人交往，以丰富自己的学识，提高自己的能力。

（二）心理保健功能

人际交往对个人身心健康十分重要，因为人有强烈的合群需要，通过彼此间相互交往，诉说各人的喜怒哀乐，能增进彼此的情感交流，从而在心理上产生一种亲密感和归属感。尤其当人处于危急、孤独、焦虑的情况下，特别需要与人交往，而且也最看重这种交往的价值。而当人被剥夺了正常交往，即便在平静的情况下，也会有一种不安全感伴随着孤独感，使人难以忍受。处于极端忧愁苦闷中的人，只要能与有同情心之人有所沟通，发泄怨气，得到宽慰，心里就会好受得多。社会交往对老年人来说，心理保健作用更为明显。如果老人缺乏信息的传递，个人就会感到空虚、抑郁，还会使脑细胞萎缩。交往在年轻人中同样重要。与人交往本身是人生的主要内容，交往时间和空间较大的人，往往精神生活丰富、愉快，而孤僻不合群的人，往往有更多的烦恼和苦闷。

（三）自我认识功能

人不断地认识自己，包括自己与他人的关系，以及自己的社会角色和在集体中的位置，这就是自我意识不断发展成熟的过程。而这一过程，正是通过交往，在与别人的相互作用中发生发展的。主要表现在：首先，人以他人为镜，从与别人的比较中认识自己。人们在具体的交往情境中，从对别人的认识中形成自我表象。对别人的认识越全面，对自己的表象也就越清楚。其次，人们通过他人对自己的态度和评价，以及自己与他人的关系认识自己的形象。心理学家皮亚杰认为，人的心理发展的过程，可视为自我中心主义的逐渐丧失和采用更广泛、更复杂的观点看待问题的能力逐步发展的过程。人们就是从别人对自己的态度和评价中了解自己在别人心目中的形象和社会中的地位，并参照别人的评价来客观地认识自我的。

（四）人际协调功能

交往是人们为改造社会、改造自然界而相互协作的产物。人际交往能协调人们的行动，避免冲突，提高活动效率。一方面，人们通过交流信息，交流情感，交换思想、观点，可以改变对方的态度，达成行为的协调和一致。另一方面，在进行共同活动时，只有参加活动的每一个成员都以自己的行动为共同活动目标做出努力，才会产生"系统效应"，提高活动的效率。人际交往对大学生个体成长和人生发展的影响主要表现在以下几个方面：

1. 人际交往促进大学生社会化进程

每个人的社会化进程都是在人际交往中进行的。随着人的成长，交往范围不断扩大，交往内容逐步深化，交往形式日趋多样。积极的人际交往有助于大学生获得更丰富的信息，保持与社会的联系，明确和承担大学生的社会责任，促进成熟。

2. 人际交往促进大学生深化自我认识

人对自己的认识总是以他人为镜，需要通过与他们进行交流、比较，把自己的形象反射出来而加以认识。大学生在交往过程中，往往以同龄人作为参照系，从他人对自己的反应、态度和评价中发现自己的长处和短处，找到自己恰当的社会位置，从而选择更为恰当的行为。

3. 人际交往是大学生个性发展与完善的条件

一个人的个性除了受先天遗传因素影响外，更重要的是受后天环境的影响。如果长期生活在友好和睦的人际关系中，人的个性就会变得乐观、开朗、积极、主动。大学是人的个性定型的关键时期，积极的人际交往、和谐的人际关系有助于大学生培养良好的个性。

4. 人际交往是维持大学生身心健康的重要保证

人际交往的时间和空间越大，人的精神生活就越丰富，得到支持与帮助的机会就越多，就越能保持心理平衡。特别是大学生，通过交往，可获得友谊、支持、理解，得到内心的慰藉，提高自信和自尊，增强自我价值感和力量感，有助于降低挫折感，缓解内心的冲突与苦闷，宣泄愤怒、压抑与痛苦，减少孤独感、失落感。

第二节 人际交往的产生和发展

一、人际交往的产生

（一）人际吸引的条件

人际吸引是人与人之间的相互接纳与喜欢。人际交往最直接的目标就是要在交往的对象之间产生积极而肯定的亲和倾向，也就是要产生相互吸引。而人际吸引是有其基本规律的，如果违背了这些规律，就不能达到交往的直接目标。一般来说，人际吸引除了受客观的社会政治、经济、文化因素影响之外，还受到生活中一些具体因素的影响。这些具体因素的影响概括起来有以下几种规律：

1. 相互吸引律

它是指交往双方在年龄、性别、职业、社会地位、态度、兴趣爱好等方面的一致或相似，容易产生相互吸引。人们倾向于喜欢在某方面或多方面与自己相似的人。"物以类聚，人以群分"，它言简意赅地表明了人际吸引中的相似性的作用。俗话说："同是天涯沦落人，相逢何必曾相识"，讲的就是这种心理机制。因此，初次交往时应多谈些双方都感兴趣的话题，努力找寻双方的相似性，以深化关系，促进交往。

2. 对等吸引律

它是指人们都喜欢那些同样喜欢自己的人，这就是"敬人者，人恒敬之；爱人者，人恒爱之"的道理。心理学研究发现，人们最喜欢那些对自己喜欢不断增加的人，最讨厌那些对自己喜欢显得不断减少的人。这是因为，没有渐进过程地喜欢一个人，往往使人感到轻率、唐突；喜欢逐渐增加，使人感到成熟、可靠。根据这个规律我们在人际交往中要懂得：首先，要获得他人的喜欢，就必须真心喜欢他人；其次，与人交往要留有发展余地；最后，良好关系一旦建立就要用热情去浇灌，用真诚去培育，用谅解去呵护。

3. 邻近吸引律

它是指距离近的交往双方容易产生相互吸引。这是因为离得越近，双方交往接触的机会就越多，彼此之间就越容易形成亲密关系。"远亲不如近邻，近邻不如进门"的俗话说的就是这个道理。美国心理学家费斯廷格（L. Festinger）等人调查研究了一个区域里的友谊模式。他们向 17 座独立的二层楼房里的住户提出询问："在该社交活动中，你最亲近的是哪三个人？"结果发现，居民与住得最近的人亲近，最容易建立密切的友谊关系。其中有 41% 的人选择了隔壁的邻居为朋友，22% 的人选择了隔一个门的邻居为朋友。由此可见，时空的邻近性是密切人际关系的一个非常重要的条件。

4. 诱发吸引律

它是指自然的或人为的环境的某一因素而引发的吸引。在人际交往过程中如人们受到某种诱因的刺激，而这种刺激正好投其所好，就会引起对方的注意和交往兴趣，也会由感情而诱发吸引。例如，通过得体的打扮、妙语惊人的谈吐、风趣幽默的故事等都可以增强自己的吸引力。但是如果是有准备的设置诱发因素就应该注意做到适度、恰当、含蓄、自然，要投别人所好；同时还要用真诚关怀、帮助、信任、容忍等因素诱发对方的情感，缩小双方心理距离，从而相互吸引。

5. 互补吸引律

它是指双方的个性、需要及满足需要的途径正好为互补关系时，就会产生强烈的吸引力。互补的范围包括能力特长、人格特征、需要利益、思想观点等多个方面。互补吸引律在地位不等、角色不同的上下级关系和家庭关系中体现得最为突出。例如，两个性格很不同的人相处很好，并成为好朋友，这就是由于双方都知道自己的长处和短处，这是一种心理上的需要。

6. 光环吸引律

它是指一个人在能力、特长、品质等某些方面比较突出或社会知名度高，于是这些积极的特征就像光环一样使人产生晕眩效应，感到他的一切品质特点都富有魅力，从而愿意与他接近、交往。光环吸引律突出地体现在能力、成就和品质品格等方面。如果一个人的品质优秀，为人真诚、热情，就会使人产生钦佩感、尊重感、亲切感，从而产生人际吸引力。

7. 异性吸引律

它是指男性和女性，由于性别和个性能相补相悦，因而易于产生相互吸引。男女之间的吸引是由三种因素构成的：首先是性别相悦，男女在一起，尤其是和美丽、潇洒、整洁的异性在一起，能自然地反映出一种轻松愉快、互为接纳的感受。这种愉快的感受能焕发人的精神，提高工作效率，正所谓"男女搭配，干活不累"。其次是个性互补。男性与女性在个性上的差异极大，他们在交往中可以得到平衡和升华，满足人们自我完善的需要。最后是寻求肯定的同等条件下，人们更需要得到异性的评价和肯定，这种心理需要在与异性交往特别是与性格相似的异性交往中得到满足。

（二）人际交往的心理效应

在人际交往中，对交往对象的认知、态度、情感等都会直接影响到交往能否进行以及交往进行的程度。社会心理学的研究发现：人际交往中常常存在一些习惯性错误认知。

1. 首因效应

首因效应又称第一印象效应，是指第一次形成的印象对人际认知的强烈影响。第一印象不管正确与否，总是最鲜明、最深刻的，往往左右着对对方的评价，影响着以后的交往。我们常说"给人留下一个好印象"，一般就是指第一印象。这里就存在着首因效应的作用。首因效应对交往的影响表现在很多方面。

首先，它会使人际认知带有表面性。第一印象常常是对一个人表面性的认知，两个素不相识的人初次接触，彼此会根据对方的外貌、表情、谈吐、姿态、衣着等做出一个初步判断与评价，形成某种印象。这就容易出现以貌取人，使人际认知具有表面性。

其次，它容易使人际认知产生片面性。初次见面或接触，由于对对方一无所知，自然特别留意其一切未知信息，因为先入为主，第一印象鲜明而强烈，人们容易偏信这一印象。尽管都知道在短时间内根据有限的信息判断一个人往往不太可靠，甚至会出现很大偏差，但却总是跟着第一印象走，忽视甚至否定后来接触获得的新信息，屈从于第一印象，偏执一端，忽视另一端，造成对人认知的主观片面性。比如，初次看到某人谈吐优雅、彬彬有礼，形成了一个很有素养的好印象，在日后的交往中，往往不会想到他在其他场合有行为粗鲁蛮横的表现，即使注意到了也会认为那是偶然的。

首因效应会对认知他人造成偏差，所以要审慎对待对他人的第一印象，不能因为第一印象好而忽略对其进行全面的认识，也不能因为第一印象坏而拒绝交往。当然，在交友、择业、求职、招聘等社交活动中，我们可以利用这种效应，展示给人一种好印象，为以后的交往打下良好的基础。

2. 近因效应

近因效应与首因效应相反，是指人际交往中最近一次见面给人留下的印象。一般来说，在与陌生人交往时，首因效应会比较明显，而在与熟悉的人进行交往时，近因效应则会更明显。多年不见的朋友，在自己的脑海中，印象最深的，其实就是临别时的情景。利用近因效应，在与朋友分别时给予他良好的祝福，你的形象会在他的心中美化起来。这种美化将会影响到你的生活，因为你有可能成为一种"光环人物"，这就是"光环效应"。

3. 晕轮效应

晕轮效应又称月晕效应。是指人们常常从对方所具有的某个或某些特征而泛化到其他一系列尚不知道的特征。在人际交往中（尤其是最初），人们往往会从或好或坏的局部印象出发进而扩散而得出或全部好或全部坏的整体印象。如果认识到一个人具有某种突出的优点，就认为他的其他方面也都好，这个人就被一种积极、肯定的光环笼罩，并被赋予更多好的品质。相反，如果认识到一个人具有某种突出的缺点，认为他的其他方面都不好，这个人就被一种消极、否定的阴影笼罩。这种对人的看法，也就是我们常说的"一俊遮百丑"或"一丑遮百俊"，在日常生活中时有发生。晕轮效应是一种人际认知偏差，必须加以预防和纠正。

晕轮效应的成因，除了与我们知觉上的整体性有关外，还往往在于内隐人格的作用。人们往往认为，人的各项品质之间是有其内在联系的。比如：热情的人往往对人比较友好亲切，富于幽默感，肯帮助别人，容易相处；而冷酷的人则孤独、古板，自我中心甚至怪僻和自私。这样，只要有了"热情"或"冷漠"的核心特征，我们就会自然而然去联系其他有关联的特征，从而导致晕轮效应的产生。大学生在与异性交往中，外貌晕轮效应较为常见。有研究表明，男女大学生对相貌较好的人比外貌一般的人赋予更多理想的人格特征。以外表作为交往的基础，易产生不利后果。在恋爱中，晕轮效应表现为"情人眼里出西施"。恋人在光环的笼罩下，许多缺点和不足都被忽略、掩饰，妨碍双方对彼此的正确认识和了解，以致一旦感情光环消失，便觉得对方毛病百出。

晕轮效应容易产生以偏概全的后果，应该注意加以克服。

4. 投射效应

投射效应是指内在心理的外在化，即以己度人，把自己的感情、意愿、特征投射到他人身上，强加于人，认为他人也是如此。其结果往往对他人的情感意向做出错误评价，歪曲他人，造成认知障碍。

投射效应的表现各式各样：① 情感投射。它是指自以为别人与自己的好恶相同。如有个集体在节日搞了个庆祝活动，安排了一位擅长摄影者作摄影讲座，但这个人在讲座时用了许多术语，概念也不加以说明，就是认为别人也与他一样喜欢摄影。又如自己有什么爱好、兴趣，一见面与人闲聊只顾谈自己喜欢的东西等。② 愿望投射。这是把自己的主观愿望投射于他人，认为他人也如自己所期望的那样，把希望变成现实。如一个小伙子，内心喜欢上一个女孩，希望她也看上自己，他把对方平时与自己的一些玩笑等言行都看作对方富有情意的举动，认为对方对自己有意思，但可能事实并非如此。

投射效应的影响就在于从自我出发认知他人，自我与非我不分，主观与客观不分，认知主体与认知对象不分。事实上，世界上没有完全相同的人，自己与他人的差异客观存在。因此，在认知中应注意客观些，从他人的实际特点和具体情况出发去认知他人，才能免于认知障碍的产生。

5. 定势效应

定势效应是指人在认识特定对象时存在着心理上的准备状态。这种定势作用，使我们对主观刺激的知觉反应更迅速、更有方向性，但也会使人从主观状态出发来歪曲客观信息。我们在对人认知和评价时，常常离不开定势效应，所以总是顺着一定的倾向性去解释所得到的信息，因而使客观知觉带上了主观色彩。

在实际生活中，我们的各种需要、愿望和期待都会形成我们知觉时的心理定式。例如，在候诊室心急火燎地等待就诊的病人会误听到呼唤自己的名字，正等待恋人赴约的人会把远处一个陌生人误认为是自己等待已久的情人。"拂墙花影动，疑是故人来"说的就是这种情况。

心理定式可以使我们在从事某些活动时能相当熟练，甚至达到自动化，可以节省很多时间和精力；但同时，心理定式也会束缚我们的思维，使我们只用常规方式去解决问题而不求用其他捷径突破，因而也会给解决问题带来一些消极影响。苏联心理学家曾做过一个经典的关于"心理定式"的实验：研究者向参加实验的两组大学生出示同一张照片。但在出示前向第一组学生说，这个人是一个怙恶不悛的罪犯；对第二组的学生说，这个人是科学家。然后让两组学生各自用文字描述照片上这个人的相貌。第一组学生的描述是，深陷的双眼表明他内心充满仇恨，突出的下巴表明他沿着犯罪的道路顽固到底的决心；第二组学生的描述是，深陷的双眼表明此人思想的深度，突出的下巴表明此人克服困难的决心。这表明，人们对罪犯和科学家的形象已经有一个定式效应。

6. 社会刻板印象

社会刻板印象是指社会上对于某一类人或人物产生的一种比较固定、概括而笼统的看法，以致在人脑中存在着关于某一类人的固定形象。在人际交往中，有些人常常会不自觉地按年龄、性别、职业、民族等特性对他人进行归类，并根据已有的关于这类人的固定形象，作为判断其个性和确定与其交往方式的根据。如老年人总认为年轻人"嘴上无毛，办事不牢""泼辣的重庆女孩""长沙妹子不可交，面如桃花心似刀""东北姑娘宁可饿着，也要靓着"……这些实际上都是刻板印象。刻板印象的形成，主要是由于人们在人际交往过程中，没有时间和精力去和某个群体中每个成员都深入地交往，而只能与其中的一部分成员交往。因此，人们只能由部分推知全部，由自己所接触到的部分去推知这个群体的"全体"。

刻板印象一经形成很难改变，因此，在日常生活中，一定要考虑到刻板印象的影响。例如，市场调查公司在招聘入户调查人员时，一般都宜选择女性，而不应该选择男性，因为在人们的心目中，女性一般来说比较善良且较少攻击性，力量较单薄，因而入户调查访问更易让别人接受；如果让男性登门访问的话，可能容易被拒绝，因为他们更容易使人想到一系列的暴力、攻击事件，增强人们的防备心理，从而难以开展入户调查访问工作。

7. 登门槛效应

1966年，美国心理学家曾做过一个实验：派人随机访问一组家庭妇女，要求她们将一个小招牌挂在她们家的窗户上，这些家庭主妇愉快地同意了。过了一段时间，再次访问这组家庭主妇，要求将一个不仅大而且不太美观的招牌放在庭院里，结果有超过半数的家庭主妇同意了。与此同时，又派人随机访问另一组家庭主妇，直接提出将不仅大而且不太美观的招牌放在庭院里，结果只有不足20%的家庭主妇同意。

不言而喻，前一组的家庭主妇同意率之所以超过50%，是因为在这之前已对她们提出一个较小的要求；而后一组家庭主妇同意率之所以不足20%，是因为这之前对她们没有提出那个较小的要求。换句话说，前一组家庭主妇的同意率之所以高于后一组的家庭主妇，是因为人们的潜意识里总是希望自己给人留下首尾一致的印象。心理学家将这种心理现象称为"登门槛效应"，即是指一个人接受一个小的要求后，往往愿意接受一个更大的要求，犹如登门槛时要一级台阶一级台阶地登，这样能更容易、更顺利地登上高处。

8. 社会背景效应

我们所看到的许多圣像和佛像，其背景都画有光环，其主要目的是要给人一种神秘感和庄严感。可以称之为"后光力量"或"背景力量"。

这种"后光力量"或"背景力量"在现实生活中也会有所表现。例如，我们评价一个人的时候，常常会自然而然地结合这个人的社会背景（所在单位、亲属与朋友情况、经济状况等）进行评价。心理学家将这种社会心理现象称为"社会背景效应"。如果你有理想的社会背景，人们即使和你初次交往也会比较相信你，从而使交往能顺利进行；相反，如果你有不太理想的社会背景，人们在与你交往时就会有所戒备或顾忌，从而影响交往的顺利进行。

9. 自己人效应

在人际交往中，彼此会相互影响。这种影响有时是无意的，有时则是有意的，即一方对另一方有意识地施加影响，以便矫正对方的某种行为。有意施加影响的技巧很多，其中自己人效应便是其中之一。所谓自己人，是指对方把你与他归于同一类型的人。自己人效应则是指对自己人所说的话更信赖、更容易接受。

怎样在人际交往中发挥自己人效应而增强影响力呢？首先，应强调双方一致的地方，使对方认为你是自己人，从而使你提出的建议易于被接受。其次，努力使双方处于平等的地位。你要想取得对方的信赖，先得和对方缩短心理距离，与之处于平等地位，这样就能提高你的人际影响力。最后，要有良好的个性品质。人的良好个性品质是增强人际影响力的重要因素。心理学研究证明：具备开朗、坦率、大度、正直、诚实等良好个性品质的人，人际影响力就强；反之，傲慢、自我中心、言行不一、欺下媚上、嫉贤妒能、斤斤计较的人，是最不受欢迎的人，也就没有人际影响力可言。

10. 增减效应

在人际交往中，我们总是喜欢那些喜欢我们的人，总是不喜欢那些不喜欢我们的人。然而，人是复杂的，其态度不是一成不变的，当对方对我们的态度在喜欢与不喜欢之间转变时，我们会有什么样的反应呢？

心理学家提出了人际交往中的增减效应，即我们最喜欢那些对我们的喜欢不断增加的人，最不喜欢那些对我们的喜欢不断减少的人；一个对我们的喜欢逐渐增加的人，比一贯喜欢我们的人更令我们喜欢他。当然，我们在人际交往中不涉及具体因素很多，仅靠褒和贬的顺序变化不能说明一切问题。倘若我们评价人时不根据具体对象、内容、时机和环境而一概采取先贬后褒的方法，则往往会弄巧成拙。

二、人际交往的发展

美国社会心理学家勒温格（G. Levinger）等人认为，人际交往的发展有三个阶段：第一是单向注意阶段，对方没有互动。第二是表面接触阶段，双方有初步的、浅层的互动，但是还没有相互卷入，也就是说没有走进彼此的私我领域。一般的泛泛之交就停留在这一阶段。第三是相互卷入（Mutuality）阶段，双方向对方开放自我，分享信息和感情，这是友谊发展的阶段。

美国学者阿特曼（I. Altman）等人提出了社会渗透理论（Social Penetration Theory）来解释关系发展的过程。他们认为人际交往主要有两个维度：一是交往的广度，即交往或交换的范围；二是交往的深度，即交往的亲密水平。关系发展的过程是由较窄范围内的表层交往，向较广范围的密切交往发展。人们根据对交换成本和回报的计算来决定是否增加对关系的投入。阿特曼等认为，良好的人际关系的发展，一般经过四个阶段：定向阶段、情感探索阶段、情感交流阶段、稳定交往阶段。

1. 定向阶段

在人际交往中，人们对交往的对象具有很高的选择性。进入一个交往场合时，人们往往会选择性地注意某些人，而对另外一些人视而不见，或者只是礼貌性地打个招呼。对于注意到的对象，人们会进行初步的沟通，谈谈无关紧要的话题。这些活动，就是定向阶段的任务。在这个阶段，人们只有很表层的自我表露，例如谈谈自己的职业、工作、对最近发生的新闻事件的看法，等等。

2. 情感探索阶段

如果在定向阶段双方有好感，产生了继续交往的兴趣，那么就可能有进一步的自我表露。例如工作中的体验、感受等，并开始探索在哪些方面双方可以进行更深的交往。这时双方有一定程度的情感卷入，但是还不会涉及私密性的领域。双方的交往还会受到角色规范、社会礼仪等方面的制约，比较正式。

3. 情感交流阶段

如果在情感探索阶段双方能够谈得来，建立了基本的信任感，就可能发展到情感交流的阶段，彼此有比较深的情感卷入，谈论一些相对私人性的问题，例如相互诉说工作、生活中的烦恼，讨论家庭中的情况，等等。这时，双方的关系已经超越了正式规范的限制，比较放松，比较自由自在，如果有不同意见也能够坦率相告，没有多少拘束。

4. 稳定交往阶段

情感交流如果能够在一段时间内顺利进行，人们就有可能进入更加密切的阶段，双方成为亲密朋友，可以分享各自的生活空间、情感、财物等，自我表露更深、更广，相互关心也更多。一般来说，能够达到这种境界的关系相当少，这也就是人们常说的"人生得一知己足矣，千古知音最难觅"。

还有一些研究讨论了关系退化的原因。综合起来，导致关系的亲密程度减弱的原因主要有：① 空间上的分离，交往的一方迁徙到别的地方，虽然分离的双方可以通过书信、电话、电子邮件等形式保持联系，但是最现代的通信工具也取代不了面对面的交往。② 新朋友代替了老朋友。③ 逐渐不喜欢对方行为上或人格上的某些特点。一方面，个人的喜好标准可能发生变化；另一方面，交往中可能发现对方的一些新的特点，而这些特点恰恰是另一方不喜欢的。④ 交换回报水平的变化，即一方没有按照另一方所期望的水平给予回报。⑤ 妒忌或批评。⑥ 对与第三方的关系不能容忍。在亲密关系中，这一点比较突出，因为亲密关系，尤其是异性之间的亲密关系往往有一定程度的排他性。⑦ 泄密，即将两人之间的秘密透露给其他的人。⑧ 对方需要时不主动帮忙。⑨ 没表现出信任、积极肯定、情感支持等行为。⑩ 一方的"喜好标准"发生了改变。

第三节 大学生人际交往中的主要问题和障碍

良好的人际交往能增强大学生的自信与自尊，能提升他们的自我价值感和力量感，有助于他们缓解内心的苦闷与冲突，减少孤独与空虚，有助于他们改善学习环境和生活质量,等等。不良的人际交往则增加大学生的挫折感,挫伤他们的自信心和自尊心,使他们产生一系列不良的情绪反应,从而影响学习、工作和生活。因此,探讨大学生中常见的人际交往问题,客观地分析引起他们人际关系困惑的原因,对于他们认识自我、完善自我具有十分重要的意义。

一、大学生的人际交往

(一) 大学生人际交往的特点

大学生人际交往的特点是由大学生自身的条件和他们所处的环境所决定的。就自身条件来说,大学生文化层次相对较高,正处于生理和心理日趋成熟的发展阶段,处于世界观、人生观和价值观的确立阶段;就所处环境来说,大学生学习、生活在高等学校,这是一个与社会既相对"隔离"而又在本质上紧密联系,既传承人类的悠久文明而又涌动着创新思想的教学、科研场所。这两方面的特殊性决定了大学生的人际交往具有鲜明的特点。

(1) 人际交往的迫切性。大学生随着知识的增长,心理的逐渐成熟,成人感也日益增强,加之进入了一个全新的人际环境,因而他们迫切希望别人了解自己,渴望得到他人的尊重和承认,也急于了解他人和社会。因此,大学生对于人际关系的建立抱有积极、良好的愿望。

(2) 人际交往的平等性。大学生的交往对象主要是同龄人,人际关系主要是同学关系,是一种横向的关系。由于大学生个人阅历、社会经验、认知能力、思想观念都大致相同,因而就不会像上下级之间、亲子之间那样形成服从和依赖的关系,而是比较容易产生平等的心理和意识,追求一种平等条件下的交往。

(3) 人际交往的理想性。大学生处于幻想的年龄,由于心理尚未完全成熟,社会阅历有限,也由于家庭、社会及客观环境对人的限制,因而不可能全面地接触社会,全面地了解现实的"人",易于产生理想化的思维定式。在交往的过程中,大学生往往是先在自己的头脑中塑好一个"模型",然后根据这个"模型"到现实中寻找知己,因此大学生对人际交往总流于理想性。

(4) 人际交往对象的易变性。大学生由于心理发展的不完善,情绪不稳定,做事较易冲动,加之生活的领域不断拓宽,因而在选择交往对象上也就表现出明显的易变性。这种易变性当然与大学生人际交往的理想性相关,从而体现出人际交往的不成熟。同时,这种易变性也使得大学生有可能在较短的时间内接触大量的新人新事,有可能在人际交往的挫折中不断地反省和提高。

(5) 异性交往的好奇和敏感性。当代大学生在生理发展上正处于青春期,由于性的成熟,很自然地在心理上产生对异性交往的渴望与兴趣。大学生与异性交往,建立友谊,有益于生理健康和心理健康,有益于丰富生活,加强团结,优化性格,也有助于学业的顺利完成。关键问题是要把握好交往的"度"。

(6) 人际交往的不成熟性。主要表现在两个方面：

① 行为上的不成熟。如交往技巧缺乏、交往过程庸俗化等。

② 心理上的不成熟。如过分关注自我需要和形象，或自卑、自负等。据调查：26.7%的大学生能正常交往；73.3%的大学生有交往障碍，一般为技术障碍和心理障碍两种，其中心理障碍主要为自卑、害羞等。

(7) 女生在交往中的部分特点。生理变化对交往的影响，如生理周期变化、情绪不稳等可能会引发矛盾；自身条件对交往的影响，如有的自卑、有的骄傲等。

(二) 大学生人际交往的类型

1. 与老师的交往

相对于中学阶段比较密切、严肃的师生关系，大学里师生之间的交往相对松散、活泼。

大学生接触最多的是自己的辅导员、班主任。他们与学生的关系平等，会像朋友一样与学生交流思想，促膝谈心，并参与班级组织的各项文体活动。

任课教师，他们面对不同班级的学生，数量多，时间短，流动性大。一般情况下，这些任课教师上课来，下课走，与学生接触机会相对较少，只在其授课时间与学生接触，切磋学问，探讨问题，因而一般是单纯的教学关系。此外，大学生自主意识增强，对教师的授课质量有更高的希望和要求，经常会对教师的教学内容、方法、态度进行评价，更愿意与学术水平高、教学态度好的老师接触，由衷地敬佩甚至崇拜这些老师。

管理育人的行政人员、服务育人的学校职工等也是大学生经常要面对的人际交往对象，比如宿舍、食堂、图书馆的管理人员等。与师生关系不同，这些交往的顺利进行，必须建立在自觉遵守相应的规章制度的基础上，否则大学生的行为就会受到批评和制约。

2. 与同学的交往

大学班集体由有着不同方言和生活习惯的大学生组成，同学间的交往情况发生了重要的变化。一方面，入学初期，大多数学生是从中学校园直接走进大学校园，社会阅历浅，思想单纯，相互之间能够自然地产生纯朴的"同窗"情谊，形成友好的同学关系；另一方面，随着相互交往和了解的深入，不同的地域出身、家庭背景、个性特点、生活习惯、甚至不同的方言，都有可能成为继续交往的障碍。而大学生在学习、课余活动等的激烈竞争中，往往夹杂着利益冲突，容易对相互间的正常交往造成伤害，有些人因此开始逃避与周围同学的交往。但是，大学生远离了家人的呵护独立地生活，许多人际交往不再是可有可无的，不再可以任性、随意，特别是同宿舍的同学，朝夕相处，低头不见抬头见，大家必须遵守共同的规则，必须学会彼此尊重、宽容、忍让。要学会与性格、生活习惯不同的人友好共处，否则必然会感到孤独，感到同学间没有友情，使自己的大学生活备受煎熬。

在大学校园里，很多新生都热衷于找老乡，与居住地相同或相近的老乡进行交往成为大学生交往不可或缺的一个方面。共同的乡音俚语、饮食习惯，很容易使不同专业、不同年级甚至不同学校的大学生们联系起来。大家一起交流大学生活经验，减轻心理震荡，获得情感共鸣，摆脱暂时的孤独和对家乡的思念。但只热衷于老乡关系，是有失偏颇的交往方式，因为人际交往是复杂的，形式可以多种多样，唯其如此，才能有利于自身的成长。因此，大学生需要与老乡交往，但不能局限于与老乡的交往，否则就会造成一定程度的封闭，减少与其他人的交流。

3. 与父母的交往

大多数的大学生觉得自己长大了，会有意识地积极地调整心态以适应新的环境。他们能体谅父母对自己思念的心情，因此，他们会通过书信或电话及时、主动地向父母汇报自己的学习、生活等情况，和父母加强思想感情的交流。

有的同学因家境困难，很体谅父母的辛苦，进入大学就开始勤工俭学，经济上逐步独立，不仅减轻了家里的负担，甚至有时还给家里一定的帮助。他们让父母欣慰地感觉到孩子真的长大了、懂事了。有些平时对父母依赖性很强的学生会非常想家、想父母，电话天天打是不用说的，而且经常抽空或逃课回家，甚至有的要退学回家。这类大学生像长不大的孩子，他们的情绪常常会影响父母，只能让父母牵肠挂肚，放心不下。

也有少数学生则完全相反，他们自认为是"象牙塔"里的"天之骄子"，随着知识的增加，和父母越来越没有共同语言，因而不再经常与父母联系，更不用说进行感情沟通，只有缺钱了才想起父母。大学生究竟应该如何与自己的父母保持感情的沟通和联系，值得每一位同学认真思索。

4. 社会交往

在大学阶段，对人际沟通能力提出了更高的要求。就业压力日益增大的大学生们要想在激烈的竞争中脱颖而出，找到理想的工作，较强的社会交往能力是必不可少的条件。扩大社会交往的方式多种多样，如加入学生社团，参加社会公益活动，勤工助学等积极、健康的社会实践活动是扩大社会交往面的一个必不可少的途径。通过各种社会实践活动，大学生们既可以增加对社会的了解，也可以扩大社会交往的范围，还能够提高自己独立谋生的本领。

但需要注意的是，在如何对待社会交往的问题上，应注意避免两种倾向：一种是社会交往活动太多、对象太杂、频率太高，认为"多一个朋友多一条路"，"关系也是生产力"。抱着这样的心态盲目交往，结果，毫无选择的社会交往严重影响了学习甚至使自己染上了不良嗜好。另一种是社会活动、社会交往过少，"两耳不闻窗外事"，只管埋头读书，注重了书本知识的积累，却忽视了实践能力的培养。

现代大学生要善于在各种社会交往中培养自己的亲和力，掌握与不同类型、不同层次的人交往的技巧和方法，为自己营造一个和谐的人际环境；同时，社会毕竟是复杂的，思想单纯，阅历不深的大学生们要有自我保护意识，谨慎交往，以免上当受骗。

5. 网络交往

网络拓展了人类交往的空间，网络交往已经成为一种重要的新型人际交往方式。人们通过微信、QQ、微博、E-mail（电子邮件）、BBS（电子公告板）等手段在网络虚拟社区中聊天、交友、游戏等。

一般来说，网络人际交往对大学生来说具有双重效应：一方面是积极影响。有的大学生通过网络交往结交了许多朋友，获取了很多有价值的信息，开拓了思路，使自己受益匪浅。另一方面是消极影响。有的大学生患上了网络人际依赖症，他们将虚拟当作了现实，过度热衷于网络交往，过分迷恋在网络上产生的友谊或爱情，并幻想用这些虚拟的人际关系取代现实的人际关系。他们与周围的人没有共同语言，缺乏社会沟通和人际交流，出现孤独不安、情绪低落、思维迟钝、自我评价降低等症状，严重的甚至出现自杀意念和行为。还有的大学生在进行网络交往时受到不良影响，在网络空间里肆无忌惮地放纵自己的思想、言语和行为，全然丧失了道德良知，责任意识淡薄。

为了消除网络交往的消极影响，大学生要学会充分利用网络为自己的学习、工作和生活服务，不在网络上无谓地消磨时光。只有"进得去，出得来"，才能使虚拟社会与真实社会相互补充，相得益彰，才能在虚拟社会与真实社会中健康成长。同时，要具备必要的网络伦理知识，培养道德自律意识，正确把握网络人际交往。

二、大学生人际交往过程中的常见心理问题

（一）面子问题

大学生的许多人际冲突，都是发生在没有什么原则问题的小事情上。本来只要打个招呼、一声道歉也就没事了，但双方都各不相让。自己有强烈的自尊，但却不知道如何尊重别人。从心理学角度来讲，则是双方在用不适当的方法维护自尊，即面子问题。

（二）冲动心理

大学生处于特定的生理发展期，自制能力较弱，遇事容易冲动，有些同学认为自己做事爽快，实则也是冲动的表现。

（三）封闭心理

人际和谐的表现之一是乐于与人交往。然而有的大学生因为性格内向，情感冲

动的强度较弱，外露表现不明显，被人误认为封闭；有的是整天忙忙碌碌，因为紧张的学习和工作所累，始终处于疲惫状态，也就很少有高涨的热情，只要紧张气氛松弛了，他们的热情一般能很快调动起来；有的则是因为心灵上的创伤所致，对人渐存戒心，不轻易暴露自己的思想感情。对于心理封闭的大学生来说，最重要的是要努力改变自我，自强不息。

（四）异性交往不适应心理

目前在大多数中学校园里，青春期性健康教育尚属空白，一些正常的男女同学交往得不到引导，甚至遭到指责；而在大学校园里，相对宽松的异性交往空间，使得原本被压抑的性心理得到释放。由于社会多元价值观的影响，更主要是由于缺乏青春期性生理、性心理以及性伦理、性法制、异性交往方面的知识和技能，部分大学生面对异性的求爱、自己对异性的爱慕以及失恋、性骚扰行为等不知所措。

三、大学生人际交往的主要障碍

（一）以自我为中心

以自我为中心是当代大学生人际交往中存在的最常见、最突出的一个问题。

人际交往的目的在于满足交往双方的需要，它是在相互尊重、互谅互让，以诚相见的基础上得以实现的。当代大学生绝大多数为独生子女，加上自我意识的发展，大学生越来越多地把关注的重心投向自我，因而会比较多地从自身角度考虑问题，处处表现出以自身的兴趣和需要为中心，片面追求自我需要的满足，并要求他人满足自己、尊重自己，忽视他人的利益、兴趣与需要。观察、分析、解决问题只凭自身的主观经验或喜好，固执己见，唯我独尊。不能设身处地地进行客观思考，颐指气使、盛气凌人、自私自利。总觉得自己比别人优越，别人总是不如自己，对别人的成功不屑一顾，缺乏自我批评。而且不允许别人批评自己，这种人往往见好处就上，有困难就让，遇错误就推。总认为自己对、别人错，回避缺点，缺乏自知。由于有过多的自我中心，他们常常与人发生利益、兴趣、需要等方面的冲突。在冲突中又不肯委曲求全，忽视别人的感受，期望甚至强迫别人满足自己。因此，他们往往不能赢得他人的好感和信任，与人疏远，人际关系多不和谐。

（二）社交自卑感

社交自卑感是指人在交往活动中存在的自卑感，表现为缺乏自信，想象失败的体验多，常常对自己的能力、品质等做出偏低的自我评价，总认为自己比别人差而悲观失望。这种心理状态多是由于在考试、体育竞赛、录用面试等竞争激烈的场合经历了心理创伤后自我调适不佳造成的。自卑的浅层感受是别人看不起自己，而深层的体验则是自己看不起自己。有社交自卑感的大学生在交往中常常缺乏自信，他们心理承受能力脆弱、谨小慎微、畏首畏尾、多愁善感、行为畏缩、前怕狼后怕虎，遇到一点点挫折他们便怨天尤人；如果受到别人的耻笑与侮辱，更是甘咽苦果、忍气吞声。实际上，自卑并不一定是能力低下，而是凡事期望值过高，不切实际，在交往中总是希望自己的形象理想、完美，惧怕丢丑、受挫或遭到他人的拒绝和耻笑。这种心境使自卑者在社交中常常感到不安，因而常常将社交圈子限制在狭小的范围内。自卑心理的产生，主要来源于心理上消极的自我暗示。主要原因有：一是现实交往受挫，产生消极反应；二是生理上的某些不足，引起消极的自我暗示；三是对自身的智力与能力估计过低，带来消极暗示；四是对性格与气质自我评价过低带来的消极的自我暗示。

（三）社交恐惧感

大学生正值风华正茂的年龄，都渴望获得友谊，希望广交朋友。但有些大学生对人际交往特别敏感、害怕，极力回避与别人交往接触，在不得不交往时则紧张、恐怖、心跳加快、面红耳赤、难以自制。为此，他们常常陷入焦虑、痛苦、自卑之中，严重影响到身心健康和日常的学习、生活。

社交恐惧症是后天形成的条件反应，是经过"学习"过程而建立起来的，分为两种情况：一是"直接经验"。有道是"一朝被蛇咬，十年怕井绳"。有些大学生在交往过程中屡遭挫折，就会形成一种心理打击，在情绪上产生种种不愉快的甚至痛苦的体验。久而久之，就会不自觉地形成一种紧张、不安、焦虑、忧虑、恐惧等状态。这种状态定型下来，形成固定的心理结构，在以后遇到类似刺激情境时，便会心生恐惧。二是"间接经验"。如看到别人或听到别人在某种交往情境中遭受挫折，陷入困境，或受到难堪的拒绝，自己也会感到害怕、痛苦。甚至通过媒体途径也会传染，他们会不自觉地依据"间接经验"来预测自己会在特定社交场合遭受令人难堪的对待，于是紧张、不安、焦虑、恐惧。这种情绪状态泛化，就会导致社交恐惧症。

（四）社交嫉妒感

社交嫉妒感是指在人际交往中，因与他人比较或竞争而自感不如或在失败时产生的羞愧、恐惧、愤怒等复杂的情感体验，俗称"红眼病"。是针对别人的优越地位在自己心中产生的不愉快的情感。它不仅妨碍人际交往的活动，还直接损害人的身心健康。巴尔扎克曾说："嫉妒者比任何不幸的人更为痛苦，因为别人的幸福和他自己的不幸都将使他痛苦万分。"

大学生相互之间个别差异是客观存在的，引起大学生嫉妒的因素主要有以下几类：外表、成绩、能力、物质条件、恋人、运气等。那些自尊心过强，虚荣心过盛，自信心不足，以自我为中心的大学生更易产生嫉妒心理。

嫉妒心理的特点是：针对性——与自己有联系的人；对等性——往往是和自己职业、层次、年龄相似而超过自己的人；潜隐性——大多数嫉妒心理潜伏较深，体现行为时较为隐秘。嫉妒心理的发展有三个阶段：最早的程度为较浅的嫉妒，往往深藏于心，不易觉察于潜意识中；程度较深的嫉妒，其标志是当事人的嫉妒心理不再完全潜抑，而是自觉或不自觉地显露出来；非常强烈的嫉妒，嫉妒者已丧失理智，往往会导致极端行为。

大学生的生活与学习，面临着竞争的压力，有的人看到别人成功，就生气、难过、诋毁、散布谣言；看到别人朋友成群，就不择手段施展"离间计"。他们的交往具有强烈的排他性，甚至伴有怨恨、中伤别人等情绪色彩，视对方为发泄目标。社交嫉妒感源于交往中的竞争，轻微的嫉妒是一种动力与压力，催人奋发向上，但严重的嫉妒需要加以克服。

（五）社交猜疑症

社交猜疑症是在人际交往中由主观推测而产生的对他人不信任的复杂情感体验。它是人们在思考问题时因思维偏差、缺乏自信心或遭挫折后防卫等因素导致而成。疑是建立在猜的基础上的，往往缺乏事实根据，在许多时候也缺乏合理的逻辑思维。猜疑的人往往对人对事十分敏感，整日疑心重重，看到同学背着自己说话，便疑心是在讲自己的坏话；看到某同学没与自己打招呼，便猜疑该同学对自己有意见或不喜欢自己；等等。在猜疑心理的作用下，人会陷入作茧自缚、自圆其说的封闭思路中，就像"疑邻偷斧"的典故一样，被猜疑者的一言一行都会带上可疑色彩。

一个人之所以发生猜疑症，多是因为过分关心自己，常以自己的利益为中心，错误的思维定式。猜疑者大多在人际交往中吃过亏或受过损害，于是凡事都事先考虑别人是否在损害自己。

四、大学生人际交往的原则和技巧

良好的人际关系的形成，离不开健康的人际交往心理。当代大学生由于受客观环境因素和主观认知、情绪、人格等因素影响，常常面临过多错综复杂的人际关系问题。如何进行心理调适，增强自我心理调适的能力，不仅是一个理论问题，还是一个实践问题。

（一）培养积极交往的心理态度

任何一个个体都有其独特性，都是无法完全取代的。因此，对他人的独特性价值的理解以及对他人的尊重，是交往的心理基础。

美国著名心理学家爱克利克·伯奈依据对自己和他人采取的基本生活态度，提出人与人之间有四种人际交往模式：① 我不好—你好，我不行—你行；② 我不好—你也不好，我不行—你也不行；③ 我好—你不好，我行—你不行；④ 我好—你也好，我行—你也行。大学生正处在自我意识的不断发展中，容易出现发展偏差。"我不行—你行"（自卑自怨），"我好—你不好"（自高自大），"我不好—你也不好"

(冷漠无情)正是这种偏差的表现。

上述三种交往模式都会阻碍正常的人际交往，并且不利于心理健康和心理发展。成熟、健康的交往模式应该是"我好—你也好""我行—你也行"。这种心态的特点是：充分体会到自己拥有一种强大的理性能力，并对生活的价值有着恰当的理解，做到相信自己与相信他人、爱自己与爱他人的统一。虽然自己和他人都并非十全十美，但能悦纳自己和他人，正视现实，善于发现自己、他人和世界的光明面，从而使自己保持一种积极、乐观、进取、和谐的精神状态。

(二) 遵循人际交往的基本原则

1. 尊重原则

人们因先天遗传素质的差异和环境的影响，以及受教育的程度不同，在能力、气质、性格等方面各不相同，并因社会分工而具有不同的社会身份，但在人格上人人都是平等的，每个人都有自己的人格尊严。这种尊重包括自尊和尊重他人两个方面。自尊就是各种场合都要自重自爱，不自重的人当然得不到他人的尊重。尊重他人就是重视他人的人格和价值，承认他人在人际交往中的平等地位。尊重能带来良性反馈，"投我以木桃，报之以琼瑶"。哲人说得好："温暖别人的火，也会温暖你自己。"

2. 诚信原则

古往今来，诚信在人们交往中被看得非常重要。墨子说："志不强者智不达，言不信者行不果。"讲诚信的人历来都受到人们的欢迎和赞颂，不讲诚信的人则受到人们的斥责和唾骂。"一诺千金，一言百系""一言既出，驷马难追"，等等，都是强调诚信的重要性。

所谓诚信，就是指在人与人的交往中，要说真话而不说假话，要遵守诺言并实现诺言。由于大学生群体的特殊性，他们的诚信一般不像社会政治与经济交往中那样受法律的约束，而主要是依靠道德力量来约束。在人际交往过程中，只有真诚待人，才有可能谈得上与别人建立和保持友好的人际关系。社会经验证明，为人与交友最重要、最根本的就是要诚信。诚信才能使人放心，才能赢得他人的信任，别人也才能同你推心置腹地交心。诚信是大学生结交知己良朋必不可少的前提。常言道："言必信，行必果。"取信于人的主要方法概括为守信、信任、不轻诺、诚实、树立自信心。无信不立，守信是第一步。大学生在与他人交往过程中，既要自信，又要信人，做到互相之间以信相待，以诚相待。

3. 互利原则

互利原则要求人们在交往过程中，交往双方都得到愿望、利益或者心理上的满足。互利包括三个方面：物质互利、精神互利和物质与精神兼利。但大学生交友中主要是精神互利。

大学生的生理和心理特点决定了他们最希望别人能够理解自己，得到别人的欣赏和支持，喜欢引人注目，渴望出类拔萃。大学生精神互利，与他们本身需求系统中精神需求所占比重较大有关。

大学生在同他人交往的时候，要想从别人那里获得关心、注意和爱护，就必须考虑到他人也有这种需要。这也是平等原则所要求的。因此，建立良好的人际关系要互相关心、互相爱护、互相帮助、互相尊重，不能只让别人对你奉献，而你对别人只讲索取。

4. 适度距离原则

大学生在人际交往中，一定要注意把握交往的时空距离，即交往的深度和频度。所谓交往的深度，就是双方感情投入的量度；所谓频度，就是单位时间里交往的次数。根据不同的交往对象，可以有交往的深度和频度的差别，但就总体而言，在交往中要掌握好适度的距离。既不能过于疏远——这样会影响交往双方情感的融合和紧密程度，不利于双方的了解和信任，难以建立起真挚的友谊关系，又不能过于亲密——否则，可能会破坏双方交往的良好氛围，甚至可能使大学生的人际交往落入俗套，既会影响人际交往的深入发展，也不利于友谊的建立。

5. 宽容原则

在人际交往中，只有正确对待和尊重彼此在性格、能力、知识、观念、观点、行为习惯等方面的差异，对交往对象的不足甚至错误，要采取宽容的态度，求同存异，宽宏大量，才有利于建立良好的关系。宽容是一种修养，是一种理解，是一种品格，更是一种境界。要宽容别人，有时就得委屈自己。"大肚能容，容天下难容之事"，就是要具有一种平和谦让的心态，不苛求别人，不放纵自己。正如《菜根谭》所言："径路窄处，留一步与人行；滋味浓时，减三分让人尝。"关于宽容，有一则广为流传的"六尺巷"故事：清朝宰相张英的邻居建房，因宅基地和张家发生了争执，张英家人飞书京城，希望相爷打个招呼"摆平"邻家。张英看完家书淡淡一笑，在家书上回复："千里家书只为墙，让他三尺又何妨；万里长城今犹在，不见当年秦始皇。"家人看后甚感羞愧，便按张英之意退让三尺宅基地。邻家见张英如此豁达谦让，深受感动，亦退让三尺，遂成六尺巷。这条巷子现存于安徽省桐城市城内，成为中华民族宽容礼让传统美德的见证。

6. 谦逊原则

谦逊是一种美德。谦逊好学者，人们总是乐意与之交往；反之，狂妄自大，目中无人，自以为是的人，人们总是避而远之。大学生一定要有豁达的胸襟、谦虚的品质，静坐常思己过，虚心学习他人的长处，切勿狂妄自大，傲视他人，更不能不懂装懂，知错不改。关于谦逊，古代的孔融让梨、张良拾履、扁鹊论医等故事，都给我们以深刻的启示。

(三) 人际交往的技巧

1. 建立良好的第一印象

心理学家通过大量研究，总结出了在最初交往中有效地表现自己的所谓"SOLER技术"。SOLER是词首字母拼写起来的一个专用术语。在这里，S代表"坐要面对别人"，O代表"姿势要自然开放"，L代表身体"微微前倾"，E代表"目光接触"，R代表"放松"。大学生如果有意识地在社交场合运用SOLER技术，真诚地对别人感谢和微笑，耐心做一个听者，鼓励别人谈论他们自己，并让他们在自我表现过程中感到自己重要，同时改变自己许多不适当的自我表现，就可以有效地增强别人对自己的好感，让别人更愿意接纳自己，并给人以良好的第一印象。

2. 培养良好的社交风度

良好的社交风度是成功交往的基本条件，因为它制约着人在交往对象心目中形成的印象，也制约着对方以何种方式做出反应。

人的社交风度是其各种心理素质和修养的外部体现，它能反映出一个人的道德品质、思想感情、性格气质、学识教养、处世态度以及交往诚意。交往风度是人在交往活动中的一切言行举止的概括的总称，具体包括以下几种：

（1）饱满的精神状态。与人交往，神采奕奕，精力充沛，显得富有自信，就能激发对方的交往动机，活跃交往气氛。若萎靡不振、无精打采，就显得是在敷衍对方，即使你有交往诚意，对方也会感到兴味索然乃至不快。

（2）诚恳的待人态度。不管对待什么样的交往对象，都应以平等的态度，显得诚恳而坦率。交往时应端庄而不过于矜持，谦逊而不矫揉造作，充分显示诚挚的内心。

（3）洒脱的仪表礼节。根据人际吸引原则，一个人风仪秀整，俊逸潇洒，能产生使人乐于交往的魅力。仪表魅力不只取决于长相衣着，更在于人的气质和仪态，这是人的内在品格的自然流露。英国哲人约翰·洛克曾说过，礼仪的目的与作用使得顽梗变柔顺，使人们的气质变温和，使人敬重别人，和别人和得来。

（4）适当的行为神态。人的神态和表情，是沟通人际间的思想感情的非言语交往手段。微带笑容，是一种轻快友好的表示，而冷若冰霜则旁人不敢亲近。朴素大方、温文尔雅的行为习惯能正确地表达自己的良好愿望，同时分寸得当的交往距离能使彼此心理上都感到舒适坦然。在异性交往上的分寸感尤为重要。

（5）高雅的言辞谈吐。谈吐之美，在于用词得当，态度自然，使用言语富于感情。这样在交往中，就会产生一种自然的吸引力，产生"听君一席话，胜读十年书"之感。

3. 妥善运用赞扬和批评

适时适度、有效地运用赞扬与批评，是人际交往的一大技巧。

赞扬能够释放出一个人身上的能量，调动一个人的积极性。实验研究表明，受到赞扬后的行为，要比挨了训斥后的行为更为合理、更为有效。真心诚意、适时适度地赞美对方，往往能有效地增进彼此的吸引力，因为人们欢迎喜欢自己的人。

　　一般来说，我们在交往时应多用赞扬，少用批评，但并非不可批评，而是要善于批评：一是方法得当，掌握批评从称赞和诚挚感谢入手的技巧。批评是一种否定，否定的危险可以为诚挚的称赞和感谢所带来的愉快情绪所冲淡。人们在得到支持、感到愉快时，对批评的接受性会明显增强。二是批评前先提到自己的错误。被批评者在批评者面前常会有一种错觉，似乎批评者是在用批评显示他的优越。如果我们先提到自己的不足，就可以明显弱化人们的这种意识，使人容易接受批评。三是间接、委婉地提醒他人注意自己的错误。四是不宜当众批评。当众批评极易挫伤对方的自尊心，应给人以台阶，让人保住面子。应该说，真心真意、实事求是的批评并不会阻碍人际交往，反而有助于人际交往。

案例分析

　　小 A 与小 B 是某艺术院校大三的学生，住在同一间宿舍。入学不久，两个人成了形影不离的好朋友。小 A 活泼开朗，小 B 性格内向、沉默寡言。小 B 逐渐觉得自己像一只丑小鸭，而小 A 却像一位美丽的公主，心里很不是滋味。她认为小 A 处处都比自己强，把风头占尽，就时常以冷眼对小 A。大学三年级，小 A 参加了学院组织的服装设计大赛，并获得一等奖。小 B 得知这一消息，先是痛不欲生，而后妒火中烧，趁小 A 不在宿舍之机将小 A 的参赛作品撕成碎片，扔在小 A 的床上。小 A 发现后，不知道怎样对待小 B，更想不通为什么她要遭受这样的对待。

　　[思考题]
　　请问小 B 的行为属于什么问题？导致她这么做的原因是什么？该如何应对？

思考题

1. 什么是人际交往？人际交往与人际关系的区别有哪些？
2. 你在人际交往中遇到了哪些问题？该如何进行调适？
3. 你认为大学生处理好人际关系有哪些现实意义？
4. 大学生人际交往中存在着哪些不良表现？你认为是什么原因造成的呢？
5. 联系生活实际，分组讨论人际关系对自己成长的影响。
6. 请试着开展一次团体沟通训练活动。

第六章

大学生的性心理与恋爱心理

爱情与性，是人类亘古不变的话题，也无疑是大学生最关注、最敏感的话题。爱情是美好的，性也是美好的。然而，对于刚步入大学、不谙世事的大学生们来说，爱情与性，既可以是美酒佳酿，给人以幸福和温馨；也可以是涩水苦果，给人以痛苦和迷茫，甚至是人生悲剧。因此，探究大学生性心理与恋爱心理发展的规律，掌握性心理、性生理、性道德和爱情、恋爱方面的知识，形成正确的性心理和健康的恋爱心理，对于维护大学生的身心健康和提高他们的心理品质，不仅十分必要，而且非常迫切。

第一节 大学生的性心理

"性"是一个古老而又常新的话题。面临成年的大学生如何看待"性"？如何处理因"性"产生的困惑？这些是大学生活中必须正视的问题。

一、性的概述

（一）性的实质

对人类社会来说，性是一个复杂、综合的问题，它不仅关系到一个人的身心发展，还影响着一个人的生命质量和幸福程度。性是人的生命中的一个重要组成部分。对于现代人来说，能否坦然、理智地面对性的问题，是衡量一个人是否成熟的重要标志。

作为人生命意义上的性，是自然属性与社会属性的统一。性是人的自然属性与社会属性的统一体，说明了性既要受人体发展的生物规律、自然规律的支配，又要受人类社会文化发展条件和各种社会需要的制约。这二者是有机联系、密不可分的。性的自然属性是人类生存与繁衍后代的生物基础，性的社会属性是人类文明进步发展的本质。

1. 性的自然属性

性首先是人类为了生存和繁衍后代所必需的一种本能，这种本能表现就是性的自然属性。作为自然属性的性，是指男女在生理构造上的差异和人生来具有的性的欲望和本能。性的生物属性属于人作为动物的一类的自然属性，是人类自身生存和维持种族繁衍的必要条件。性，从生物的形态学和生理学上来理解，是指伴随着性生殖出现的，由于基因与性器官的差异而形成的雄性和雌性。性征是男性与女性特点的表现。性，从生物的本能来看，是指人的性欲和人的性活动。然而，如果只把性作人的生物属性，而不能从人的社会属性上来认识和把握，就会把自己降低到动物的生存意义上，就会导致社会的混乱与退步。人是社会性的动物，人的性行为受到社会的制约和规范。只有把性行为控制在社会允许的正当、合理的范围之内，人类自身才能获得健康的生存与发展，社会才能获得安宁与文明。正如马克思所说："吃、喝、性行为等，固然也是真正的人的机能。但是如果这些机能脱离了人的其他活动,并使它们成为最后的和唯一的终极目的,那么,在这种抽象中,它们就是动物的机能。"因此,生物性并不是人的本质属性。

2. 性的社会属性

作为社会属性的性,是性的本质体现。马克思认为,人的本质是一切社会关系的总和,人的本质归根到底是由社会关系决定的。人的性也同样由社会关系所决定。人类性行为的方式是社会文明发展水平的反映。在原始社会,人类的性是毫无限制和禁忌的群婚杂交行为。随着社会文明的发展,逐渐从限制父母辈与子女辈的性行为,到限制兄弟姐妹间的性行为,再到后来的近亲不婚,再到今天的一夫一妻制。现代社会,人类的性行为,不仅是繁衍后代的需要,更是追求和实现幸福、和谐人生的需要。因此,人的性需要,不仅包括生理性需要,更重要的是包括社会性需要。例如,择偶不仅是寻找异性,而且还要满足个人审美的需要、爱的需要、个人生活幸福与自我发展的需要等,还要考虑对方的文化、经济、职业、家庭等社会因素。人的性行为必须通过婚姻、经济、伦理、道德、法律关系的规范才能实现。

3. 性在不同层面上的含义

根据性的生理属性与社会属性,性通常可以分为生理、心理和社会三个层面。

性生理,常指男女两性在生物学上的差别。它包括男女两性染色体不同、性腺不同、性激素不同、生殖道与外生殖器不同、第二性征不同。这些生物学上的差异,包括遗传学、内分泌学、解剖学和生理学上的差异。

性心理,是指男女两性在生理差别基础上的心理上的差异,主要表现在性格、气质、感觉、情感、智能等方面。性心理学家与性社会学家的大量研究表明,男女两性在智力上差别不大,但在许多特殊能力方面是有差别的。

性别角色,是社会学上的词汇。它是社会按照人们的性别不同而赋予人们的社会行为模式。性别角色是男女两性在生理差异的基础上,由社会期望不同所形成的。例如,女性生理解剖的特点,决定了女性天然地承担起生育的职能等。但是,男女在家庭和社会生活中扮演什么角色,则主要由以社会的伦理、道德、风俗、传统等形式存在的社会文化决定的。例如,在传统观念下,社会要求男子刚强、独立、自主,而女子则要温柔、依赖、顺从,等等。但是,随着社会的发展与进步,人们趋向于用现代社会发展需要的人格模式来期望人们的社会角色。

4. 性行为,对人类来说是一种本能的行为

一般来说,可以从不同的角度对性行为进行分类。

从行为的对象来分:在性行为中性对象指向异性,是一种普遍的性行为——异性恋;指向同性,则是同性恋;指向自己,则是自恋。

从性行为的方式来分:性交是性行为,手淫也是性行为;身体密切接触,如恋人间拥抱、接吻、爱抚等是性行为,非触觉的接触如露阴、窥阴等也是性行为;通

过语言的交往，如谈情说爱、淫秽语癖等是性行为，非语言的交往如脉脉含情地注视也是性行为。

从性行为的性质来分，可分以下几种：① 目的性性行为。这是指性交。性交是性行为的直接目的和最高体现，它能使个体获得性快感和性欲满足，在性行为中居核心地位，故又称核心性性行为。② 过程性性行为。这是指不以性交为目的，使性欲得到一定程度满足和获得某种性快感的性行为，如抚摸、拥抱、接吻等，故又称温存性性行为。③ 边缘性性行为，又称为模糊性性行为。这是指为了交流爱的感情而进行的行为。边缘性性行为有时很隐晦、含蓄，仅仅当事的两个人能感觉到，他人则茫然无知，如眉目传情。④ 类似性性行为。这是指类似性交以获得快感、实现性满足的行为，最常见的是手淫，某些性偏离行为如摩擦症亦属此类。另外一些行为虽不直接类似性交，但内容中含有性交成分，如性梦、性幻想等，亦可归于此类性行为，因为这些行为常伴有手淫或意淫。

(二) 性心理的发展

1. 国外学者的性心理发展理论

目前关于性心理发展的模式问题尚无科学的定论，而且男女性别不一样，性心理的体验和发展也不尽相同。弗洛伊德曾提出过一个著名的性心理学发展模式，把性理解为广泛的身体快感，并按身体快感的特点描述了性心理的发展。他认为幼年的性经历对人的性心理和人格发展具有重要影响。他把性心理发展分为五个阶段：

(1) 婴（幼）儿期，包括口唇期和肛门期两个阶段。口唇期（1 岁左右），在这一时期，婴幼儿通过吸吮奶头不仅满足对食物的需要，还因此感到快感、满足和安全；或通过吮吸手指获得满足。这一时期性表现的三大特征是：性快感的来源同身体中维持生命不可缺少的寻食功能密切相关；它尚不知有性的对象，是一种"自体享乐"；它的性目的受快感区的直接控制。这一时期最大的心理危机是断奶。肛门期（1～2 岁），幼儿从排泄活动中得到极大的快乐。这一阶段的主要任务是通过按时大小便的训练培养幼儿的自我能力。如果这一阶段父母过分关照，自律性发展和适应环境的能力受到抑制，就会造成自我怀疑、依赖别人、不能接受自己的真实情感等人格冲突。

(2) 儿童期（3～6 岁），性别认同开始形成，对生殖器格外好奇，对两性差异有浓厚兴趣，对父母异性一方产生爱恋情结。在这一阶段，儿童人格、性别同一性、道德良心都开始形成了。这是人生发展的重要阶段。

(3) 潜伏期（6～12 岁），性的倾向转向外部，以对性知识好奇为性欲满足，但对同龄异性漠不关心，游戏时大多寻找同性伙伴。

(4) 青春期，又称生殖期，性腺的成熟增多了力比多冲动，如果生殖器的心理冲突得到了圆满的解决，个体就会将力比多能量转向家庭之外的某位异性，开始异性恋。

(5) 成年期，性欲在婚姻中得到满足。

在弗洛伊德看来，只要能成功地解决以上所有性心理阶段的冲突，个体就能达到一种完美的境界，无论男女，在性、社会关系和心理健康方面都是成熟的，具有坚强的自我，能够控制不适宜的性冲动。如果在性的发展中遇到阻力，性心理就会发生不协调甚至变态，性心理发展诸阶段的特点，都可以单独地畸形发展，形成不同类型的性变态或神经症。

2. 我国学者对性意识发展阶段的划分

(1) 异性疏远期。这一时期大多是在12～13岁。第二性征的出现使少男少女们出现了羞涩感。他们把异性的差异和彼此之间的关系看得很神秘，担心别人看到自己在性征上的变化，认为男女接触是很羞涩的事，也害怕因与异性接近遭到别人的耻笑。因此，他们封闭自己，疏远异性，就连与自己平时最熟悉的异性的交往也变得不自然起来。他们这种对异性的疏远，主要是由于在心理上对异性朦胧的向往与羞涩感之间的矛盾造成的。

(2) 异性接近期。进入青年期之后，随着性生理的发育成熟和个人阅历的增加，向往异性的朦胧感进一步加强，羞涩感减少，他们渴望了解异性，渴望接近异性。但这一时期，他们想接近的往往不是特定的某个异性，而是对异性存在的泛化的爱恋和憧憬，且注意的对象容易转移。由于女性进入青春期的年龄要比男性早些，因此，女性对异性产生好感的时间一般要早于男性。此时男女之间的爱慕还只是异性间的吸引与好感，不能称为恋爱。

(3) 恋爱期。随着青年男女性生理与心理的成熟，他们已不再满足于对异性的泛化接近与好感，而是把爱慕的对象集中到某一特定的异性的身上，更多地喜欢与自己爱恋的对象约会，而远离集体活动。他们通过频繁的约会和交谈，了解对方内在的性格、价值观及家庭情况，不断增进着感情，寻求双方内外的和谐统一，并经由恋爱逐渐走向婚姻。

二、大学生的性心理

(一) 大学生性心理的特征

大学生是一个独特的社会群体，在对外开放，西方的思想、观念、文化涌入的大背景下，在中外文化的撞击中，形成和调整自己的价值观以及对性的看法。大学生的性心理有如下特征。

1. 本能性与朦胧性

生理上日趋成熟，导致了心理上愿意接近异性的要求，但由于性心理不具有深刻的社会性，基本上是一种由生理上的急剧变化而带来的本能作用。他们往往是怀着好奇心，秘密地探求性知识，对异性的兴趣、好感及爱慕比较盲目和单纯。

2. 强烈性与不稳定性

上大学期间的心理发展，由朦胧纷乱的心理，逐渐发展为性意识的强烈性。其显著特征是闭锁性，因而导致了其性意识的强烈性与不稳定性。如思维比较活跃，对性问题敏感、好奇，但性意志和性伦理道德观念却相对薄弱。

3. 冲动性与隐蔽性

青年时期是性欲望和性冲动最强烈的时期，这是正常的心理、生理发育现象，但由于性心理还未完全成熟，还未形成较正确的性道德观和恋爱观，因而性心理发展很容易受外界不良影响而产生冲动。大学生是一个特殊的群体，十分重视自己在异性心目中的形象和价值，往往不轻易将心中所思所想吐露出来。

4. 压抑性和宣泄性

大学生对异性接触的渴望与学校、家长、社会的严格规约发生矛盾，一些人产生了强烈的压抑感，也有一些人的性能量以扭曲的方式，以及不良的、甚至变态的行为进行宣泄，如"厕所文学""课桌文学""窥视癖"等。

随着性心理的发展，会对性表现出一系列的心理行为，如对性知识很感兴趣，对异性有好感，时常有性欲望、性冲动，性幻想、性自慰的行为。

总的来说，大学生的性心理发展是正常的、健康的，多数大学生能够较好地调节性欲、性冲动，表现出符合社会规范的行为：能正确地认识到性幻想、性梦、手淫等性心理活动都是正常现象；对性冲动能用一种积极的、富有建设性的、能为社会所接受的方式如绘画、音乐、体育活动、娱乐，男女交往、埋头创作等方式来取代，使性能量得到转移。一个健全的人往往能适度地升华性欲，而不是被性冲动所奴役。

5. 男女性心理的差异性

大学生的性心理因性别不同而有所差异。例如，在对异性的感情流露上，男生表现得较为外显和热烈，女生往往表现得较为含蓄和深沉；在内心体验上，男生更多的是新奇、喜悦和神秘，而女生则往往是惊慌、羞涩和不知所措；在表达方式上，男生一般较为主动，女生往往采取暗示的方式。此外，男生的性冲动容易被视觉刺激唤起，而女生则容易在听觉、触觉刺激下产生。

(二) 影响大学生性心理发展的因素

1. 生理因素

性心理的发展也有其生理物质基础。柏曼（L. Berman）就以内分泌腺功能优势为标准把人的心理发展分为胸腺期（幼年）、松果腺期（童年）和性腺期（青年）。遗传基因、脑内分泌的促性腺激素和性腺所分泌的性激素对性心理都具有不可忽视的影响。如性腺对性心理的影响为实验和一些特殊的社会经验所证明。男女性腺如果在成年之后再除去，便不会对这个人的性心理产生新的影响，而在青春期之前实行除去性腺将对其性心理有重要的影响。这说明生理物质基础对性心理的影响主要集中在青少年时期。

人类的性与动物的性最大的不同是人类的性具有生物、心理和社会三个层面的丰富内涵。生物的性是指男女在遗传、生理结构等生物学方面的差异；心理的性是指性别，性别是社会根据男女的人格特征而赋予男女的社会标志；社会的性是指性别角色，它表示社会对男女在社会行为方式差异的期待。性别角色是童年期社会化的结果，与生物性和性别并无必然联系。例如，在传统中国社会的主流文化中，"男主外，女主内"是一种基本的社会化模式，但某个家庭由于缺乏女性成员，男性成员可能会在家里扮演一个家庭主妇的角色；相反，一个缺乏男性成员的家庭，女性成员也可以在外表现出一个男性的角色；在同性恋中，其中一方就可能扮演了一个异性的角色。可见，男女的生物性特征与其性别角色可能出现不一致的情况。

2. 自身心理因素的影响

丰富多彩的人类心理活动使人类的性关系早已脱离了动物界，变成了人的一种高级、复杂的情感和心理活动。一方面，心理因素决定了以生理机制为内在驱动力的性会通过性欲望、性幻想、性梦、性情感表达出来；另一方面，心理因素使性独立于生物学本能之外，广泛地反映和化解在各种文化艺术之中，如小说、诗歌、戏剧、舞蹈、音乐、美术、摄影、雕塑、服饰以及建筑设计等。

3. 社会因素

（1）家庭因素。家庭教育对孩子的性心理具有关键性的影响。首先，是父母对性的态度。如果父母对一切有关性的事物和行为的评价是自然的、非极端的，对孩子的性教育是民主和平等的，那么孩子的性态度一般也是平和、自然和正常的。如果父母对有关性的评价是批评、否定的，对孩子的性教育是严厉和保守的，那么孩子将视性为罪恶，形成敌视的态度。其次，是父母对待孩子性别的态度对孩子的性心理发展的影响。如果父母具有"重男轻女"的浓厚思想，女孩将容易形成自卑、自怜的情结；如果父母溺爱异性的孩子则又可能促使孩子形成依恋父母的"伊谛普斯情结"。不当的家庭教育还可能促使孩子的性早熟，而性早熟则可能导致高级的心智能力在日后难以控制性本能。

弗洛伊德认为，在家庭和社会境遇中，个人在儿童期和成年期内所经历的某些偶然事件，必定也会对性的发展产生一定的影响。

（2）社会环境因素。每个人都是被社会文化塑造的人。一定社会中的性文化观念、性道德、性行为方式对个体的性心理发展也具有深刻的影响。例如，对待手淫、堕胎、避孕、同性恋等与性有关的事情，世界上不同时期的文化具有不同的态度；不同的民族有不同的性文化传统，对本民族成员的性观念和性行为亦具有深刻的影响。

在社会文化中传媒对人们的性态度和性生活方式具有重要的影响。黄色书刊和光碟作为一种不良的性刺激常常是导致一些青少年性犯罪或性罪错的诱因。

（3）同龄群体的性氛围。同龄群体由于年龄和发育阶段的同步和相仿，性问题、性关系成为他们共同关注的重要问题，从而形成了小群体内部特有的性道德价值取向和舆论氛围。群体中的性观念和性规范并非代表每个人的意愿，但是个人对群体从心理上的依附和从属、从感情上的亲密和稳定，常常使他们服从小群体的性道德舆论，认同其道德价值。长此以往，小群体的性道德价值标准就内化为每个成员的内在的性道德观。同龄小群体中的性道德舆论是一种强化和放大了的舆论，对其成员性观念的影响力和控制力常常超过家庭、学校和社会。因此，从不良小群体中获得的性道德观念，教育改造起来是非常困难的；反过来，如果从小群体入手来矫正不良的性观念和性行为则会起到事半功倍的作用。

三、大学生常见的性心理问题

在我国传统文化中，性历来是一个讳莫如深的话题，人们谈性色变，但是，随着改革开放的深入，人们的生活方式和思想观念改变，性问题逐渐凸现。在这种情况下，我国部分心理学家开始对性心理进行研究。这是一种文明的进步。

（一）大学生性意识困扰

在大学期间，性意识活动常见的有被异性吸引、常想到性问题、出现性幻想及性梦等。

1. 性幻想

性幻想通常表现为在某种特定因素诱导下，"自编""自导""自演"与异性交往内容的有关联想。性幻想可导致生理上的兴奋、性器官的充血，也可偶尔出现性高潮。性幻想是性冲动的发泄形式之一，属于正常的心理、生理现象。

2. 性饥渴

性饥渴就是对性有着强烈的渴望和要求，并希望得到满足。大学生正处于求学阶段，学校的纪律和环境决定了这种要求难以得到正常满足，因此，很多大学生产生性压抑感，并为此痛苦和烦恼。

3. 性梦

性梦通常是指进入青春期以后在梦中出现与性内容有关的梦境。一般认为，性梦与性激素达到一定水平和睡眠中性器官受到内外刺激及潜意识的性本能活动有关。性梦可以伴有男性遗精、女性性兴奋等，均属正常反应。

4. 性好奇

性好奇通常是指在遇到有吸引力的异性时，想到对方或与自身有关的性的意念、裸体表象、性感部位及体验到自身性冲动等；或在读到与性有关的书刊时，产生对性的臆想，对自身生理性反应的感受，联想到对自己有吸引力的异性；等等。

人的性意识活动是从性启蒙开始的，其意识内容渐趋丰富，活动频度增加，并在青年期达到高峰。有研究表明，性意识作为一种困扰，引起66.66%的男生和71.7%的女生出现不同程度的心理冲突，表现为焦虑、烦躁、厌恶及内心不安、恐惧、自责等。少部分困扰严重的同学出现失眠，注意力不集中，情绪抑郁，不愿与同学（尤其是异性）交往，并常陷入焦虑、矛盾、困惑和苦闷之中，从而影响其学习、生活等，甚至会干扰自身的正常发展。

有性意识困扰的大学生应多学习性生理、性心理的有关知识，了解青春期性意识发展规律，树立科学与健康的性意识观念。这样有利于消除对性意识观念的罪恶感、自卑感和种种自我否定的评价，增强自信心。

（二）大学生性行为的心理困扰

与性内容直接关联的行为称为性行为，由性行为引起的对当事人心理上造成的消极影响，但又未构成较重伤害体验的现象称为性行为的心理困扰。引起心理困扰的性行为主要有：

1. 边缘性性行为

边缘性性行为是指异性间拥抱、接吻和爱抚行为。对此，绝大多数大学生都能正确对待，不会由此带来很重的心理负担，但是也有少数大学生，尤其是女大学生，在发生边缘性性行为以后，产生心理负担，有的甚至出现心理疾病。出现这种情况的主要原因有以下几点：一是在没有心理准备的情况下发生此类行为，产生自责和罪恶感；二是在两性之间感情尚未深入发展到一定程度时发生，感到勉强、不真实，有耻辱感和自身不洁感；三是对恋爱阶段就发生这类行为感到不够高尚、低级、下流、单调；四是对恋爱的成功和彼此关系能否持久产生疑虑，有后悔心理。

应该说，热恋中的大学生，发生接吻、拥抱和爱抚行为是正常的，也是难以避免的，只要注意场合和分寸，就不必为此感到羞愧、自责、甚至苦恼，更不要把这种行为同流氓行为混为一谈。但是在恋爱中要注意把握分寸，不能逢场作戏、过于轻率，否则就会给自己带来心理负担。

2. 自慰行为

自慰是指用手或替代物等刺激、摩擦性器官以引起性快感的行为。在大学生中自慰行为的总发生率相当高，有少部分学生在幼年期就出现了自慰行为。有些大学生因为自慰行为而陷入苦恼、矛盾之中。一方面是自慰快感的诱惑，另一方面则是自慰后的恐惧、内疚、罪恶感和自责。

自慰本身是无害的，它是人类正常的生理行为。马斯特斯夫妇的实验研究证实，自慰与性交所引起的生理反应并无区别，自慰并不会导致早泄、阳痿、神经衰弱等病症。真正造成危害的是对自慰的错误认识。对于自慰行为,大学生应该有正确的认识。

随着性生理的发育成熟,青春期必然会产生性冲动和性要求。这段时间的性能量是一生中最高的,处于性憧憬和性饥饿状态。而一般要等七八年甚至更长的时间才能合法地通过婚姻满足性要求。彻底戒除自慰是不现实的,对待自慰应顺其自然,适当克制,切不可以过度依赖自慰来排解坏心情,更不可过于沉湎于自慰。

(三) 大学生的其他性困扰

1. 异性交往不适及性骚扰引起的困扰

青春期的男女产生与异性交往的兴趣,这是人必然经历的生理、心理阶段。大学生渴望与异性交往,但是由于缺乏经验和方法,有些人在与异性交往过程中常常会有不适或紧张心理。

常见的性骚扰有故意擦撞异性身体的某个部位、故意贴近女性、故意谈性的问题、用色情语言进行挑逗或强行要求发生性行为等。比如女大学生有时在一些公共场所如公共汽车上,可能会遇到性骚扰,男同学有时也会遇到类似情况。由于缺乏自卫心理,面对性骚扰一些同学常常恐惧万分,不知所措,甚至认为自己不"干净",长时间受到这种心理的困扰。

2. 童年性行为、性伤害引起的困扰

性游戏是带有性意念、性内容和性色彩的游戏。由于好奇,儿童常常会在游戏中模仿电视、电影中的男女亲昵的动作,相互亲吻拥抱,互相看和触摸同性或异性的生殖器官。有的大学生回忆童年时有过性游戏而产生自责或自卑心理。性伤害是一类由性行为对受害者心理上造成伤害性体验的现象。这类行为可以是侵犯性、违法性的,也可以是非侵犯性的,但都对受害者带来了消极退缩、担惊受怕、自尊心受损等心理反应。很多时候这些后果具有长期性,使他们的学习、生活甚至身心健康受到严重影响。

3. 自身性征的困扰

(1) 对遗精的恐惧和月经的困扰。大学生对于性生理的困扰表现为男生的遗精和女性的月经带来的困扰。传统的观念认为遗精会伤元气,青少年常因此而担忧、焦虑;女性在月经期以及月经前几天常感到不适,因而有些女性认为月经是件倒霉的事,有些则过于担心经期的不舒服。实际上,遗精和月经都是个体青春期的正常生理现象,它们本身并不会影响身体健康。不能正确接受这些现象,产生不必要的焦虑、紧张或心理暗示等会不利于身心健康,甚至造成恶性循环。

(2) 对自己体征的困扰。男女两性在青春期自身形象会发生一系列的变化。男性希望自己体魄强壮、声音富有磁性,女性则希望自己容貌美丽、身材苗条。然而,在事与愿违时,他们往往为此烦恼、焦虑、甚至自卑,如有些男生因自己个子矮而

烦恼等。

四、大学生性心理问题产生的原因

（一）对科学的性知识了解欠缺

长期以来，我国性教育奉行一种"无师自通"原则，处于封闭、薄弱、滞后状态。许多学校的性教育成为"空白地带"，大学生获得性知识的主要途径是图书、杂志、影视作品或是通过朋友交谈。有些大学生由于受传统观念影响，认为性是羞涩、忌讳的，只能意会不可言传，认为谈论性是庸俗、下流的，把性视为"禁区"，所以对性知识了解不多，也很肤浅。

许多大学生喜欢涉猎书刊、影视、网络中有关性的描写。由于文学作品的渲染性、夸张性，特别是色情出版物的腐蚀性，有些人对性知识的了解出现"误区"。多数大学生往往只对性生理知识感兴趣，对性心理知识知之甚少，不了解性现象的心理机制，不掌握性心理的发展特点，不懂得进行自我心理调适，在性心理发展中存在许多"盲区"。所有这些，都使得一些大学生不能坦然地面对自身出现的性现象，不能有效地调控性冲动与性压抑，不能清醒地认识性行为失当的危害，带来了种种困惑和问题，这是引发性心理困惑的直接原因。

（二）社会性心理发展不成熟

大学生从中学校门走入大学校门，涉世不深，社会经验不足，对性的社会性需要缺乏深刻认识，对涉及性行为的婚姻、经济、法律、道德规范等缺乏深刻体验，而且在生活上尚未独立，没有自主的经济来源，没有能力负担起家庭的重任。

性生理与性心理发展的内在冲突，尤其是性生理发育同社会性心理发展不成熟所产生的矛盾冲突，使一些大学生在面对性需求或性压抑时烦躁不安，在交友与恋爱中情绪起伏波动，在性行为上缺乏道德规范。社会性心理发展不成熟，是一些大学生性心理困惑与问题的根本原因。

（三）性观念的矛盾与冲突

大学生性观念的形成，主要来自两种观念的影响：一是通过家庭教育受到我国传统性观念根深蒂固的影响，二是通过多种途径受到西方国家"性自由、性解放"思潮的冲击。在两种性观念的冲突中，有些大学生徘徊于矛盾中：坚持传统性观念，感到情感上太压抑；推崇开放性观念，担心有违道德习俗，存在迷惘、困惑的矛盾心理。有的受多元化价值观念影响，在两种观念的矛盾中开始分化，性观念发生渐变，呈现多元化倾向，其中不乏带有不健康、不成熟的成分。缺乏科学、健康、稳定的性观念，容易导致性心理上的困扰和性行为"盲动"。例如，在婚前性行为上，有的不能将性爱建立在稳定的爱情基础上，或是为了追求自己爱慕的异性，或是出于对异性的好奇与神秘，或是为了解除自己的孤独与苦闷，结果使自己陷入了困扰之中。性观念的矛盾与冲突,是导致性心理困惑的主要原因。

(四) 受到色情文化不良影响

社会文化熏陶对青少年的心理发展有着重要影响。随着我国社会的转型,色情文化大肆泛滥,社会上屡禁不止的淫秽书刊、淫秽录像、黄色网页、色情场所等,对一些青少年产生了强烈的诱惑和刺激。有些大学生在色情文化面前,缺乏抵制能力和鉴别能力,偷看淫秽录像,迷恋黄色网站,出入色情场所,喜欢追求性感刺激,并试图尝试和模仿。这就容易在色情引诱下出现性行为失当,给身心带来种种伤害。不能自觉抵制社会上不健康思想文化的影响,对色情文化丧失鉴别力,也是一些大学生性心理困惑与问题的重要原因。

五、性心理健康的标准及维护

(一) 性心理健康的标准

世界卫生组织对性心理健康所下的定义是:通过丰富和完善的人格、人际交往和爱情方式,达到性行为在肉体、感情、理智和社会诸方面的圆满和协调。美国心理学家达拉斯·罗杰斯认为:"性教养"良好的人必须符合以下标准:具有良好的性知识,对于性没有由于恐惧和无知所造成的不当态度,性行为是符合人道的;在性的方面能做到自我实现;能负责地做出有关性方面的决定,能较好地获得性方面的信息交流;性行为受社会道德和法律的制约。可见,性心理健康的标准,应符合以下几点:

1. 有正常的性需要和性欲望

任何一个成熟的个体,都应该有正常的性需要和性欲望。性需要和性欲望是能够获得性爱和性生活的前提条件。一个人如果没有性欲望,就不会有性爱及和谐的性生活,性心理就无从谈起。但性需要和性欲望并非都是正常的,有的人的性需要和性欲望很强烈,但很古怪,如恋物癖、同性恋等。正常的性需要和性欲望的标志是性需要和性欲望的对象是指向成熟的异性而不是同性或以物品为替代物。

2. 能够正确认识自我,愉快地接纳自己的性别

一个性心理健康的人:能够正视自己性心理的发育、性心理的变化,会自觉地融入社会这个大背景下认识自我,能客观地评价自己和他人,并乐于承担相应的性别角色;不仇视自己的性别,能以坦然的心理接受自己,能理解性别是父母给的,不企求改变它,而注重在社会化的过程中优化自己的性别心理。

3. 性心理特点和性行为符合相应的性心理发展年龄特征

人在不同年龄发展阶段,其心理特点与行为特征是不同的。但是,一个正常发展的人,他的心理特点与行为特征必定符合他的年龄发展阶段。在性成熟过程中,性心理特点和性行为以及性心理发展的年龄特征要求是相符合的。如果一个人的性

行为与其性心理发展不协调,或严重偏离同龄人的特征,那么,他的性心理就不健康。

4. 能和异性保持和谐的人际关系

随着性生理与性心理的发育和成熟,个体自然而正常的性要求就是与异性交往,并能保持良好的关系。性心理健康的个体,能够在日常学习、生活中,与异性进行自然的符合社会规范要求的交往。在彼此的交往过程中,保持独立而完整的人格,有自知之明,做到互相尊重,互相信任,得体大方。

5. 性行为符合社会道德规范

性心理健康的人具有一定的性知识和性道德修养,能自觉地去分辨性文化中的糟粕与精华、淫秽与纯洁、庸俗与高雅、谬误与真理,自觉抵制腐朽没落性文化的侵蚀,并以自己文明的性行为、性形象去增进社会风尚的文明。

(二) 性健康的维护

1. 科学地掌握性知识

维护性健康必须自觉地掌握科学的性知识。大学生一般缺乏规范的性健康教育,因此,首先,应该选择阅读一些正规出版发行的性生理和性心理方面的科普书籍或一些性社会学、性伦理学、性法律学等专门论著,使自己构建合理的性知识结构。其次,应该请教已具备了性知识、性经验的父母、性教育工作者或相关医生。这样,有助于帮助自己消除误解,解除心理负担,进而避免自卑、自责的不良情绪。在学习过程中,一些大学生受传统观念影响,有了性的困惑不愿意向家人、老师、医生求助或探讨,而是在地摊、网上寻找有关性知识的内容,这些内容往往是"黄色"的、淫秽的、不科学的、富有煽动性的。这样,不仅不能帮助大学生掌握健康的性知识,还会给大学生性心理和性行为的形成带来畸形冲击。另外,大学生在学习、交流过程中应坚持马克思主义的分析方法,批判地对待西方的性文化,冷静分析各种性观念和性思潮,避免盲目追随给自己造成不健康的性心理障碍。

2. 积极进行自我调节

维护大学生的性健康,不仅要具备健康的性知识,而且还要进行积极的自我调节。

(1) 正确认识,端正思想。正确对待性冲动,接受性冲动的自然性和合理性;学习性生理、性心理的有关知识,了解青春期性意识发展规律;树立科学与健康的性意识观念;提高感官刺激阈限,培养挫折耐受力。青年期是性欲望、性冲动、性兴趣频繁出现的时期,应努力培养自己的性抑制力,以便适应复杂多变的文化环境和生活环境。既要遵从人的自然本性,又要符合道德规范,还必须加强法制观念,防止自己在两性吸引和性欲冲动中,以及在偶然诱因影响下的冲动或越轨行为。性是每个人的事情,谁都不能回避,但性又不只是每个人的事情,若处理不好,便会给个人、他人和社会带来严重的破坏性的影响。

（2）积极引导，良好适应。通过学习、工作或文体活动等多种途径使生理能量得到释放、补偿、升华以及有效的转移。要大方而潇洒地与异性交往，男女交往有利于性压抑的缓解，有助于培养大学生健康的情感，从而调节深层的本能，使之趋于高尚。但是，在与异性交往中，要注意摆脱低级趣味，不要限于身体的吸引，尤其是不要与庸俗的异性接触，避开一些人在物质、精神、肉体等各方面的诱惑。正确处理学习与爱情的关系，顺其自然地处理两性关系，不必刻意追求。如果为了满足自我的需要而刻意去追求，甚至不顾一切地恋爱至上，则是不可取的。

（3）关注问题，及时处理。性心理困扰是青少年学生常见的问题。通常，性心理困扰的直接后果是自卑、自责和自我否定的倾向。它不仅影响学生的情绪，也会影响学生的人际交往和学习效率。所以一旦发现自己存在性心理问题，就应及时处理。例如，阅读有关书籍，修正自己错误的认识；找好友交谈，帮助自我认识。许多大学生的性心理困扰是源于对自己性身份、性幻想、性欲望、性冲动的害怕。因此，最好找知心朋友交流，一方面宣泄自己的不良情绪，另一方面获得一些如何应对青春期烦恼的信息和经验，有助于自我调节。必要时还可找心理专家咨询，消除心理困扰。对一些较严重的心理问题，比如失恋后的自贬心理、性心理变态等，向心理专家咨询更具实效性。

3. 慎施婚前性行为

（1）与恋人是否发生性关系要特别慎重。有学者曾对大学生初次发生性关系的原因进行了调查，发现原因很复杂，有好奇心、对方吸引、心理上的满足、酒精作用、孤独、为维持恋爱关系等原因。其中，男生出于爱与女友发生性关系的仅仅占25%，女生则占44%。想想看，如果好奇心满足了，孤独感不再有了，结果会怎样？

（2）了解婚前性关系的不良影响。其主要有：

第一，影响爱情的健康发展。先恋爱后结婚，是因为双方需要经过恋爱这个"缓冲带"来相互认识了解，发展感情，慎重择偶，再行结婚。如果过早地发生婚前性交，就会造成无序发展，当两性关系只关注在肉体上逐步缩短彼此的距离时，两人在个性、适应、价值观等更重要层面的沟通就会松弛下来，阻碍恋人间的思想交流和感情发展，从而影响爱情的稳定性和完善性。其实人与人之间最需要的是心灵世界的互动，而不仅是感官的刺激。

第二，影响身体健康。由于目前中国在校大学生基本上是一个未婚群体，大学生的性交行为在性质上是不合适的，因此只能是偷偷摸摸。这对身体造成的影响：一是不洁，容易引起疾病；二是匆忙中不能安全避孕，容易造成怀孕；三是怀孕后，偷偷地去做人工流产，时有并发症发生；四是流产后不敢正常休息和调养，容易遗留种种慢性炎症。所以，婚前性交往往对女性身体健康造成特别大的危害。

第三，影响心理健康。从中华民族的传统道德和法律上来看，性交只是法定夫妻的权利，绝不是任何男女之间都能发生的。因此，婚前性交不受法律保护。正因为这样，婚前性交往往使当事人产生罪恶感，以及因担惊受怕而产生压力感。

第四，影响性健康。婚前性交通常伴随着恐惧心理，害怕被人发现，因而被迫采取"速战速决"的战术。这种做法对男女双方都不利。此外，在进行婚前性交时，当事人往往来不及对时间和地点加以选择，因而很容易出现意外。比如，有人乘同宿舍人周末回家时偷偷在宿舍内发生性行为，同宿舍人突然回来，受到意外惊吓，从此变成阳痿患者。临床资料表明，一些妇女的性心理障碍，如性冷漠、性高潮缺乏等，如果追根溯源的话，大多是对性生活产生了不洁感、犯罪感、厌恶感等所致。

因此，为了获得幸福美满的婚姻生活，必须对婚前性行为的不良后果有足够的认识，增强自律。

（3）要学会拒绝。大学生尤其是女生应当懂得在生活中坚守必要的原则，你没有义务去满足他人的所有要求，尤其不能满足他人那种不合法、不讲理的私欲。千万不要将"性"误解为"爱"，或将"爱"缩减为"性"。

（4）为选择负责。尽管知道婚前性行为有诸多不良后果，但总有一些人会由于种种原因偷吃禁果。一旦出现这种情况，老师的建议是：为自己的选择负责。

4. 拒绝黄色诱惑，预防性病和艾滋病

（1）拒绝黄色诱惑。人们常把淫秽书刊、淫秽录像对青少年的腐蚀和毒害比喻成"精神毒品"和"杀人不见血的软刀子"。在淫秽书刊、淫秽录像面前，不仅天真无邪的青少年，就是有知识、有文化的大学生，甚至是成年人也难以抵御。有关专家认为，淫秽物品之所以导致人的堕落或犯罪，是由于它能够摧毁人的心理防卫机制。这种防卫机制主要由社会的思想道德观念、法制观念构成。由于它是建立在性禁锢基础之上的，所以在各种黄色诱惑下，就显得异常脆弱，极易被摧毁。几乎所有的淫秽出版物，都是在直接或间接地宣扬性自由、性开放的主张，并通过活生生的形象表现这种开放的毫无节制的自由放纵。淫秽物品极大地满足和刺激了人的性欲，诱惑人忘记一切社会规范，为了满足性欲，变得疯狂与不择手段。因此，正在成长中的大学生应自觉地抵制黄色出版物的侵蚀，保持健康的性心理。

（2）预防性病和艾滋病。性病与艾滋病都属于世界范围的性传播疾病，流传甚广，对人类的健康构成了巨大的威胁。

① 性病。就是通过性行为，包括生殖器的性行为或类似行为接触而发生的传播疾病，统称为性传播疾病。常见的性病有梅毒、淋病、软下疳、性病性淋巴肉芽肿、非淋菌性尿道炎、尖锐性湿疣、生殖器疱疹和滴虫病等。据世界卫生组织（WHO）报道，性传播疾病传染的速度非常快，估计世界上每秒钟就有4人会感染上性病病毒，易感人群是20～24岁的青年。性传播疾病已成为世界性的公害。

② 艾滋病。艾滋病全称为获得性免疫缺陷综合征（AIDS）。这种病是由一种名为"人类免疫缺陷病毒"导致的性传播疾病。这种病主要损害人体免疫系统，破坏

人体的抵抗力。艾滋病在1981年美国首次报道，1982年由美国疾病控制中心正式命名。1985年我国发现第一例艾滋病人，艾滋病病毒感染率一直持续在较低水平。但随着全球艾滋病流行重心逐渐向亚洲转移，在我国的蔓延趋势也十分严峻。艾滋病的传播途径一般是性接触传染、血液和器械传播、母婴直接传染、身上的皮肤或黏膜的破损伤口接触传染等。

性病、艾滋病不仅仅是一种生理上的疾病，还是一种社会性的疾病。它和人们的道德自律，性生活的检点以及吸毒、卖淫、嫖娼等社会性的丑恶行为密切相关。正在成长发展中的大学生应该加强道德自律，洁身自爱，杜绝吸毒、性错乱等社会的丑恶行为。这样才能远离性病和艾滋病，保持身心的健康，也为将来的幸福生活奠定美好的基础。

第二节 大学生的恋爱心理

一、爱情的概述

（一）爱情的含义和类型

1. 爱情的含义

所谓爱情，是指一对男女基于一定的物质基础和共同的人生理想，在各自内心形成的对对方的最真挚的倾慕，并渴望对方成为自己终身伴侣的最强烈、最稳定、最专一的感情。

对于爱情定义的表述，尽管各有差异，但基本内容是一致的，主要涉及生物因素、精神因素和社会因素三个方面。生物因素是指爱情产生于男女两性之间，异性相吸的生物本能使人产生性欲望，从而具有与异性结合的强烈愿望；精神因素主要是指爱情是一种高尚的情操，健康的爱情会愉悦身心，使人产生美好的心理体验；社会因素是指爱情的社会现象，一方面受社会道德、舆论、社会传统文化和法律规范的制约，另一方面还将涉及养儿育女、传宗接代的社会功能。

2. 爱情的类型

加拿大社会学家约翰·李的研究发现，现代青年男女的爱情关系，不外乎以下六种类型：

（1）浪漫式爱情。将爱情理想化，强调形体美，追求肉体与精神融合的境界。

（2）游戏式爱情。视爱情如游戏，只求个人需要的满足，对其所爱者不肯负道义责任，将恋爱对象的更换视为轻易之事。

（3）占有式爱情。对所爱之对象，赋予极其强烈的感情，并希望对方以同样的方式回应，对其所爱者，极具占有欲，若对方稍有怠慢或忽视，即心存猜疑、妒忌。

（4）伴侣式爱情。在缓慢中由友情逐渐演变成的爱情，温存多于热情，信任多于嫉妒，是一种平淡而深厚的爱情。

（5）奉献式爱情。信奉爱情是付出不是索取的原则，甘愿为其所爱者牺牲一切，不求回报。

（6）现实式爱情。将爱情视为彼此现实需求的满足，不作理想的追求，"男子娶妻，煮饭洗衣，女子嫁汉，穿衣吃饭"，正是这种爱情的典型写照。

（二）爱情的自然属性和社会属性

1. 爱情的自然属性

在远古时代，人们对性的要求坦率、单纯而自然，甚至出现过生殖器崇拜，把它看成永世长存的神赐，古代人在膜拜时并不面红耳赤。人的精神活动取决于他的器官的生理机能，两方面的健康是紧紧相连的。女性对男性及男性对女性的欲求本身不是内在本能的简单、初级的生命冲动。因为人的心理现象是一种复杂、细腻的而又自相矛盾的东西，它具有相对、内在的自我评价的性质。但是，性欲是一种强大的力量，如果失去控制，它就可能变成灾难；与此同时，不能把爱情的性欲基础绝对化，爱情中性的吸引力和精神的吸引力之间的关系有其内在的辩证法，爱情中的精神成分具有相对独立性。因此，爱情是基于生物学基础，但人类在爱情中的精神基础占有绝对优势。

2. 爱情的社会属性

人类的爱情之所以被讴歌，而且成为人类永恒的情结，是因为爱情的社会性。作为万物之灵的人类，爱情的社会性的内涵非常丰富，主要表现在以下七个方面：

（1）爱情包含着理性而有目的的交往。动物身上只有条件反射，而人具有在劳动和社会关系中合乎规律地发展起来的意识，他能够根据一定的原则和准则来权衡并且调整自己的行为。这就使复杂的性关系具有高尚的精神。人类的爱情是有意识的，没有意识就没有爱情。这一点表现为预见、认识和按一定目的调整自己的行动，而且表现为富有幻想和殷切地渴望获得个人幸福。爱情从来既是令人激动的回忆，又是明确的期待。

（2）爱情是同一社会结构中人的道德意识，是与人的善恶观、对道德和不道德的认识联系在一起的。只有人才能把道德带进两性关系，一旦爱上一个人，就承担了尊重这种亲昵的友谊，并且把它看作最大的幸福而珍惜它的义务。当一个人体会到真正的爱情时，就会表现出自我牺牲精神与巨大的道德力量。

（3）爱情是由男女关系上的一种特殊的审美感而发展起来的，爱情创造了美，使人对美有了新的领悟。爱情创造的美丽带着永恒性，"情人眼里出西施"正是爱情特殊的审美趋向。在恋人眼中，对方身上所折射出的美丽是其他人无法理解也无法感受的，而这种美不仅表现在外表的吸引，更是心灵深处一种深沉的发自内心的一切对美的鉴赏力的持久的迷醉。

（4）爱情作为一种社会现象，爱情的力量包括生理的力量与精神的力量，使恋人走到一起。爱情引导一对男女去建立牢固的共同生活，去建立婚姻和家庭形式的关系。"参与爱情的只有两个人，要诞生新的生命。"爱情以生理力量为基础，但其精神力量才是爱情中永恒与不竭的动力源，特别是当热恋的激情退却时，真正的爱情在平实生活中靠的是爱情双方精神的力量来维系，使之在平凡的生活中依旧光彩照人。

（5）爱情的思想内容和社会—心理内容决定于社会发展的水平。男女之间的相互作用不仅是生物作用，而且是精神作用，志同道合曾经是革命年代崇高爱情的代名词。进入21世纪后，爱情价值观的多元化显然与社会文化的多元化紧密相关。如同"不在乎天长地久，只在乎曾经拥有"注重爱情的即时性而忽视其永恒性。

（6）爱情的社会成分自然也存在于选择性的欲求对象的过程中。选择和中意的标准不单是生物性的，而且是社会—心理的，在选择对象时，无论男女都不仅注意到由遗传决定的生物特点（眼睛、头发、体形、气质等），而且考虑其纯社会评价（社会地位、物质条件、教育程度、道德水准、志向等）。如果说爱情的最初的迷醉是从生物特点开始的话，那么持久的爱情靠的是社会评价。人类的爱情更多地依靠理性的选择，即在生物学基础之上更多的社会标准的审视。

（7）调节两性关系的手段是动物所不具备的羞耻感。与美感相对应的是，人类爱情的社会性有其特有的羞耻感，既表现在爱情表达方式与性行为的选择上，也表现在爱情受挫后引起的心理反应上。特别是单相思与失恋，羞耻感经常是爱情的伴生物。

（三）关于爱情的理论

1. 斯腾伯格的"爱情三角理论"

美国心理学家斯腾伯格提出了"爱情三角理论"，他认为爱情由三个基本成分组成：亲密、激情和承诺。激情是爱情中的性欲成分，是情绪上的着迷；亲密是指在爱情关系中能够引起的温暖体验；承诺是指维持关系的决定期许或担保。这三种成分构成了喜欢式爱情、迷恋式爱情、空洞式爱情、浪漫式爱情、伴侣式爱情、愚蠢式爱情、完美式爱情等七种类型。

亲密可以看作大部分而非全部地来自关系中的情感性投入，激情可以看作大部分而非全部地来自关系中的动机性卷入，承诺可以看作大部分而非全部地来自关系中的认识性（认知性）的决定与忠守。亲密是"温暖"的，激情是"热烈"的，而承诺是"冷静"的。

第一要素：亲密（Intimacy）

亲密，是两人之间感觉亲近、温馨的一种体验。简单来说，就是能够给人带来一种温暖的感觉体验。

亲密包含以下10个基本要素：

（1）渴望促进被爱者的幸福。爱方主动照顾被爱方并极力促进他/她的幸福。一方面可能以自己的幸福为代价去促进另一方的幸福，另一方面也期望对方在必要时同样会这样做。

（2）跟被爱者在一起时感到幸福。爱方喜欢跟自己的情侣在一起。

（3）当他们在一起做事情时，他们都感到十分愉快，并留下美好记忆。对这些美好时光的记忆能成为艰难时刻的慰藉和力量，而且，共同分享的美好时光会涌流到互爱关系中并使之更加美好。

（4）尊重对方。情人必须非常看重和尊重对方。尽管情人可能意识到对方的弱点，却不能因此而减少自己对对方的整体尊重。在艰难时刻能够依靠对方；在患难时刻爱方仍感到对方跟自己站在一起；在危急时刻，爱方能够呼唤对方并能指望对方跟自己同舟共济。

（5）跟被爱方互相理解。情侣应互相理解，他们知道各自的优、缺点并对对方的感情和情绪心领神会，懂得以相应的方式互相做出反应。

（6）与被爱方分享自我和自己的占有物。爱方应乐意奉献自己、自己的时间以及自己的东西给被爱方。虽然不必所有的东西都成为共有财产，但双方在需要时应分享他们的财务，最重要的是分享他们的自我。

（7）从被爱方接受感情上的支持。爱方能从被爱方得到鼓舞和支持，感到精神焕发，特别是在身处逆境时尤其应该这样。有时你也许感到似乎一切都在跟你作对，但你意识到只有一件事不会出问题——你的配偶始终跟你站在一起。这时你就知道你们的关系具有这一因素。

（8）给被爱方以感情上的支持。在逆境下，爱方应与被爱方在精神上息息相通，并给予感情上的支持。

（9）跟被爱方亲切沟通。爱方能够跟被爱方进行深层次和坦诚的沟通，分享内心深处的感情。当你为自己所做的某件事感到困窘为难时，你仍能推心置腹地跟被爱方交谈，这时你所经历的就是这种沟通。

（10）珍重被爱方。爱方要充分感到对方在共同生活中的重要性。当你认识到你的配偶比你所有的物质财富都更为重要时，就知道你对被爱方具有这种珍重和珍爱。

第二要素：激情（Passion）

激情是一种"强烈地渴望跟对方结合的状态"。通俗地说，就是见了对方，会有一种怦然心动的感觉，和对方相处，有一种兴奋的体验。性的需要，是引起激情的主导形式，其他因素，如自尊、照顾、归属、支配、服从等也是唤醒激情体验的源泉。

第三要素：承诺（Commitment）

承诺由两个方面组成：短期的和长期的。

（1）短期方面就是要做出爱不爱一个人的决定。

（2）长期方面则是做出维护这一爱情关系的承诺，包括对爱情的忠诚、责任心。也就是结婚誓词里说到的"我愿意！"这是一种患难与共、至死不渝的承诺。

两者不一定同时具备。比如，决定爱一个人，但是不一定愿意承担责任，或者给出承诺；又或者决定一辈子只爱他/她，但不一定会说出口。

根据这个理论，爱情可以分成8种类型：

（1）无爱（Nonlove）：三个因素都不具备。很多包办婚姻属于这种类型。

（2）喜爱（Liking）：只有亲密关系。在一起感觉很舒服，但是觉得缺少激情，也不一定愿意厮守终生。

（3）痴迷的爱（Infatuated love）：只有激情体验。认为对方有强烈的吸引力，除此之外，对对方了解不多，也没有想过将来。

（4）空洞的爱（Empty love）：只有承诺。

（5）浪漫的爱（Romantic love）：有亲密关系和激情体验，没有承诺。

（6）伴侣的爱（Companionate love）：有亲密关系和承诺，缺乏激情。

（7）愚昧的爱（Fatuous love）：有激情和承诺，没有亲密关系。

（8）完美的爱（Consummate love）：同时具备三要素。

2. 爱情态度理论

人格心理学有关爱情的理论与个人生命成长的发展相联系，但更重视人格所蕴含的稳定、不变的含义，也就是强调个人生命线的持久、稳定的方向。

爱情态度理论由罗宾提出，他认为爱情是对某一特定的他人所持有的一种态度。这种理论将爱情归为社会心理学的人际吸引，并能使用一般测量方法研究爱情。他假设爱情是可以被测量的独立概念，可视为一个人对特定他人的多面性态度。他从文艺著作、普通常识及人际吸引的文献资料中，寻找拟定叙述感情的题目，经过项目分析、信度、效度考验而建立爱情量表和喜欢量表，他发现爱情与喜欢有质的差别。而其爱情量表中包含三种成分：一是亲和与依赖需求，二是帮助对方的倾向，三是排他性与独占性。

3. 约翰·李的爱情彩虹图

约翰·李将男女之间的爱情分成六种形态：情欲之爱、游戏之爱、友谊之爱、依附之爱、现实之爱及利他之爱。

（1）情欲之爱建立在理想化的外在美，是罗曼蒂克、激情的爱情。其特点是一见钟情式，以貌取人，缺少心灵沟通，热烈而专一，靠激情维持。

（2）游戏之爱视爱情为一场让异性青睐的游戏，并不会将真实的情感投入，常更换对象，且重视的是过程而非结果，不承担爱的责任，寻求刺激与新鲜感。

（3）友谊之爱是指如青梅竹马般的感情，是一种细水长流型、稳定的爱。这种爱情以友谊为基础，在长久了解的基础上滋长着，能够协调一致解决分歧，是宁静、融洽、温馨和共同成长的爱情。

（4）依附之爱对于情感的需求非常大，依附、占有、妒忌、猜疑、狂热，在恋爱中情绪不稳定。这种爱控制对方情感的欲望强烈，将两人牢牢地捆在爱情这条绳索上。

（5）现实之爱则是会考虑对方的现实条件，以期让自己的酬赏增加且减少付出的成本的爱情。这类爱情理性高于情感，受市场调节的现实主义态度。

（6）利他之爱带有一种牺牲、奉献的态度，追求爱情且不求对方回报。这种自我牺牲型爱情是无怨无悔、纯洁高尚的。

4. 爱情依恋理论

爱情依恋理论将爱情与童年依恋联系研究。婴儿时期与人建立的依恋关系，会使个体形成一个持久且稳定的人格特质，这项特质在个体与异性建立亲密关系时自然流露出来。Hazan 和 Shaver 将成人的爱情关系视为一种依恋的过程，分以下三种类型：

（1）安全依恋。与伴侣的关系良好、稳定，能彼此信任、互相支持。绝大多数人的爱情属于安全依恋。

（2）逃避依恋。害怕且逃避与伴侣的亲密。法国电影《天使爱美丽》中的艾米丽就属于此类。

（3）焦虑/矛盾依恋。时常具有情绪不稳、极端反应的现象，善于嫉妒且希望跟伴侣的关系是互惠的。

Hazan 和 Shaver 在研究中发现，以上述爱情依附风格理论的概念为基础，发展出关于四种类型的爱情依附风格理论。他们从正向或负向的自我意象和正向或负向的他人意象两个不同的向度来分析，得到四种类型的爱情依附风格：

（1）安全依恋：由正向的自我意象和正向的他人意象所造成。

（2）焦虑依恋：由负向的自我意象和正向的他人意象所造成。

（3）排除依恋：由正向的自我意象和负向的他人意象所造成。

（4）逃避依恋：由负向的自我意象和负向的他人意象所造成。

5. 爱情阶段理论

Murstein 主要探讨亲密关系如何发展，注重爱情的阶段性。他提出的 SVR 理论认为，亲密关系的发展，依双方接触的次数多寡分为刺激、价值和角色三阶段。

（1）刺激阶段。通常双方的第一次接触即属于刺激阶段。在这个阶段中，双方彼此间互相吸引，主要建立在外在条件上，例如被对方的外貌或身材所吸引。

（2）价值阶段。一般而言，双方大约第二次至第七次的接触，便属于价值阶段。在这个阶段中，彼此感情上的依附，主要建立在彼此价值观和信念上的相似。

（3）角色阶段。通常双方大约第八次以后的接触，便开始属于角色阶段。在这个阶段中，彼此对双方的承诺，主要是建立在个体是否能成功地扮演好在此关系中对方对自己所要求的角色。

虽然 Murstein 认为亲密关系包含刺激、价值、角色三阶段，但在亲密关系的每个阶段中，这三种因素对关系都有影响，只是在每个阶段中，各有一个因素是最主要的影响因素。从整个关系的发展历程来看，刺激因素一开始占较高的比重，之后随着接触次数的增加而逐渐上升，但是所增加的幅度很小，最后会趋于一个平稳的水准；价值因素虽然一开始时的比重低，但关系发展至价值阶段的时候，这个因素的比重会迅速提高，不过在角色阶段时，其比重也会趋于平稳，且最后平稳的水准所占的比重，也比稳定后刺激因素所占的比重高；同样，角色因素一开始最低，到角色阶段则会超越其他两个因素，且随着关系的继续发展，其比重也会不断地往上提升。

6. 投资模式理论

Rusbult 的投资模式以社会交换论的观点来看亲密关系的发展。他认为，亲密关系中的双方，在此关系中互相有所得失，并以一种理性且公平的评估方式，衡量自己在关系中的付出与收获，再以此评估为基准，决定其对关系的应对方式。在这类理论中，Rusbult 的投资模式是其中较重要的一种。

Rusbult 认为男女亲密关系中的承诺，是由满意度、替代性及投资量等因素所共同决定的。根据投资模式的预测，当亲密关系中的个体，对关系有较高的满意度、知觉到较差的替代性品质以及投资了较多或较重要的资源时，便会对此亲密关系做出较强的承诺，也就是较不易离开此关系。简单来看，可用一个方程式加以说明：

$$满意度 - 替代性 + 投资量 = 承诺$$

（1）满意度。亲密关系中的个体，对于他在此关系中所得到的报酬及所付出的成本，会评估相互抵消后的实际结果。随着关系的长期发展，彼此的相互依赖性会提高，而开始将伴侣的结果和整个关系的结果也并入实际结果的计算，例如和伴侣一起分享他的成功或共同分担他的痛苦。此外，个体也会依据过去曾有的亲密关系及有关的经验（如与家人和朋友所讨论、比较的结果），形成一个自己目前关系所应得结果的预期水准。最后个体会将在关系中获得的实际结果与此预期水准相比较，而产生对此亲密关系的满意度；实际结果愈好，预期水准愈低，则满意度愈高。

（2）替代性。替代性是指对放弃此亲密关系的可能结果的好坏判断。可能结果包括发展另一段亲密关系、周旋在不同的约会对象间，或是选择保持没有任何亲密关系的单身状态，等等。个体考虑替代关系的因素既包括特定的喜欢对象，也包括不特定的对象，以及个体对自己能否离开此关系的能力的主观知觉和客观评估。此外，个体的内在倾向与价值观也会影响替代性的主观知觉。例如，当个体觉得有自信、有价值、有高自尊及有强烈的自主性需求时，通常会知觉自己有较佳的替代性品质，而较容易离开此亲密关系。

（3）投资量。投资是指个体在亲密关系中，所投入或形成的资源。投资与报酬或成本最大的不同有两点：一是投资通常不能独立地从关系中抽取出来，而报酬与成本可以；二是当关系结束时，投资无法回收，而会随着关系的结束一并消失。因此投资会增加结束关系的成本，使个体较不愿也不易放弃此关系。从另一个角度来看，则是增强了个体对此关系的承诺。个体投资在亲密关系中的资源可分为两类：一类是直接投入的资源，如时间的投入、情绪能量的释放、个人隐私与幻想的揭露及为对方所作的牺牲等；另一类是间接投入的资源，如双方彼此的朋友、两个人共同的回忆及此关系中所特有的活动或拥有物等。此外，在长期亲密关系中形成两人一体的认同感、长期相处下来所建立的默契与思想上的相似，以及彼此互补的一些记忆与信息等，也会随着关系结束而立即失去投资。个体所投资的资源层面愈广、重要性愈高、数量愈多，则表示其投资量愈大；当个体在此关系的投资量愈大时，对此关系的承诺也愈强。

（4）承诺。此模式中所指的承诺，是指会使个体设法维持这份关系及感觉依附在此关系中的倾向。因此，承诺的定义包含两个部分：行为的意向与情感的依附。当个体对一份亲密关系做出承诺后，他想维持并依附关系的倾向会促使个体做出种种有助于维持此关系的行为。例如，与他人作一些适应性的社会比较，并选择性地加以解释；对于对个体具有吸引力而易破坏现有关系的替代对象，尽量拒绝与其接触或相处的机会；采取有效的方式，处理有关嫉妒与第三者介入的问题；自愿为此关系作一些付出与牺牲；当对方做了某些糟糕或不合己意的事时，采取顺应而非报复的方式解决。

二、大学生的恋爱心理

（一）大学生恋爱的特点

1. 普遍性

北京性健康研究会新近完成的全国高校学生（包括本专科生和研究生）性健康

状况调查显示，大部分大学生已考虑谈恋爱或已在谈恋爱，"从未考虑"或"对学习期间谈恋爱反感"的学生所占比例较少。南京大学心理协会的一份关于"大学生恋爱问题"的调查数据也显示，在接受调查的学生当中有近99%的人在校期间有过谈恋爱的经历。

2. 低成功率

我们这里讲的大学生恋爱的"成功率"，是以最终结合即结婚为标准而言的。调查数据显示：希望毕业后结婚的仅占到0.3%，而在校期间因种种原因导致分手的比例竟高达81.7%。大学生特别是毕业生在面临毕业、就业等诸多方面压力时，一两个月间的分手率竟暴增至13.6%。这表明"大学恋情"的脆弱性，就像温室里的牡丹，被放到现实环境中就会不堪一击。

3. 低年级化

当前大学生的恋爱，呈现低年级化，人数呈上升趋势。一年级就开始谈恋爱的已不是个别现象，有的甚至一进大学就谈恋爱。一份在南京高校中进行的调查统计显示，从大学一年级到四年级，谈恋爱的学生在同年级学生总数中所占的比例分别是20%、40%、60%和80%。

4. 世俗化

大学生恋爱的世俗化有两种含义：一是大学生恋爱中的性冲动明显增多，二是恋爱的非责任化倾向明显。所谓非责任化，就是不少大学生对恋爱更多地抱有一种游戏的态度，而不是以十分严肃的态度对待恋爱。在这里，享乐主义和玩世不恭的人生观和价值观对当代大学生是有明显影响的。玩物丧志，玩人丧德，对待恋爱的游戏态度使得一部分大学生的人生追求趋于低俗，客观上也使那些对恋爱抱有严肃态度的人更容易受到情感的伤害。

(二) 大学生恋爱的心理特征

1. 恋爱心态健康，择偶标准个性当先

华东师范大学的一项调查表明，在现代大学生的择偶标准中，他们最看重的既不是经济能力，也不是社会地位，而是个性和能力，经济在他们心目中排名落后。大学生心目中的"白马王子"和"白雪公主"是什么样子？在他们的眼中，学历、外貌、金钱、能力哪一点最重要？针对"选择男/女朋友时条件地位"的调查结果显示：在外表、个性、学历、经济、能力等多项条件中，不论男生女生，绝大部分的人都认为"个性"是择偶的最重要因素，其次则是"能力""经济"和"学历"因素，尤其是"经济"排名最后。在个性要求中，女生对男生的性格要求，首选"专一"；而男生则最喜欢"温柔体贴"和"乐观"的女孩子。对南京大学生的调查也显示，"两情相悦"仍然是80%以上学生对爱情的选择。这表明金钱并非恋爱中的重要因素，大学生恋爱的心态基本是健康的。

2. 注意恋爱过程，轻视恋爱结果

现代大学生流传着一句顺口溜："不求天长地久，只求曾经拥有。"一些大学生把恋爱当作一种感情体验，满足精神享受，"爱恋只是为了获得经验"。这种观点或许在校园中还并非主导，但已开始被越来越多的学生提及。为获得经验而爱，这代价是不是过大了？是不是使纯洁的爱情变味儿了？"好聚好散"可以成为一段爱情的开场白，但分手时真的可以做到从容地说一声"谢谢你给予我的成长"吗？一些大学生之所以恋爱，是为了满足与异性交往的欲望，寻求刺激，填补精神上的空虚，把恋爱当作一种游离于婚姻之外的享受和消费；一些大学生则是为了充实课余生活，排除寂寞，填补空虚，把恋爱当作一种消遣文化；还有极少数的学生为了显示自己的魅力，同时和几位异性同学交往、周旋，搞多角恋爱，但和谁都不确定恋爱关系。

3. 恋爱行为失范，失恋承受力弱

大学生谈恋爱本来无可厚非，适当的亲近行为也并非不可，但现在有的大学生相识仅有几个月就进入热恋阶段，在校园里搂搂抱抱，甚至上课时也有亲昵行为；有的进展到一定阶段就会做出越轨的事，甚至认为结不结婚都无所谓，只要满足需要就行。即使摒弃道德方面的考虑，这些行为带来的社会问题也令人担忧：未婚先孕频频发生。大学生中"有情人"虽多，但"成眷属"者少。这样就产生了一支失恋大军。感情挫折后出现一个时期的心理阴暗期是正常的。失恋时，不少大学生对自己和对方能采取宽容的态度，尊重对方的选择。但仍有一部分学生摆脱不了"感情危机"：有的失去信心，立下誓言："横眉冷对秋波眼，俯首甘为光棍汉"，放弃对爱情的追求；有少数学生因失恋甚至自杀；等等。因失恋而失志、失德者，虽属少数，但影响却很大。

（三）大学生恋爱的影响因素

大学生恋爱的影响因素是多方面的，其中对大学生心理健康影响较大的因素主要有以下几个方面：

1. 生理因素

满足性冲动的生理因素是促使大学生投入恋爱活动的重要诱因。性意识的发展有一个萌生、疏远异性、向往异性到恋爱的过程。随着性意识的发展，性欲需求会日益强烈，性意识发展过程中弥散化的性冲动会逐渐投射到选定的特殊对象上。出于性冲动的驱使，青年开始脱离群体化的两性活动而单独约会，这就是恋爱。由此可见，生理需要对恋爱中的青年十分重要。

2. 心理因素

（1）向往年长者的"牛犊恋"的影响。性意识的发展要经过崇拜长者的"牛犊恋"阶段。此阶段的青年常常把某个异性长者当作终生恋人并理想化、偶像化，只

敢远远地看而不敢真正接近。此时的相思是一种纯粹精神的向往,性成分被压抑。在恋爱的开始,许多青年不是追求性欲的满足而是着重于精神上的向往。这本来是一个正常阶段,但如果长久陷于这个阶段,致力于用精神去压抑性冲动就不正常了。有些人在整个恋爱阶段坚持认为爱情是神圣纯洁的,从而不愿意承认自己对恋人的性要求,这是有害的。性冲动是生理现象,它不会随压抑而消除,只会在压抑中积蓄力量发动下一次冲锋。长久的压抑会造成剧烈的心理紧张、焦虑和抑郁。

(2)亲密关系的需要。处于青年前期的青年不再像儿童时那样满足于血缘带来的亲近,而是有意识地结交一些个人密友。处于此阶段的青年正处在青春期发展迅速的关口,有许多烦恼不能也不愿向长辈倾诉。于是大多数人发现,如果没有一个可以相互吐露心声的亲密知己,日子将会难过。到了青年中、晚期,亲密关系需要进一步发展,此时的朋友已不仅仅是倾诉对象。人格的交流,背景的融会,对青年的交友影响都很大。进入大学校园,对大多数人意味着脱离以前的群体进入新环境,必须重新建立各种关系。不过,由亲密关系需要导致情爱可能会出现一种危险:即把亲密关系需求与爱情混为一谈。青年(尤其是刚进校门的大学新生)对亲密关系的需要很强烈。当他极其缺乏亲密关系时,某个异性与他交往便满足了他的愿望。这时的青年不一定能分清亲密关系与爱情的区别。友谊一类的亲密关系表现为亲近、信任和互惠,爱情亦如是。混淆爱与友情之间的差异是造成单相思的重要原因之一。除了父母之外,青年人恐怕不会承认有比恋人更亲密的人,而且恋人间的亲密在某些方面是父母子女间关系所比不上的。因此,对亲密关系的追求把孤独的青年引向恋爱是极其自然的事。心理学家沙利文指出,亲密关系和性冲动最终结合成人类的情爱。

(3)归属和服从的需要。归属和服从的需要是作为社会存在物的人之最重要的需要之一。人从属于社会,总要归属于某个群体,得到他人的承认。即使完全脱离社会,一段时间内不能与社会交流的人也会在自我认识中保持某种归属感。如鲁滨孙的十年荒岛生涯就是在把自己看作拓荒的白人社会中的一位英雄而度过的。他甚至在那儿建立起模拟白人社会的小天地。马斯洛把归属感和爱摆在一起,认为它是在人的安全需要之后的精神层面的高一层次需要。由此可知其重要性所在。

归属需要促使青年向群体认同。群体活动增加了男女青年的交往机会,对群体的共同归属(尤其是一些很小的群体)又增加了两人之间的人际吸引力,进一步的发展便可能导致爱情的产生。在恋爱中,恋人能感觉到自己属于另一个人和被另一个人爱护、关心的滋味。两人共同分享所有的东西:财产、感情、秘密。恋爱能直接满足归属和服从的需要。

有时候,对群体的归属需要也会对恋爱产生破坏作用。因为归属需要要求青年得到群体的认同,仅仅在恋爱的二人世界里是不能满足的,于是恋爱中的青年男女还需要投入到各种群体活动之中。但恋爱具有排他性,恋人要求对方只属于自己。

如果双方归属的群体不一样（这在男女之间很容易出现，两人的爱好不可能完全一致），就可能会产生矛盾，引起一方的不满而危害两人关系。

3. 社会文化因素的影响

（1）文学作品的影响。文学作品经常渲染爱情的纯洁、神圣，加强了青年把爱情理想化的倾向。许多人投入恋爱的目的是为了尝试一下早已向往的被诗歌、小说吟诵的甜蜜爱情。他们从诗歌、小说中悟出，纯粹的精神追求比低级的肉欲重要百倍，于是追求高尚的精神，贬低肮脏的肉欲。

（2）社会道德规范、教育方式的作用。禁欲主义性教育的一个重要特点是提供精神力量，压抑肉欲。例如宗教提供的是原罪和上帝，哲学则提供理性，成人社会又总是向青年灌输性有罪的观念。这些都不可避免地会影响到青年的恋爱。

如何处理好恋爱与其他事务的关系是大多数恋人的艰巨任务，处理不当会造成严重的心理紧张和压力。此时求助于长辈和心理咨询医生的帮助是很有必要、很有益处的。

三、大学生恋爱中常见的心理问题及调适

爱情虽然甜蜜，但也会带来复杂、独特而微妙的情感体验，成为最容易产生心理困扰的领域之一。

（一）选择的困惑与调适

选择的困惑是大学生恋爱中最常见的问题之一。其中较常见的有下列几种情形：

（1）不知道应不应该谈恋爱。这部分大学生应首先树立对爱情的正确态度。如果自己还不知道该不该谈恋爱，那说明在你的心里还没有自己喜欢的异性，只是因为看到许多同学都在谈恋爱，才产生了自己是否谈恋爱的想法。什么是真正的爱情，在此刻应有明确的态度。当真正的爱情还没有来到的情况下，不要盲目去寻找爱情。寻找的爱情并不一定是真正的爱情。

（2）自己爱上了别人，但不知道对方是否也爱自己，想表白心迹，又怕遭到拒绝，左右为难。对于这样的困境，首先要学会正确认识对方对自己的情感。如果经过观察甚至巧妙的考验，发现对方根本就对自己没有那个"意思"，就没有必要向对方表白自己的心迹，因为你的表白不但得不到回报，而且会使对方为难；如果两人是同班同学，还会影响两个人之间的关系。如果经过观察，发现对方也对自己有一定的感情，就可以大胆地向对方表白自己的心迹。

（3）不知道如何拒绝对方的求爱。面对他人的求爱，当你不准备接受时，一般应当在不伤害对方自尊心的情况下委婉地拒绝；如果对方进一步追求，而你无论如何也不可能接受对方的爱情，那就应该明确地拒绝。另外，大学生也应注意，不要为了害怕伤害对方的自尊心，或者是为了自己的虚荣心，在自己没有产生爱情的情

况下，盲目接受对方的爱，因为这不但会伤害对方，而且对自己也是一种伤害。

（4）在恋爱的过程中发现对方不适合自己，而对方还依然爱自己，不知道如何提出分手才不会伤害对方的自尊心。在这种情况下，要明确爱情是不能强求的，如果一方发现对方不适合自己而准备结束恋爱关系，也无可厚非。当然，最好是让对方有一定的思想准备，比如，用一些暗示性的语言表明两人不合适。在对方有思想准备的情况下，再提出分手，对方可能好接受一些，感觉到的伤害也会少一些。

（5）能做恋人的异性朋友难寻。这种恋爱心理困境的原因主要在于对友情和恋情的认识还很肤浅，并缺乏对社会中人际关系的科学认识。正确的做法是：认真审视、调整自己的择偶标准，在寻求爱情的过程中，既要有主观上的用心，又要顺其自然，不可苛求。

（二）单相思的苦恼及其调适

单相思是指异性关系中的一方倾心于另一方，却得不到对方回报的单方面的"爱情"。爱情错觉是单相思的另一种形式，是指在异性间的接触往来关系中，一方错误地认为对方对自己"有意"，或者把双方正常的交往和友谊误认为是爱情的来临。它常会使当事人想入非非，自作多情。单相思是恋爱心理的一种认知和情感的失误。单相思使某些学生陷入痛苦的境地，处于空虚、烦恼、甚至绝望之中。如果处理不好，对以后的恋爱、婚姻生活都有消极的影响。

1. 形成单相思的原因

（1）爱幻想。这是造成单相思的主观因素。如果在现实生活中难以适应正常的恋爱生活，爱幻想者往往依据丰富的想象力，在幻想中得到异性爱的一切满足。

（2）信念误区。单相思者往往以为爱仅仅是投入，不要承诺，不要回报，不顾一切的精神恋爱才是世界上最伟大的恋爱。

（3）认知偏差。有的单相思者是由于自己的认知偏差造成的，不能正确地对待被拒绝的事实，仅仅为了自己的自尊心（其实是虚荣心），就强迫自己追求到底。

2. 单相思的调适方法主要是认知领悟和心理分析

在具体的心理调适过程中，应根据不同的情况采用不同的方法。

（1）如果是自己有意而对方并不知情，并且觉得对方很大的可能也爱自己，就可以大胆地向对方表白自己的感情。当然，也应作好对方不接受自己的感情的心理准备。

（2）如果觉得对方根本就没有可能爱自己，就没有必要表白自己的感情，因为这种表白既可能给对方造成心理压力，也会使两个人的关系显得不自然。有些情况下，适当压抑一下自己的感情还是必要的。

持久的单相思会给个人的生活带来很大的负面影响,应当学会尽快地从单相思中解脱出来。

(三) 失恋的痛苦及其调适

失恋是指恋爱过程的中断。失恋带来的悲伤、痛苦、绝望、忧郁、焦虑、虚无等情绪使当事人受到伤害。失恋所引发的消极情绪若不及时化解,会导致身心疾病。失恋者可以尝试运用以下方法进行自我调适。

1. 适当运用酸葡萄心理效应

当一个人失恋之后,如果总是回想过去恋人的种种优点,就会越发怀念过去的恋人,同时也就越发否定自己,觉得自己一无是处。结果形成恶性循环,使情绪越来越消沉,心理越来越压抑。当一个人失恋之后,如果难以从失恋的阴影中摆脱出来,不妨尝试运用酸葡萄心理机制。所谓酸葡萄心理机制,就是对自己无法得到的东西降低好感和对自己的重要性,吃不到葡萄就说葡萄是酸的。也就是说,当一个人失恋之后,可以尽量多想想过去恋人的缺点,少想或不想过去恋人的优点,心理就容易平衡。

当然,一个人对酸葡萄心理机制的运用必须适当。酸葡萄心理机制毕竟是一种心理防御机制,若过分运用酸葡萄心理,就容易形成一种不符合实际的观念。久而久之,容易导致一些非理性思维方式,不利于自己的心理健康。如果一个人具有足够的心理强度,即使在失恋的时候,也能够客观地分析对方的优点和缺点,并且能够通过在不贬低对方的优点的情况下调控自己的消极情绪,这才是心理的强者。

2. 学会积极的自我暗示

当一个人失恋之后,如果总是责备自己,觉得自己不好才导致分手,就只会使自己越来越压抑。这时应学会积极的自我暗示,例如,"幸亏他现在提出分手,如果他结婚后才提出分手,岂不更糟";"他不爱我,并不说明我不可爱,只是说明两人的性格和观念不合";"天涯何处无芳草";等等。

3. 转移注意力

失恋后如果总是想着失恋这个沉重的打击,那就很难尽快地从失恋的阴影中走出来。这时,就应设法把自己的注意力从失恋这件事情转移到自己比较感兴趣、能够分散自己注意力的事情上去。例如,听听音乐、看看电影、跳跳舞、打打球等,以冲淡内心因失恋而造成的挫折感和压抑感。

4. 升华法

古今中外,有不少著名的历史人物恰恰是因为受到失恋的打击后而发愤追求事业,从而流芳百世、名垂青史的。大文豪歌德如果不是失恋,也许就写不出《少年维特之烦恼》。因此,把因失恋而产生的挫折感、压抑感升华为奋斗的动力是十分有益的。一旦你全身心地投入到一项更有意义的事业中去的时候，你定会觉得因失恋而痛苦不堪的往事之好笑和不值一提。

5. 失恋不失德，失恋不失命，失恋不失志

失恋不失德，是一个大学生应有的态度和人格，也是恋爱的重要原则。要做到：不报复、不打击、不伤害，不破坏对方的名誉和人格，不破坏对方重新建立生活的努力。失恋不失命，爱情是人生的重要内容而非全部，因为失恋而毁掉自己的生命是愚蠢的行为。人生除了爱情之外，还有其他一些美好的东西，爱情虽离你而去，事业却永远伴随着你。只要你有追求精神，爱情之花迟早还会为你开放。失恋不失志，不因为失恋丢掉自己的理想和志向。理想是个人进步的动力目标，在为理想而奋斗的过程中，逐渐平复由失恋而造成的心灵创伤，就会重新获得幸福的爱情。

四、学会爱的艺术

有人说，爱是人类生存问题的全部或完善的答案，它使人超越本能，超越自我，超越自然。爱是一件很艰难的事情，需要学习，因为爱是一种能力，也是一种艺术。只有具备爱的能力，大学生才能够真正地爱自己与他人，才能够在爱情中体验到爱的甘甜与快乐。

1. 要具有爱的判断力

爱情不是虚假的，不切实际的爱情幻想只能为大学生徒增烦恼。要客观地认识自我，了解自我，给自己一个稳定、恰当的自我评价，给自己一个合适的爱情定位。要明确自己各方面的条件，知道自己适合什么样的人，能够找到什么样的人。这不仅有助于爱情和婚姻的成功，还会促进个体的自我成长与自我完善。大学生要认识到，好感、怜悯、感情冲动、异性友谊，这些都不是爱情，要学会辨别爱情的真伪，作好迎接爱情的必要准备。

2. 要有拒绝爱的能力

对于自己不愿或不值得接受的爱情应有勇气加以拒绝。这种能力包括两个方面：一是对不想得到的爱情果断、勇敢地说"不"，爱情不是迁就与勉强，优柔寡断、模棱两可对于双方都是有害的；二是拒绝的方式要恰当，明确地表示、适当地解释以及委婉地好言相劝，都是考虑到对方感情与自尊的有效方式，要尊重他人给予自己的爱，珍藏这份感情将成为你所获得的人生经验的一部分，维护他人的心灵将体现出你人格上的高贵。

3. 要有施爱与被爱的能力

爱是以互爱为基础的，它强调的是奉献而非索取。当爱情在个体心中萌生，就要敢于表达，善于表达，用热情、爱心、自信、美丽的语言和恰当的方式向对方诠

释出爱情的宣言。给他人以爱也是一件很幸福的事，在爱中，给予比索取更让人感到快乐。此外，接受他人的爱也需要能力，当他人向自己表达爱意时，要会准确判断，坦然面对，不要在情绪慌乱中曲解他人爱的流露，也不要刻意压抑自己爱的欲望，否则便可能错过难得的幸福。

4. 维持爱的能力

爱需要维护与发展：要在充实自己、完善自己的过程中使自己变得深刻与丰富，让对方欣赏自己的爱情魅力；要用无私奉献的精神包容对方、体谅对方，在有效的沟通与交流中共享二人的内心世界；要尊重对方的价值观念与行为方式，给予对方自由，任其天性自由成长，因为自由的爱意味着人是自己情感的主人，只有在爱的行动中，我们才是爱的主人。

5. 增强爱情失败的承受能力

爱情是甜蜜的，失恋却是痛苦的。大学生的爱情受到各方面因素的制约，难免遭遇到挫折与失败。此时，理智地从失恋的挫折中解脱出来，就显得尤为重要。面对爱情失败，大学生要学会理智地分析原因，总结经验教训，通过各种方法与途径来调节情绪、消除痛苦，在应对爱情挫折的过程中不断提高自己的心理承受能力，使自己的人格成熟起来。这样不但有利于自己的身心健康，而且还有机会赢得更为美好的、崭新的爱情。

案例分析

某男生，21岁，大学三年级学生。平时性格比较内向，不善于与人交往，从没有和哪一个女孩子特别亲近。然而不久前做了一个梦，梦中居然和别人发生了性关系。梦醒后他愧疚不已，无颜面对他人。后来又做了一个梦，梦中和班上的女团支书发生了关系。潜意识中似乎在证明什么，他不相信自己道德如此败坏，竟这样下流无耻，担心团支书因此受到伤害，以至于不敢面对她。只要她在教室，他就看不下去书；如果单独与她不期而遇，一天便会心神不宁。强烈的罪恶感使他不能安心学习。他担心自己要变成性犯罪分子，有时还怀疑自己是不是得了精神病：为什么会如此不正常？心理的负荷使他不敢入睡，生怕"旧梦重温"。讲又讲不出口，想也想不开，忘更是忘不掉，万般苦闷中他走向咨询室。

[思考题]

1. 请同学用所学知识对这位男生的做梦现象进行解释。
2. 该男生的心理问题源于何种认知？应如何对其进行心理辅导？

案例分析

自从上了大三以后，我就觉得自己变了。我变得很敏感，别人的语言、语气、眼神、动作都会引起我的不舒服；我变得很固执，经常为小事伤感，经常为寂寞伤心，不能体验轻松快乐；我变得很暴躁，虽然我也想学得温柔一点。

我对学业心烦。看见一本本厚厚的书就心烦，做起一道道难解的题便心烦，看到别人在学习也心烦。上课、上自习总是一会儿瞧这个人一眼，一会儿瞧那个人一眼，自己也不知道是怎么回事。

我对别人心烦。和那些跟我要好的女孩子在一起学习，觉得不自在；跟她们一起走路，也觉得不舒服。别人看我，我也感到不自在、不舒服。

上大一时没有这种现象，到大二就有了，到大三就成了现在这个样子。我谈了一个男朋友，他早我一年毕业了。大一、大二时，他总是陪我上晚自习，周末陪我玩。当时很开心，学习成绩也好，现在他陪我的机会减少了，所以心情总不好，总想他能够天天陪我。有时他答应回来看我，但失约了，我的情绪便特别低落，甚至想哭，想到旷野上呐喊几声。每每看到班里的其他同学成双成对地在一起，我好羡慕、好嫉妒。

[思考题]
1. 恋爱中的人有哪些烦恼？
2. 案例中的"她"的烦恼是怎样产生的？有何应对方法？

第七章

大学生的挫折心理

挫折和不幸，是天才的晋身之阶；信徒的洗礼之水；能人的无价之宝；弱者的无底深渊。
——巴尔扎克

尽可能少犯错误，这是人的准则。不犯错误，那是天使的梦想。
——雨果

第一节　挫折概述

古人说:"人生逆境十之八九,顺境十之一二。"人们在学习、工作和生活中时常面临着这样或那样的问题,需要抉择、处理和适应。如抉择失误,处理不当,适应不良,往往就会造成心理挫折,引起强烈的情绪反应,导致人在生理、心理上的一系列变化,从而对人的身心健康产生不良的影响。大学生的生活虽然相对比较单纯,但他们面对冲突和必须做出选择的情况也是经常出现的,如考试失败、学习困难、升学落第、同学关系紧张、老师批评指责、来自家庭的期望和压力等。而且他们的心理成熟程度一般较低,阅历浅显,经验有限,在处理问题、解决冲突时,就会遇到更多的困难,产生强烈的内心体验,甚至会由此引起心理失衡和心理障碍,严重影响他们的心理健康。一些研究表明,在导致心理异常和精神病的众多因素中,挫折所占的比重是相当高的。因此,在学校管理和教育中,认真对待和处理好学生的挫折是维护学生心理健康的重要内容。

挫折普遍存在于人的生活中,每个人都或多或少、或大或小地遇到过各种各样的挫折。大学生正处在人生的花季,在以往的成长过程中,顺境多,逆境少,生活阅历浅,所以遭遇挫折是经常会遇到的事情。

一、挫折的含义

所谓挫折,就是指人们在某种动机的推动下,在现实目标的活动过程中,遇到了无法克服或自以为无法克服的障碍和干扰,使其动机不能实现、需要不能满足时,所产生的紧张状态和情绪反应。挫折这一个概念包含以下三个方面的含义。

(1) 挫折情境(Situation of frustration):是指人们在有目的的活动中,使需要不能获得满足的内外障碍或干扰实际呈现的情境状态或情境条件。比如被恋人抛弃、比赛失利、受到讽刺打击、高考落榜等,都是造成挫折的情境因素,是产生挫折的重要条件之一。

(2) 挫折认知(Cognition of frustration):是指对挫折情境的知觉、认识和评价。既可以是对实际遭遇到的挫折情境的认知,也可以是对想象中可能出现的挫折情境的认知。不同的人对相同的挫折情境所产生的主观心理压力也不尽相同,个人的知识结构也会影响其对挫折情境的知觉判断。

（3）挫折反应（Frustrated reaction）：是指主体伴随着挫折认知，对于自己的需要不能得到满足而产生的情绪和行为反应，如愤怒、焦躁、紧张、逃避或攻击等。当挫折情境、挫折认知和挫折反应三者同时存在时，便构成典型的心理挫折。但如果缺少挫折情境，只有挫折认知和挫折反应这两个因素时，也可以构成心理挫折，这主要是因为主体认知不当的缘故。在这三个因素中，挫折认知是最重要的因素，挫折情境与挫折反应没有直接的联系，它们的关系要通过挫折认知来确定。由此可见，挫折反应的性质及程度，主要取决于认知。对于同样的挫折情境，不同的认知会产生不同的反应、体验。例如，有一天你正在校园里漫步，看见你的班主任张老师迎面走过来，似乎沉思着。你冲他笑笑，说了声"老师好"，可他似乎毫无表情地与你擦身而过。这时你可能挺不愉快，心想："好大的架子，难道我有什么地方得罪他了吗？或者他瞧不起我？哼，我还不爱理他呢！"于是，在你和班主任张老师之间种下了一颗误会的种子。但假如你这么想："张老师想什么呢？我这么大活人也没看见！"你再半开玩笑地大声喊道："张老师，你怎么没看见我啊？"于是一场可能的误会便可避免了，你心中不愉快的挫折感便烟消云散了。这就是不同的挫折认知产生了不同的心理反应与体验的例子。

即便是没有挫折情境或事件发生，而仅仅由于挫折认知的作用，也可能产生挫折反应。例如，你正在热恋中，毫无失恋的迹象，期末考试全部通过，或者人际交往中也没有成为众矢之的；可你偏偏担心对象会瞧不上自己，害怕考试不能通过，总怀疑同学们在议论自己。这些事虽然没有发生，你却仍然体验到了焦虑、恐惧、担忧甚至敌对、攻击等挫折的情绪反应，产生挫折感。

二、挫折的产生

挫折的产生与以下五个方面有关。一是需要和由此产生的动机。二是在动机驱使下有目的的行为。三是需要不能获得满足或目标不能实现的内外障碍或干扰的情境状态或情境条件，称为挫折情境。挫折情境可以是实际存在的，也可能是当事人想象的。四是对挫折情境的知觉、认识和评价，称为挫折认知。挫折认知既可以是对实际遇到的挫折情境的认知，也可以是对想象中可能出现的挫折情境的认知。五是因受到挫折而产生的情绪和行为反应，称为挫折反应。

在以上五个方面中，挫折认知是产生挫折最重要的因素，因为只有在挫折情境被知觉后人们才会产生挫折感；否则，即使挫折情境实际存在，只要不被知觉，人们也不会有挫折感。所以，挫折感的实质是当事人的一种主观感受，当事人是否有挫折感和挫折反应的强弱，主要取决于当事人对挫折情境以及对自己的动机、目标与结果之间关系的知觉、认识和评价。不同的人，需要和动机的强度、对实现目标的评价标准、对自我的预期以及对挫折的归因等都不尽相同，所以，即使面对同样的挫折情境，不同的人也会产生不同的挫折反应。如同样是考试不及格，有的学生痛不欲生，有的学生懊悔不已，有的学生则不以为然。这就是因为他们对考试不及格这一挫折情境的认知不同所造成的。通过下图，可以进一步认识挫折产生的机制。

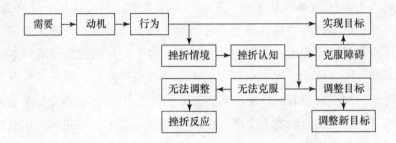

由于当事人对挫折及其意义的认知和评价受他本人的信念、判断、价值观念等认知因素的影响，所以，当事人在以往社会生活中所形成的固有的认知结构对挫折的产生以及挫折反应的强度具有重要作用。特别是在人们的认知结构中常常存在一些不合理的信念，这些不合理信念将会导致不适当、不适度的情绪和行为反应。

三、挫折的分类

人的一生会遭遇各种各样、大大小小的挫折，按照引起挫折的情境、个体的主观认知以及挫折的实际程度不同，挫折可分为以下几种类型。

1. 需要挫折和丧失挫折

需要挫折指个体的需要因某种原因无法实现而产生的挫折，如报考公务员没有成功、求爱失败等。丧失挫折指个体丧失了自己原本拥有的东西时产生的挫折，如失恋、亲人离世，或某些身体疾病，如身体缺陷等。

2. 实际挫折和想象挫折

实际挫折是指产生挫折的情境是客观存在的，并为个体主观上所感知。想象挫折是指客观环境并不具备产生挫折的现实条件，而是因个体主观上认定此种情境将会有，从而导致挫折出现。例如，某新生来校报到时，发现同宿舍的其他同学都是本地人，只有他一人来自外地，担心会因为地域间风俗习惯不同而引发矛盾，于是感到忧虑不安，产生了挫折感。

3. 一般挫折和严重挫折

一般挫折是指学校、工作、生活中遇到的日常小挫折，如同宿舍的同学发生口角、某科考试成绩不理想等，对人的身心影响不大，容易忘记。严重挫折则是指对个体产生重要影响的挫折，如父母离异、毕业找不到合适的工作、遭遇重大交通事故等，会引起很强烈的情绪反应，并会对人的整个生活产生很重要的影响。

第二节 大学生挫折产生的原因

一、大学生挫折的主要来源

大学生往往怀抱着对人生、对未来、对爱情的美好梦想，常常可能为使自己的梦想成真，会付出很多的努力，有时甚至刻意地追求。而当这种需求得不到满足或是部分满足时，就容易产生挫折感。大学生的挫折主要来源于以下几个方面：

1. 生活方面

大学生来自不同的地区和家庭，家庭情况、经济状况、求学历程、生活阅历等不尽相同。有的人家庭不幸，从小就失去了温暖；有的人家庭经济拮据，求学十分艰辛；有的人病魔缠身，心灰意冷；有的人娇生惯养，缺乏独立生活、自我管理、自我约束能力，离开父母，就无所适从等。这些因素使得一些大学生产生了大学生活不易和求学艰难的挫折心理。

2. 学习方面

大学生学习方面的挫折表现在：① 在专业学习上。市场经济的发展，价值观念、就业观念的转变，使大学生在选择专业、职业方面更加实用、实惠、实在，即使进入差一点的院校，也要进入热门专业或自己喜欢的专业学习。但由于招生名额、社会需求有限，必然有一部分人不能进入自己所选择或所喜欢的专业学习，因而一部分人怨天尤人，不思进取。② 在学习成绩等方面。大部分同学在中学学习成绩都是不错的，但如今在班上不显山，不显水，只有通过竞争努力学习，才能取得好成绩。一部分同学看到别的同学比自己强，便产生嫉妒；还有一些同学认为进了大学门，就会找到一份满意的工作，学习态度不端正，或者学习方法不得当等，以致不能尽快适应大学的学习要求，因而产生得过且过混日子、不求上进的挫折心理。

3. 人际关系方面

从人的身心发展角度来看，青年是人生交往求友的高峰期。从中学繁重的功课中解脱出来，大学生有相同的学识、学历，相似的思维、思想，感情上容易产生共鸣。大学生普遍具有强烈的交往意识，渴望提高自己的能力，扩大交往范围。每个人都希望与他人和睦相处。但是，由于大学生来自五湖四海，每个人家庭背景、经济条件、生活阅历、生活习惯、兴趣爱好可能各不相同。有的人天性羞涩，不善言辞，害怕交际；有的人天马行空，我行我素，目中无人；有的人性格开朗，乐于助人；等等。这些不同性格的同学在一起生活，必然有一个互相适应和了解的过程，难免会出现各种诸如同学之间兴趣爱好迥异、习惯观点不合等问题，甚至在旁人看来微不足道的小事也可能挑起事端、自伤和气，甚至情绪激动导致矛盾走向极端。有的同学一旦交往失败，就认为同学不好相处，朋友不好找，挚友难交，知音难觅，而把自己的心灵之窗关闭，把自己局限在很小的圈子内。

4. 感情挫折

大学生的年龄处在17～22岁，处于青春期发育高峰。随着生理的发育，心理进一步成熟，随着知识阅历的增多，成人感越来越强。哪个少女不怀春？哪个少年不钟情？正值豆蔻年华、风华正茂的大学生，伴随着大学宽松的环境、较为轻松的功课、丰富的校园文化生活，男女生交往与日俱增，情愫在交往中诞生，爱意在交流中升华，不少学生坠入情网，不能自拔。但今日情意绵绵、海誓山盟，他日劳燕分飞、各奔东西的现象在高校屡见不鲜，成了家常便饭。事实上，太多的原因使得这些早熟的爱情之花无果而终。大学生的失恋可分为：单恋失恋和恋爱失恋。单恋失恋的产生可能有两种情形：一种是自作多情、单相思，明知对方不爱自己，偏要一味地追求；二是误把友情当爱情，自寻烦恼。这两种情况虽然表现形式不同，但最后的结果基本一样，对当事人的热情和自尊心都是很大的打击。恋爱失恋则是在爱情建立后，由于种种原因，其中一方或双方中止了恋爱关系。由于失恋是获得爱情而又失去，因而产生的挫折感往往比单恋更强烈。对爱的绝望和深深的孤独感、虚无感是失恋者常见的心理体验，如果不及时排除或转移，这种强烈的负性情绪就容易出现一系列连锁反应，如自虐、报复、心理变态等，有的甚至会走上绝路。

5. 就业方面

市场经济，竞争激烈，物竞天择，适者生存。随着人才市场的建立和完善，"双向选择"成为大学生步入社会、寻找就业机会、展示英雄用武之地的主要途径和重要舞台。但是从目前来看，由于我国经济体制、城乡差别和人为因素等情况，"双向选择"机制还有待完善，大学生就业中还存在这样那样的问题，如存在走后门、拉关系、不公平的情况。双向选择在一定程度上存在着性别选择、关系选择、出生地选择等限制，特别是高校扩招后，市场就业压力进一步加剧。在就不了业就意味着失业的同时，许多毕业生不愿去边远地区，害怕离开大城市，不愿下基层，一味地想着去大企业、大公司，到挣钱多的单位去工作；而经过这么多年的发展，大城市、大企业的就业机会越来越有限。事实上，这一矛盾情况不仅使得毕业生夙夜忧叹，也使得许多非毕业生心有余悸，进而影响学业，形成挫折心理。

二、大学生挫折产生的原因分析

(一) 客观因素

任何一个人都不能脱离社会而孤立地存在，个体在发展各个阶段的表现，都是他本人内在的因素同其生活的社会、文化的环境相互作用的产物。大学生挫折心理产生的原因是多方面的，既有外在的因素，也有内在的因素。每个人都体验过许多挫折，引起挫折的原因成为挫折源。挫折源是多种多样的，有客观的挫折，也有主观的挫折。

1. 家庭教育不当

当代大学生，独生子女的比例越来越高。父母只要求他们学习好，为他们创造了过于优越的生活环境，使他们免受一切挫折，致使他们缺乏生活的磨炼，养成了一种依赖的心理，交往能力和适应环境的能力极差，情感意志非常脆弱。进入大学后，随着学习和生活环境的改变，他们要独立地面对新的人际关系和压力，心理承受能力和适应能力较差的学生就会产生不同程度的挫折感。

当今的家庭普遍对孩子照顾过多，使他们缺乏独立生活的能力，经受不住大的打击和挫折。满足过多，孩子往往以自我为中心；禁区过多，使孩子成为笼中鸟，胆小怕事，个性懦弱，长大后无责任感；要求过高，使孩子对学习丧失信心，产生厌倦情绪。这种"保姆式"的家庭，只重视为下一代营造一个"安乐窝"，忽视了对孩子耐挫折能力、生活自理能力、自强意识的培养，因而从这样优越的"家庭特区"走出来的当代大学生，多数存在着个性固执、懒散、自私、感情脆弱、依赖性强、心胸狭窄、不懂合作、意志薄弱、缺乏自信心等不健康心理。

另外，家庭教育方式太过专制或太过溺爱，以及家庭气氛紧张等都会使当代大学生难以适应大学的集体生活。学业压力、同伴竞争，都会使他们在同伴关系和学业成绩上产生挫折感。因此，有相当一部分的大学生表现出的心理问题往往与家庭环境有关。家庭环境的影响主要表现为父母对子女的态度和教育方式。除父母的教育方式以外，还有一些其他早期的经历，如分离、不良的境遇等，都会对大学生的人格特点和人际关系产生影响。

2. 学校教育欠缺

学校过分强调对学生进行科学文化知识的教学，而忽视了对他们心理素质的培养。"应试教育"使学生长期封闭在校园内，"两耳不闻窗外事，一心只读圣贤书"。为完成学业，为提高考试分数，为考上大学而疲于奔命，限制了学生良好个性品质的形成和发展。大部分高校学生理想中的大学教师是学识渊博、能言善辩、平易近人的专家学者。但通过一段时间的了解和接触后，他们发现：大学教师和中学教师一样，也是平常之人；有些教师的学识方面，也存在欠缺，并不能解答所有同学提出的疑惑和问题。由于教师自身及教学方法等原因，学生开始烦躁、郁闷。

目前，我国多数高校的学生管理方式重过程管理，轻目标管理，学生自由发展的空间较小，这在很大程度上限制了大学生个性的发展。继续沿用过去那种"我说你听""我牵你走"的单向线性传统管理模式，不仅违背了大学生走向成年的生理和心理特点，也必然挫伤他们的自尊心和积极性，降低挫折容忍能力。

另外，学校的名气、办学条件、地理位置、教学设施、学校管理、生源质量等如果没有达到他们的预期目标，就会产生挫折感。学校的学风、校园文化、班级集体的凝聚力、学校办学的宗旨等因素，如果不能使大学生产生归属感，那么他们在精神上就难以找到支持力量，就容易陷入孤独无助之中，有的同学甚至会走向自我封闭。

3. 社会影响

随着改革的推进，市场经济体制逐步建立。特别是加入世贸组织后，我国社会进入一个全方位、多层次的转型时期。原有的价值观念、道德伦理观念受到了冲击，社会上出现了信仰丧失、人格扭曲、价值观坐标偏离、行为选择失调等不良现象，而新的价值观和行为规范又未完全建立起来，于是形成了群体躁动现象。在这种心态作用下，一些不正之风，如权钱交易、竞争不公、拜金主义、个人主义、享乐主义泛滥，这些都对大学生产生了负面影响。同时，西方腐朽文化对民族文化的冲击，使许多大学生感到心旌摇动。尤其是多种文化、多种价值体系选择之间的矛盾，崇尚人格完善与追求金钱、名利之间的冲突，常使他们感到无所适从，久而久之，很容易产生心理失衡。另外，校园周边环境中不健康的东西得不到有效整治，对大学生的负面影响也很大。同家庭因素、学校因素给学生带来的阻碍或困难相比，社会因素更为复杂和广泛。可见，社会环境因素对大学生的需要、动机与指向目标的行为，影响和限制较大，其带来的不良后果也比较严重。

（二）主观因素

大学生挫折心理产生的原因是多方面的、复杂的，有自然因素、社会因素引起的挫折，也有个人生理、心理因素导致的挫折。影响大学生挫折心理产生的内在原因主要有以下几点。

1. 生理因素产生的挫折心理

生理因素产生的挫折心理是指个体与生俱来的身体、容貌、健康状况、生理缺陷等带来的限制，如身材太矮、体型太胖、长相不佳等。例如，因口吃而无法实现从事教师和主持人工作的愿望；因容貌不佳而难以被自己倾慕已久的异性同学所青睐；因身材不高而落选自己非常渴望参加的模特队；因体质不强而不能在校运动会上夺得好名次的愿望；等等。这些生理因素都会产生挫折。

2. 心理因素产生的挫折

心理因素产生的挫折是指个体因需求、动机、气质、性格等心理因素导致活动的失败、目标无法实现而产生的挫折。

（1）个性不够完善。有些大学生由于个性品质的原因会比其他大学生更容易遭受挫折和打击。例如，不善于自我表达，缺乏交往技能；依赖性过强，情绪控制能力较差，对挫折情境存在认识上的偏差或是依赖性过强，情绪控制能力较差；等等。

（2）认知方式不正确。认知是我们对周围事物的想法和观点，也就是人的认识活动。由于认知不同，同样的挫折情境，对每个人造成的打击和心理压力是不同的。每个人对客观世界的认识与以往的知识经验、个性特征、需要结构以及心理成熟度有关。因此，面对相同的行为挫折，每个人的反应和判断会迥然不同。一般来说，心理成熟度和思想境界高的大学生，应对挫折大多会持正确认识而少生挫折感，反之则会有严重的受挫感。

（3）个体抱负水平过高。一个人的自我估计、期望水平恰当与否，往往是造成心理挫折的重要因素。抱负水平高的学生若为自己制定了一个无法实现的人生目标，那么必然遭受挫折。

（4）心态失衡。由于大学生不能全面、正确地看待事物，不能正确对待自己和他人，从而产生嫉妒、失望、自卑等心态，如争不到荣誉、找不到朋友、学习不如人时所表现的一种心态不平衡、与人闹矛盾等情绪。

（5）动机冲突。大学生活使大学生有充足的自由支配时间，这使得他们的内心时常处于个人的动机冲突之中。这些冲突有：① 双驱冲突。例如，想好好学习，又想好好玩；想好好享受一下快乐的青春时光，又觉得应该为将来有个美好的前途而奋斗。② 双避冲突。例如，既不愿吃苦受累读书，也不愿将来由于没有足够的知识文化而无法在社会上立足。③ 驱避冲突。例如，想自己创业，又没有心理承受能力；想好好读书，又担心自己学业能力不足。④ 双重驱避冲突。例如，希望自己门门功课都好，但时间精力有限；兴趣爱好颇多，却找不到自己努力的方向。

3. 期望与现实的落差

大学生对大学生活怀有美好的憧憬，想象得过于完美，进入大学后才发现自己的想象并非都是现实。很多高校学生对专业学习的期望值过高，然而在学习过程中，由于教师的原因或自身学习方法不当，感到学习的收获离自己的期望值相差甚远。也有的大学生把个人追求的目标确立得太高，理想的自我往往大大超前于现实，很难与现实自我相一致，产生矛盾。当他们发觉自己所学专业和分配现实与理想自我价值的实现大相径庭时，就会在心理上萌发一种莫名其妙的焦虑和烦恼。种种高期望与低现实的差异，都会使他们产生严重的失落感，促使挫折心理的产生。

4. 大学生活的适应因素

在目前的高考制度下，能够进入大学的学生仍是少数。他们一般是中学的"尖子"，在家中是受长辈溺爱的"宠儿"，在社会上是同龄人中的"幸运儿"；他们对自己的能力、才华和未来往往充满自信和幻想，普遍存在着优越感。当各地中学的"尖子"汇集到大学以后，他们各自的优势不再突出。面对新的大学生活，他们感到手足无措，对大学里的生活方式和学习方式都很不适应。有的大学生缺乏一定的生活自理能力，在生活上产生了一系列的困难和矛盾。还有相当部分大学生对大学的学习方式不适应，尤其不能适应大学生活里过多的空闲时间，缺乏独立的学习能力和学习习惯。当他们在学习、个人生活能力等方面的不足暴露出来以后，优越感和自信心随之丧失，往往会产生失落、忧虑、紧张、自卑的情绪，陷入自我怀疑、自我否定的困惑之中，挫折感就会特别强烈。

大学生的生理成熟与心理成熟并不是同步的。在生理上，他们已是"成人"，但在心理上，仍带有许多少年时期的痕迹，如幼稚、脆弱、依附性强等。他们常常以自我为中心来观察现实、憧憬未来，而对主客观条件造成的困难和限制缺乏正确的认识。加上他们的社会阅历太浅，面对各种社会矛盾，幼稚、脆弱的心理难以调适，"挫折心理"也会随之而来。

5. 人际关系因素

大学是一个集体生活环境，来自五湖四海的大学生，在行为习惯、生活经历、家庭环境、能力、兴趣、思维方式等方面差异比较大，在人际交往上出现了新的复杂情况。新的人际环境的变化、交往范围和层次的增大，与大学生人际交往能力的缺乏以及生活经验和阅历的不足形成了新的矛盾，使大学生在人际交往中容易产生新的困惑和挫折。人际交往的挫折，往往使大学生产生孤独、苦闷、烦躁、压抑等心理障碍。

6. 需求满足因素

首先是独立的需要。一方面，对大学生来说，他们基本上达到了生理上的成熟，人生观、价值观基本形成，个性也开始趋于稳定，但是由于他们在经济上没有独立，还必须依赖父母，使他们还不能按照自己的意愿来支配经济。另一方面，由于他们还是学生，还处于被保护者、被控制者、被约束者的地位，还不能真正享受成人的权利，他们的意见也常常不能被家庭和社会重视。这些都使得他们没有机会在成人的世界中展现自我，这种独立需要不能满足必然会使他们产生挫折感。其次是性的需要。大学生作为成熟的个体对性有着正常的需要，但由于他们的特殊身份，无法通过合法、合理的途径获得满足，因而长期处于压抑之中。

第三节 大学生挫折的应对

一、大学生常见的挫折反应

个体在受到挫折后,无论挫折情境是由客观因素还是由主观因素造成的,都会对个体的生理、心理和行为带来一些影响。了解受到挫折后的种种反应,弄清这些反应的实质,是加强心理健康的关键。

(一)受挫后的生理反应

个体受挫后,机体内部的自我调节机制将会最大限度地调动机体的潜在能力,以维持超常状态下的正常生命活动,有效地应付外界环境的变化。然而,潜能的大量突击消耗,会引起有关器官功能出现衰竭趋向,从而发生病变。如受挫初期的紧张、焦虑情绪可使交感神经系统的兴奋性增强,需要消耗大量的能量,于是神经末梢释放生物信息结果:刺激各种激素分泌增加,促进蛋白质、脂肪、糖原分解;刺激心肌收缩力增强,以促进血液循环加快,血压升高;刺激呼吸加快,以保证氧气供应。体内潜能大量消耗的同时,机体内部那些与情绪反应无直接联系的器官或系统则得不到必要的能量而不能维持正常功能,如消化道蠕动减慢、胃肠液分泌减少等。如果长期处于挫折情境中得不到解脱,上述生理变化将会进一步增强,从而引起身心病变,出现皮肤和面色苍白、四肢发冷、心悸、气急、腹胀、尿少等一系列症状。医学研究表明:心律失常、支气管哮喘、消化道溃疡、类风湿性关节炎、偏头痛、失眠等疾病多与受挫后的生理反应有关。

(二)受挫后的心理反应

由于个体的心理承受能力、自我调适能力不同,大学生遇到挫折后,会有不同的行为表现。总体上可以分为两种:一种是积极的心理行为表现,指个体在遭受挫折后能够审时度势、不失常态、有控制地转向摆脱挫折情境为目标的理智性行为;另一种是消极的心理行为表现,指失常、失控、没有目标导向的非理智性行为。

1. 理智性反应

(1)坚持目标,继续努力。当个体受挫后,根据自己的知识、经验,通过分析,发现自己追求的目标是现实的,那么即使暂时遇到了挫折,也应克服困难,找到摆脱挫折情境的办法，毫不动摇地朝既定目标迈进，最终实现自己的愿望，达到预定的目标。

（2）降低目标，改变行为。当既定目标经一再尝试仍不能成功时，个体应调整目标，变换方式，通过别的方法和途径实现目标。或者把原来制定的太高而不切实际的目标往下调整，改变行为方向，则有可能成功，从而满足某种需要。这种目标的重新审定和转移，不是惧怕困难，而是实事求是的表现；同时也有利于避免由于目标不当难以达成而可能产生的焦虑情绪和挫折心理。

（3）改换目标，取而代之。在个体确定的目标由于自身条件或社会因素的限制，不能实现并受到挫折时，可以改变目标，用另一目标来代替，以使需要得到满足；或通过另一种活动来弥补心理的创伤，驱散由于失败而造成的内心忧愁和痛苦，增强前进的信心和勇气。

（4）寻求支持。在挫折的打击下，有些人往往感到自己势单力薄，力量有限，从而将注意力转向寻求他人和社会的支持，或找亲朋好友倾诉衷肠，或找组织、团体要求得到帮助和关心，以此来减轻挫折感和烦恼程度。这也是一种理智性的挫折反应。

2. 非理智性反应

（1）焦虑。焦虑是挫折后常见的一种心理反应。适度焦虑，可唤醒大脑皮质的觉醒，如考试前适度紧张，可增强注意力，提高记忆水平，对提高学习效率、发挥潜能等有一定的积极作用。而过度焦虑则会使注意力不能集中、记忆力下降、思维紊乱、辨别能力降低等，是一种有害的情绪反应，严重的会导致心理疾病，发展成焦虑症。

（2）攻击。个体遭受挫折后，常常引起愤怒的情绪。为了将愤怒的情绪发泄出去，或者要对构成挫折的人进行报复，可能会产生过激的举动，而表现为攻击性行动。

① 直接攻击。是指受挫者将愤怒的情绪直接发泄到对自己构成挫折的人或物上，多以动作、表情、言语、文字等方式表现出来。如采取打斗、辱骂、讽刺、谩骂等形式，以侮辱对方人格，发泄自己内心的不满。

② 转向攻击。转向攻击不是直接攻击造成挫折的一方，而是将其他人或物作为发泄的对象。直接攻击常常会造成严重后果，因而为社会所不容。有时也无法向真正的对象进行攻击，而且事实上也常常不能解决问题，怕造成严重的后果。因此，有的人在受挫后，就会采取变相的攻击方式，即转向攻击。有一个故事叫"踢猫"：某公司经理有一天正在气头上，这时办公室主任来请示工作，他就满面怒容地将办公室主任斥责了一番。办公室主任莫名其妙地被经理撤职了，正在火头上，女秘书正好又来汇报工作，办公室主任就怒气冲冲地将秘书训了一顿。秘书无缘无故被主任训了，心中愤愤不平，走到门口，发现她的男朋友来接她，劈头盖脸就将他骂了

一通。她男朋友高兴而来，扫兴而去，怒火难耐，在外面恰好遇到了一只猫，就一脚踢过去……在大学校园，有的学生因考试不及格、受到处分或对学校管理不满而又无法改变现实时，会采取破坏学校公物等行为，便是转向攻击。

（3）冷漠。这是一种与攻击相反的行为反应。当个人遭遇挫折时表现出无动于衷、漠不关心的态度，似乎毫无情绪反应。其实，冷漠并非不包含愤怒的情绪成分，只是个体把愤怒暂时压抑，以间接方式表现出来而已。这种现象表面上冷漠、退让，内心深处则往往隐藏着很深的痛苦，是一种受压抑极深的反应。

（4）退化。退化又称倒退或回归，是指个体遇到挫折时表现出与自己的年龄、身份极不相称的幼稚行为。当一个人遭到挫折时，可能会以简单、幼稚的方式应付挫折，以求得到别人的同情和照顾。退化是一种由成熟向幼稚倒退的反常现象，而且其本人对此也不能清醒地意识到。如有些学生遇到挫折或一些不顺心的事情后，或暴跳如雷，或蒙头大睡、装病不起，甚至幼稚得像小孩一样哭闹。退化的另一种表现是受暗示性增高，受挫折后降低了明辨是非的能力，盲目地相信别人、顺从别人和执行别人的暗示。

（5）幻想。幻想又称白日梦，是指个体企图以自己想象的虚幻情境来对付挫折，借以摆脱现实的痛苦，并在此虚幻情境中寻求满足。此法偶尔用之，可使人暂时摆脱苦恼，缓冲情绪紧张，但对解决实际问题毫无益处，多用还会形成病态的行为反应。

（6）固执。个体在受到挫折后，采取刻板的方式，盲目重复某种无效的行为，以不变应万变的现象叫固执。一般而言，个体受挫折后需要有一种随机应变的能力来摆脱所遭遇的困境。但是有人在反复碰到类似的困境后，依旧用先前的方法，盲目地解决已经变化了的问题。尽管他们知道这些动作对目标的达成、需要的满足并无帮助。如"碰鼻子后还不知转变"便是对固执的最好注释。

（7）逃避。逃避是指有些人遭受挫折后，往往不敢面对现实、正视现实，而是躲开受挫的现实，放弃原来所追求的目标，撤退到比较安全的地方去。例如，有的人在生活中碰了钉子，或者所追求的目标、理想一时不能实现时，便心灰意冷；还有的人在学习、工作开始的时候积极性很高，但对困难估计不足，结果一遇挫折便退却下来。

逃避的显著特点是"一朝被蛇咬，十年怕井绳"。遇到挫折后便意志消沉、一蹶不振。逃避虽然能使心理紧张得到暂时的缓解，但问题并没有解决，长期下去会形成不良影响，使人害怕困难和挫折，因而不求进取。

（8）自杀。自杀是遭遇挫折后的极端反应。如果挫折的打击来得突然而沉重，受挫者对挫折的承受力又很低，就会深陷于万念俱灰的泥潭而不能自拔。此时，如果得不到外力的帮助，受挫者又把受挫的原因归结为自己，就可能会自暴自弃、伤害自己的身体，甚至产生轻生厌世的思想。

二、心理防御机制的运用

人在遭遇挫折后，挫折情境对人心理上的压力，会使人产生紧张、焦虑、不愉快的情绪，并导致心理、生理活动的不平衡状态，影响人的正常行为和活动能力。主体对挫折造成的心理压力，常常有意无意地运用心理防卫方式，称为心理防卫机制。

在实际生活中，每个人难免碰到或大或小的阻碍、损伤、痛苦以及困窘难堪的场面，因而不时感到挫折、冲突、焦虑。事实上，由于自我具有防御机制，所以个人在可预见或已减轻内在压力时，不至于引起太大的痛苦和不安。任何心理健全的个人都会或多或少地运用一些自我防卫机制。

常见的自我防卫机制有以下几种：

1. 压抑

压抑是指个体在不知不觉中自动地抑制感情的一种行为。生活中常见到一些人在非常生气时，努力控制怒气不要爆发出来，这种行为就是压抑。压抑事实存在，是把不愉快的心情在不自觉中有目的地忘却，以免心情不愉快。例如，有个女孩子，白天很正常，在傍晚时却常常惊叫，在地上打滚，大吵大闹，做怪动作，发作时间可持续一小时，日日如此，连续几个月了。看病时问其原因，回答说"不知道"。催眠后，患者谈出了事情经过。原来患者父亲对她非常疼爱，但管束很严，不让她随便和男孩交往。第一次发病那晚，因要与男友约会，父亲一直坐在门口，寸步不离，使她无法赴约。她一方面惧怕父亲，不敢说明，另一方面担心男友会一直等她，心里非常着急，忽然发作起来。此后，每到傍晚，就不知不觉焦虑起来，然后发作，但对导致发作的原因却忘了。

压抑这种防卫机制比较常见，但对身心危害较大。心理分析家认为，一切疾病都是由过度压抑造成的。压抑原来是希望忘记可怕的刺激，结果因潜意识的活动却引起许多回忆的相关刺激。心理分析家们也把记错某件事或口误、笔误等归因为压抑的作用。压抑虽然能暂时减轻焦虑和获得安全感，但按捺住内在的情绪纷扰，久而久之可能使人变得性情暴躁或孤僻、沉默，甚至形成心理疾病。看来，遇到挫折、失败时最好一吐为快，想办法把内心的不满、不愉快的情感宣泄出来。

2. 投射

有时候我们以自己的想法去推测别人的想法，将自己的思想、感受和行动推到别人身上，这在心理学上称作投射。投射通常是指将自己不喜欢或不能接受的性格、态度、意念或欲望转移到别人身上，说别人有这种恶习恶念，即所谓"以小人之心度君子之腹"。好赌的人常感叹"人生就是一场赌博"；一个对领导有成见的人，可能会说领导对其有成见，有意"整"他。

3. 合理化

合理化是指利用各种理由或借口以提高身价或争取社会认可。换句话说，就是当事情失败时，以许多与事实无因果关系的理由加以解释，来维持面子。最常见的合理化有两种情形，即酸葡萄心理和甜柠檬心理。例如，某学生本来下决心要在考试中名列前茅，结果未能如愿。为了维护自尊，使用不屑的口吻说："死读书有什么意思，我可不想做书呆子。"吃不着的葡萄是酸的，达不到的目标就是不喜欢的或本来就没想要的，这就是酸葡萄心理。甜柠檬心理是夸大既得东西的优点，缩小不足之处，以减轻达不到目的的失望。例如，某人很想参加舞会，但自己不会跳舞，又不好意思让别人知道自己不会跳舞，便说自己喜欢安静，不愿去闹哄哄的场合。

4. 认同

认同是指一个人以各种各样的方式去建立与另一个人、一个团体或一个目标的同一性。例如，在寒暑假期间，上了大学的人在中学同学相聚时，大家都会赞誉和高抬自己。如有的人很喜欢表明自己曾与某名人是同学、同乡，似乎凭这层关系，名人成功的光辉能折射到自己身上。认同就是把别人具有的使自己感到羡慕的品质加在自己头上，或是将自己与所崇拜的人视为一体，以提高自己的信心、声望、地位，从而减轻挫折感。

5. 反向

反向又称"矫枉过正"现象。个体为了防止自认为不好的动机外露，采取与动机方向相反的行为。这种内在动机与外在行为不一致的现象，称为反向作用。它实际上也是对个体的冲动和欲望进行压抑的一种心理表现。例如，一个女大学生对某男生有好感，但在和他见面时，反而采取冷淡的态度；凡事总在别人面前炫耀自己的人，恰恰反映了他内心有怕别人瞧不起的自卑感。

6. 升华

当一个人在人生的主要目标和兴趣上遭遇失败时，转移理想到另一更有价值的事业上去，即为升华。弗洛伊德认为，人类很多文艺创作，多是作家把内在不合理的冲动升华为社会所能接受的正当行为加以表现。例如，屈原被放逐以后，写了《离骚》；司马迁遭受凌辱，身陷囹圄，却以《史记》传世；歌德于失恋中得到灵感与激情，写出脍炙人口的世界文学名著《少年维特之烦恼》。

别林斯基说过："不幸是一所最好的大学。"许多自学成才的青年，许多在事业上做出成绩的人，几乎都是从这所大学毕业。有这样一个故事：曾经有一个女青年，她有一个男朋友与她在乡下插队时就确定了恋爱关系，而男友刚刚考上大学就抛弃了她。这件事对她打击很大，但她没有沉溺于失恋的痛苦，而是发奋努力，一年以后以优异成绩考上了一所名牌大学。

7. 补偿

一个高度近视、身体单薄的学生无法在运动场上逞强，却可以刻苦读书，品学兼优，在学业上称雄；一个长相平凡或有生理缺陷的女孩，无法与美女争奇斗艳，就发奋学习，在学术研究上卓有成就，从而获得其容貌不能赢得的声望。这就是补偿。

"失之东隅，收之桑榆。"生活的天空那么辽阔，施展本领的天地如此广大。原先的目标受挫时，不妨通过别的途径达到目标，或改变原有目标用其他目标代替。东方不亮西方亮，旱路不通水路通。只要你持之以恒，你终会实现自己的理想。

上述谈到了七种心理防卫机制，人们在遇到挫折时往往不自觉地运用防卫机制。在了解了心理防卫机制后，有意识地运用积极的防卫机制成为应付挫折的重要方式。有些人在遇到挫折时容易自责，这时不妨运用酸葡萄、甜柠檬心理，在内心贬低一下他人，抬高一下自己，挽回一点自尊和面子，以免自信心丧失殆尽。

第四节 大学生挫折承受力的培养

一、挫折承受力

1. 挫折承受力的含义

所谓挫折承受力，是指个体在遭遇挫折情境时，能否经得起打击和压力，有无摆脱和排解困境的方法而使自己避免心理与行为失常的一种忍耐能力。亦即个体适应挫折，抵抗和应付挫折的一种能力。一般来说，挫折承受力较强的人，往往挫折反应小，挫折时间短，挫折的消极影响少；而挫折承受力较弱的人，则容易在挫折面前不知所措，挫折的不良影响大而易受伤害，甚至导致心理和行为的失常。

美国心理学家罗森茨威格给挫折承受力下的定义是："抵抗挫折而没有不良反应的能力"，即个体适应挫折，抗御和对付挫折的能力。1977年，世界卫生组织精神卫生部主任萨托拉斯提出三条精神健康的标准，其中有一条就是能够经受生活的挫折，及时调整自己的情绪，不仅能适应环境，而且能有效地改造环境。由此可见，培养挫折承受力对精神健康的意义尤其重大。不同的人，其挫折承受力不同，同一人对不同的挫折情境承受力也不同。大学校园发生的各种极端事件都与挫折承受力息息相关。例如，班干部改选中落选的女大学生投湖，联欢会上唱歌跑调的男生卧轨，品学兼优的女生风闻同学的流言蜚语便上吊，等等。之所以出现众多怪异行为，关键就是他们忍受和排解挫折的能力不够健全。

2. 挫折感与挫折阈限

所谓挫折感，是指个体在目标行为过程中，认识并感受到自己的动机性活动受到阻碍后，所引起的心理状态和情绪反应。个体是否受挫，不取决于旁观者的意见，而在于当事人对自己的动机、目标与结果之间关系的认识、评价和感受。如对某人构成挫折的情境和事件，对另一个人可能则是轻微的挫折。因此，挫折感实际上是当事人对干扰、阻碍刺激的一种主观性感受。

心理学上常用阈限值说明人的感觉能力。人体接受刺激是有一定限度的：那种引起感觉的最小刺激强度即下限叫作感觉的"绝对阈限"，或"下阈"；那种继续增强也不会使感觉进一步变化的刺激强度即"上限"叫作感觉的"最大刺激阈限"，或"上阈"。例如，刚刚引起听觉的声音强度是0分贝，120分贝以上的声音不仅会引起人更强的听觉经验，而且会引起痛的感觉，是"上阈"。"挫折阈值"是人们对挫折的感受力。在心理学中把引起挫折感的最小刺激点叫作"绝对挫折阈限"，或"下限"；把人们能够承受的挫折感的最高限度叫作挫折适应极限，即挫折感范围的"上限"，或"上阈"。绝对挫折阈限与挫折承受力成反比关系：绝对挫折阈限越低，越容易受到挫折；绝对阈限越高，对挫折越不敏感。

二、影响挫折承受力的因素

1. 生理条件

一个身体健康、发育正常的人，一般对挫折的承受力比一个疾病缠身、有生理缺陷的人高。比如，前者不怕偶尔的饥寒交迫，可以熬夜，也可以长时间地工作而不感到疲劳，因而可能经受更大的挫折。因为挫折会引起人的情绪及生理反应，给人心理带来压力及紧张感，对体弱多病者来说，会加重身体虚弱的病情，甚至发生意外。国外有人研究发现，体弱多病者与身体健康者在丧偶后一年内，前者比后者发病率高78%，死亡率高三倍多。看来，健康者更应珍惜"健康"这一宝贵财富。

2. 过去经验

国外曾有人做过一个运动实验：对一组幼小的白鼠给予电击及其他挫折情境，使其产生紧张状态，然后让它们正常生育。长大以后，这组白鼠就能很好地应付挫折引起的紧张状态。而另一组没有客观存在地遇到这类挫折刺激的白鼠，长大后遭受电击等痛苦刺激就显得沉默和行为异常。对人来说也是如此：在婴、幼儿期所受的刺激，可使成人期的行为更富于适应性和多变性；相反，极少受到挫折、一贯顺利、总受赞扬的人，就没有足够的机会学习和积累对待挫折的经验，他们的自尊心往往过于强烈，对挫折的承受力很低。

当然，任何事情都应有个"度"。如果青少年期遭遇的挫折太多、太大，也会影响以后的发展，可能形成自卑、怯懦等特征，缺乏克服挫折的勇气。

3. 挫折频率

如果"屋漏偏逢连夜雨，船破又遇顶头风"，刚刚失恋不久，考试又未通过，没几天又心不在焉地把计算机丢了。如此接连遭受挫折，频率过高，挫折承受力就会大幅度下降。

4. 认知因素

认知是指我们对周围事物的想法和观点，也就是人的认识活动。挫折刺激正是通过人的认知而作用于情绪，产生这样那样的心理行为的反应。由于认识不同，同样的挫折情境，对每个人造成的打击和心理压力是不同的。

一般认为，虚荣心重的人对挫折的知觉敏感性高，承受力低。因为虚荣心重的人常常将名利作为支配自己的行为的内在动力，一旦受挫、目标没达到，就会因为虚荣心没得到满足而难以忍受。

5. 个性因素

个性是一个人所有具有意识倾向性和较稳定的心理特征的总和。一个人的性格特征、个人兴趣、世界观都对挫折承受力有重要作用。

性格开朗、乐观、坚强、自信的人，挫折承受力强；性格孤僻、懦弱、内向、心胸狭窄的人，挫折承受力弱。当人们对某事有浓厚的兴趣，一心钻研，但在别人看来是很苦的事，他们却乐在其中，其挫折承受力就强。诺贝尔在研究炸药过程中，多次发生爆炸事故，弟弟被炸死，父亲受重伤，自己也有几次生命危险，却终获成功。可见，个人兴趣也是应付挫折不可忽视的因素。

6. 社会支持

正如人们常说，"一个痛苦两人分担，痛苦就减轻了一半"。当一个人感到有可以信赖的人在关心、爱护和尊重自己时，就会减轻挫折反应的强度，增强挫折的承受力。

三、提高大学生挫折承受力的必要性与重要性

生活的经验告诉我们：一个要成就大业的人，必须先经历种种痛苦、磨难、挫折，才能有所作为；反之，那些一遇到小小的挫折便怨天尤人，整天被焦虑、忧伤的阴影所笼罩而不能自拔，前怕狼后怕虎，自暴自弃，甚至走向绝路的人注定只能一无所成。因此，能够忍受挫折的打击，保持正常的心理活动，既是大学生具有良好社会适应能力和心理健康的标志，也是大学生成才的关键。

1. 大学生人格完善的需要

一方面，当代的大学生基本是"90后"，他们没有父辈们那样艰辛生活的磨练经历，学习和生活环境相对优裕。而且，由于他们的父辈们饱受了生活的苦难，不想再让儿女受累吃苦，经常有意无意地保护孩子免受困难和挫折。这在为他们提供较好成长机遇的同时，又在客观上减少了他们面对挫折与承受挫折的机会。另一方面，当代大学生是应试教育体制下培养出来的，升学的竞争在相当程度上迫使他们放弃了应有的轻松与快乐，甚至连节假日正常的娱乐也减少至最低的限度。这种教育模式，使不少学生心理的成长缓慢而单一。踏入大学校门后，他们的成长环境发生了根本性的变化，他们必须独自面对复杂的环境，必须按照自己的价值尺度和认知能力做出自己的选择与判断。在这种新的环境下，那些心理成长缓慢的大学生往往显得无所适从，稍遇挫折就消极逃避，推卸责任。例如，有的学生可能因未能当选学生会干部而怨天尤人，自暴自弃；有的学生可能因一次交往失败而长期自我封闭；有的同学在考试结束后发现自己已不再拔尖便开始郁郁寡欢，甚至自我否定；有的学生离家才几个月就三番五次地哭鼻子要回家；等等。这种对挫折的承受力是令人担忧的。如果不加以控制，不仅会影响到大学生社会化的进程，而且也不利于他们健康人格的成长。

2. 大学生成才的需要

与相对稳定的校园环境相比，大学生毕业后面临的社会环境，将是充满竞争、风险和挑战的市场经济环境，他们要挑起建设社会主义市场经济的重任。但当代大学生是在中国改革开放、综合国力显著增强、人民生活水平迅速提高、社会发生较大变化的环境中成长起来的。一方面，他们获得了比前几辈大学生丰富得多的物质文化生活的保障，接受了比前几辈大学生优越得多的小学、中学教育；另一方面，由于家庭特殊的爱，他们往往缺乏生活经验，缺乏应有的抵抗挫折的能力，并且容易产生脱离现实的虚幻想法，将生活过于完美化，稍有挫折，便产生消极的心理反应，导致情绪恶化或厌世。在当前这个竞争异常激烈的时代里，如果大学生们没有遭受挫折的思想准备，没有抵抗挫折的能力，那么他们将很难在这个复杂的社会中站稳脚跟，寻求发展。

3. 社会发展的需要

21世纪是竞争的时代。各国综合国力的竞争的实质是科学技术和人才的竞争。人才是一个国家发展最重要的资源，但现代意义上的人才不再是那些高分低能的"高才生"，而是具有德、智、体、美全面发展能力的人，其中包括具有良好的心理素质和社会应变能力的人。如果大学生缺乏应有的挫折承受力，就不可能为社会做出多大贡献，也不可能成为社会主义现代化建设事业的合格人才。因此，增强大学生的抗挫折能力是当代社会发展的实际需要。

四、大学生挫折承受力的培养方法

1. 善于调节自我抱负水平

自我抱负水平是指个人对未来可能达到的成功标准的心理需求,是指人们在从事某种实际活动之前,对自己所要达到目标规定的标准。如果一个人对自己规定的标准高,那么他的自我抱负水平就高;如果对自己规定的标准低,那么他的自我抱负水平就低。可见,自我抱负水平是自定的标准,仅仅是个人愿望,与个人的实际成就不一定相符合。一般而言,自我抱负水平直接影响个人的学习和生活:一个抱负水平较高的人,往往对自己的要求也较高,因而其学习、工作的效率也就较高;一个抱负水平低的人,对自己的要求也就低,缺乏积极性、主动性,因而其学习、工作的效果也就较差。但是,个人的自我抱负水平必须建立在对自己的实际能力正确认知的基础之上。如果一个人的抱负水平总是高于自己的实际能力,那就很难达到预期的目标,很容易遭受挫折。

在现实生活中,不少大学生在学习等方面的挫折都与自我抱负水平的确立不当有关。因此,大学生必须学会根据自己的实际能力正确设定生活的目标,调整自我抱负水平,并在前进中及时调整自己的目标。如果在目标实施过程中,发现自己设定的目标不切实际,前进受阻,就要及时予以调整,以便继续前进。对于远大目标,要把它分解成中期、近期和当前目标。如对考研,就可以由易到难给自己设定目标,当受到挫折后,及时进行调整,改进方式或方法。这样,既可以在失败、挫折后的不断总结中体验到愉快和满足,逐步提高自信心,又能吸取经验教训,最终战胜挫折,取得最后的成功。必须指出的是,大学生在确立自我抱负水平时,应注意把自己的目标与社会的客观环境条件、社会利益等因素综合加以考虑,才能做出有助于自身,更有助于社会的成就来。

2. 正确认识自我和评价自我

由于当代大学生大多没有经历过艰苦生活的磨炼,社会阅历不够丰富,他们往往对自我的认识与评价不到位,要么高估,要么低估。他们一般有着极高的成就动机,总想出人头地、大展宏图,因而对自己的目标定位过高。但是,社会环境总是非常复杂的。面对激烈的竞争压力,大学生却又缺乏迎接挫折与困难的心理准备,常常在挫折面前又表现得信心不足而迷惘无措,情感表现得敏感、脆弱。因此,大学生必须学会正确认识自我和评价自我。

首先,应根据自己的学习、成长要求,恰当地分析自身的长处和不足,对自己的不足要有充分的理解。这样才能扬长避短,取长补短,实现自我价值。例如,某师范生的表达能力不好,很容易给自己带来压力和挫折困扰,如扬长避短则是职业改变,如取长补短则是加强口才的锻炼。当然是后者解决内在问题更为有效。其次,要根据外部条件和内在条件的变化及时调整自己的期望水平、抱负水平，避免一些无谓的"碰壁""撞墙"。例如，考试原本可以取得好成绩，可是由于自己身体不好或试题偏难，而没有达到预期目标。这时就要作好两种心理准备：一是自己超常发挥，如期取得好成绩；二是无法克服困难，难以实现预期目标，要学会原谅自我。

3. 确立合理的自我归因

在生活中，人们对行为的成功与失败进行归因是一件很平常的事，然而在这一过程中形成的归因倾向则对人的心理承受力有很大的影响。心理学研究表明：在归因中，有些人倾向于情境归因，认为外部复杂且难以预料的力量是主宰行为的原因。如一个学生认为自己成绩不好主要是由于教师教学水平或是考卷难度太大方面的原因。有些人倾向于本性归因，即认为自身的努力、能力是影响事情的发展与行为结果的主要原因。例如一个学生认为自己成绩不好是由于学习不够努力造成的。一般来说，进行本性归因的学生对自己的行为与学习有更多的自我责任定向与积极态度，但是从对失败的归因方面来看，由于他们倾向于把原因归于主观因素，就容易自我埋怨、自我责备。如果这种自责、悔恨过多，就会给他们带来挫折感和心理损伤。因此，首先，要学会多方面收集关于事件的信息，了解困难的原因所在；其次，要学会合理地归因，避免归因的片面性，学会实事求是地承担责任，克服过分承担或完全推卸责任的倾向，避免过多自责带来的挫折感；最后，要积极采取措施主动改变挫折情境因素，从而有效地应对挫折。例如，在学习过程中发现最近学习效率不高，通过原因分析之后，在解决内在问题的同时，可以尝试改变学习地点、学习时间，或改变学习科目的顺序、学习结构等，从而避免学习效率不高给自己带来的压力和困扰。

4. 增强挫折认知水平

心理学研究表明：一个人越是能够获得与挫折事件相关的信息，就越能够有效地处理它；越是参加到自己怕面对的挫折情境中去，就越能够有效地对付这种情境。可见，个体对挫折的反应和承受能力不仅取决于挫折情境本身，更重要的是取决于其对挫折的认知。既然挫折是社会生活的组成部分，是不可避免的人生经历，大学生就应该正确地认识挫折，战胜挫折，并把挫折作为成功的阶梯。

正确地认识挫折，首先应该认识到挫折的两重性：挫折一方面对人有消极的影响，如挫折会影响个体实现目标的积极性，降低个体的创造性思维水平，损害个体的身心健康；另一方面也有积极的作用，如挫折能增强个体情绪反应的力量，增强个体的容忍力，提高个体对挫折的认识水平。因此，辩证地看待挫折的两面性，就能够变不利因素为有利因素，化消极因素为积极因素，促使挫折向积极方面转化。大学生应学会对客观事物、挫折情境的正确认识。如有的学生因一次考试不及格就悲观失望，甚至自暴自弃。这种表现是由于他的错误认知导致的。人生的道路总是崎岖不平、丰富多彩的，一次的失败并不能够代表全部。人生成才的道路、成功的机会是很多的，只要自己努力，就会有一个崭新的未来。

5. 构建成熟的心理防卫机制

心理防卫机制是挫折发生后人在内部心理活动中所具备的有意或无意地摆脱挫折造成的心理压力、减少精神痛苦、维护正常情绪、平衡心理的种种自我保护方式。心理防卫机制的意义有积极和消极之分。其积极的意义在于能够使主体在遭受困难与挫折后减轻或免除精神压力，恢复心理平衡，甚至激发主体的主观能动性，激励主体以顽强的毅力克服困难，战胜挫折。其消极的意义在于使主体可能因压力的缓解而自足，或出现退缩甚至恐惧而导致心理疾病。

受挫后的心理防卫机制有很多，但有利于大学生成长的积极的心理机制表现为升华、补偿等。升华的心理防卫机制能够使大学生在遭遇挫折后，把内心痛苦化为一种动力，转而投入到有益的生活、学习中，这无疑是人们在挫折后的最佳应用。补偿、文饰、幽默等心理防卫机制能使大学生获得平衡心理，保持自尊，减轻内心的痛苦和焦虑，因而也不失为受挫后较理想的心理防卫方式。另外，合理的情绪宣泄也是缓解大学生受挫后心理紧张和焦虑、保持其身心健康的有效机制。总之，构建成熟的心理防卫机制，不仅有助于大学生提高自身的心理健康水平，也有助于大学生自信心的培养与意志力的磨炼。

6. 建立和谐的人际关系

心理学研究表明，一个人与他人一起处在挫折压力中时，可以降低消极情绪体验。因此，大学生在面对挫折时，除了积极改变自我之外，还应学会交往，与他人建立良好的人际关系来帮助缓解压力。交往是人们为了交流思想和感情而彼此间相互作用的过程。它使人们在关系互动过程中相互了解，相互依赖，形成稳定的心理联系，满足人们的情感需要。同时，由交往形成的人际关系又可以满足人的归属、情谊、认可等社会性需要。因此，学会交往、建立良好的人际关系是提高大学生应对挫折能力的有效手段。

大学生在加强人际交往、融洽人际关系时应做到：首先，要掌握交往技能，使自己与别人的交往得以顺利进行。如掌握基本礼节礼貌、良好口头表达等。其次，要养成良好的交往品质，要自觉地择友而交，要相互理解，相互尊重，要对朋友真诚、宽容。最后，要把握各种机会参与交往，并保持沟通畅通，以免误解而产生不愉快。

人生路途漫漫，顺境时切莫得意忘形，不要被冲昏头脑；逆境时也莫逃避，而应奋起直追，一如既往地驶向彼岸，以自信的灿烂微笑去咀嚼挫折。最终，你将在咀嚼中汲取宝贵的营养，获得思维的升华，从而成功地跨越这道障碍。

案例分析

小李家住西屏镇青龙村，认识他的人，都说他是个受尽磨难的孩子。他未出生时父亲就去世了。小李从小就格外懂事，发奋读书，从小学到高中，成绩一直名列前茅。为了减轻家里的负担，他在学校总是吃最便宜的菜，每当休息日或放假，他都回家干家务活。正当小李勤奋学习、茁壮成长的时候，不幸的事又发生了：1996年3月，母亲因病去世。然而，这一突来的打击并没有动摇他求学的决心。他强忍悲痛，更加发奋地学习。第二年，他终于以560分的成绩被重点大学录取。但是，命运又一次不公平地对待了他：在体检时，小李被确诊为先天性心脏病，不能就读。面对这一切，性格刚强的他并没有退缩。他变卖了家产，又东凑西借筹集了一笔钱，动了手术，治好了病。1998年，小李再次参加高考，以572分的优异成绩被浙江工业大学录取。但是，家里为了给他治病，已经借了一大笔钱。怎么办呢？小李怀着对知识的渴求，只身来到力水星马公司勤工俭学。他的遭遇引起了社会上方方面面的极大关注，人们纷纷向他伸出了援助之手。小李终于圆了大学梦。

[思考题]

1. 结合自身的成长历程，谈一谈挫折在人生发展中的积极意义、我们应该如何降低挫折的负面影响，以及如何使挫折向积极方面转化的途径和方法。

2. 为什么遭遇同一件事，有的人认为是挫折，有的人认为是一种机遇与锻炼？

案例分析

1965年9月7日，纽约举行了一场台球世界冠军赛。这场争夺赛是在易斯·福克斯和约翰·迪瑞之间进行的，奖金四万美元。

这两位都是台球坛上的奇才，观众们在静静地观看着比赛的进展。福克斯得分已遥遥领先，他只要再得几分，这场比赛就将宣告结束。

这时赛厅里的气氛十分紧张。福克斯洋洋自得准备着最后几杆漂亮的击球。迪瑞沮丧地坐在一个角落里，他的败局已定。突然，在那死一般沉寂的赛厅里出现了一只苍蝇，嗡嗡作响。它绕着球台盘旋了一会，然后停在了主球上。福克斯微微一笑，轻轻地一挥手，"嘘"一声赶走了苍蝇。他又盯着台球，伏下身子准备击球，可是这只苍蝇第二次来到台盘上方盘旋，而后又落在了主球上。于是观众中发出了一阵紧张的笑声。福克斯又轻嘘一声将苍蝇赶跑了，他的情绪并没有因为这种干扰而波动。但是这只苍蝇第三次回到了台盘上。观众席中发出了一阵狂笑。原先冷静的福克斯这次再也不冷静了。他用球杆去捣那只苍蝇，想把它赶走。不料球杆擦着主球，主球滚动了一英寸。苍蝇是不见了，可是由于福克斯触及了主球，他就失去了继续击球的机会。迪瑞充分地利用了这一幸运的机会，打得极漂亮，长时间地连续击球，直至比赛结束。迪瑞夺得了台球世界冠军，并拿走了四万美元的奖金。

那天夜里，福克斯离开赛厅时，宛如在奇怪的梦幻中游走。第二天早上，一艘警艇在河上发现了他的尸体，他自杀了。

[思考题]

面对激烈竞争的社会，你将如何提高自己的挫折承受能力？

第八章

大学生的学习心理

在大学阶段，虽然升学的压力减轻，学习的自由度提高，但由于大学在学习内容、学习方法、学习目标、学习任务、学习范围等方面的特点，加之家庭和社会的期望增高以及面临日益严峻的就业形势等原因，从某种程度来说，大学生的学习压力并没有降低。面对这些压力，大学生如果不能很好地舒解和释放，难免会出现这样或那样的心理问题。因此，帮助大学生了解大学阶段的学习特点以及学习中常见的一些心理现象和心理问题，掌握大学生学习心理的规律和心理调节的科学方法，对于提高大学生的学习质量和学习效率具有十分重要的意义。

第一节 学习概述

一、学习的概念及其影响因素

(一) 学习概念

"学习"一词，我国古代文献中早就有之。孔子说："学而时习之，不亦乐乎？""学而不思则罔，思而不学则殆。"孔子的观点，在一定程度上揭示了学习与练习、学习与情感、学习与思维的关系。但长期以来，关于学习仍无一个统一的概念。

许多心理学家、教育学家和哲学家用不同的观点从不同的角度提出了学习的定义。美国心理学家桑代克说："人类的学习就是人类本性和行为的改变，本性的改变只有在行为的变化上表现出来。"美国教育心理学家加涅说："学习是人类倾向或才能的一种变化，这种变化要维持一段时间，而且不能把这种变化简单地归之为成长过程。"美国心理学家希尔加德说："学习是指一个主体在某个现实情境中的重复经验引起的，对那个情境的行为或行为潜能变化。不过，这种行为的变化不能根据主体的先天反应倾向、成熟或暂时状态（如疲劳、醉酒、内趋力）来解释。"联合国教科文组织在1987年所作的《学习，财富蕴藏其中》的报告指出，学习是指个体发展终身教育的理念。

从广义上讲，学习是人和动物在生活过程中通过实践训练而获得的由经验引起的相对持久的适应的心理变化，即有机体以经验方式引起的对环境相对持久的适应性心理变化。在这个定义中，体现了三个论点：一是学习是动物和人共有的心理现象，虽然人的学习是相当复杂的，与动物的学习有本质区别，但不能否认动物也是有学习的；二是学习不是本能活动，而是后天习得的；三是任何水平的学习都将引起适应性的行为变化，不仅是外显行为的变化（有时并不显著），也有内隐行为或内部过程的变化，即个体不能把一切变化都归为学习（如由于疲劳、生长、机体损伤以及其他生理变化所产生的变化都不是学习），只有通过学习活动产生的变化才是学习。

(二) 影响学习的心理因素

1. 智力因素是学习的必要条件

智力是指人在不同活动中表现出来的一般能力，由注意力、观察力、记忆力、想象力、思维力构成，其中思维力是核心。

学习活动就是一种智慧活动，所以，一个人的智力如何直接关系到学习如何。学习就是通过智力活动感知客观世界，积累经验，掌握知识，解决各种问题，从而认识客观世界发展变化的本质和规律。心理学家对智力的组成因素及其在学习中的作用作了形象的比喻：注意力和观察力好比是智力的门窗，没有它们，知识的阳光就无法进入智慧的房间。外界信息只有经过注意力和观察力的输入，才能在大脑中整理、储存，并在一定条件下输出。想象力是智力的翅膀，它将接收到的信息进行加工、改造，创造性地创建出新的形象。它使智力纵横驰骋，使学习更富于创造力。记忆力是智力的一座仓库，储存得越多，智力工厂越能很好地生产和加工出好的产品。思维力是核心，犹如一部高速运转的机器，其他因素提供给它加工的信息原材料和活动的动力资源，没有思维力，整个智力工厂将处于瘫痪状态。因此，智力的各个因素均是保障学习活动顺利进行的必要条件。

2. 非智力因素是学习的充分条件

除了智力因素对学习的影响外，非智力因素对学习同样有着巨大的影响。非智力因素虽然不直接参与认识过程中对外部信息的接收、加工、处理等任务，但它对认识过程起着推动和调节作用，是智慧活动的推动者和调节者。如果说智力因素反映的是人们能不能干，则非智力因素就是人们肯不肯干的问题，干得好坏与否就由它们共同决定了。一般人的学习主要是由非智力因素决定的，一个对学习缺乏兴趣的人，同时又没有吃苦勤奋的精神，即使智力水平再高，也不会有好的成绩。

美国心理学家特尔曼（Terman）曾对1528名智力超常的学生进行长达50年的追踪研究，结果表明：智力水平高的人不一定能成为杰出的人才，而成功者大都具备非智力因素，如坚韧、恒心、毅力，具有强烈的未知欲，不怕失败，凡事有主见，雄心勃勃，在希望渺茫的情况下，敢于坚持到底，等等特征。因此，一个人成才的过程离不开智力因素和非智力因素的相互影响，其中非智力因素起着决定性的作用。

二、大学生的学习

(一) 大学生学习的特点

1. 大学生学习的独立性和自主性

在整个中学的学习过程中，老师的指导和讲解占据主导地位，学生经常将老师当作学习中不能缺少的领路人，一有问题便需要老师的帮助，在方法的选择和作业安排等诸多方面体现出学习上对老师的依赖。大学生的学习虽然也有老师讲课，但是学习中老师的角色发生了改变。他们对老师的依赖逐渐减少,学生对老师不再"言听计从";老师有时被学生看作学习经验、观点上的一个交流者,在课堂上或者课后经常会同老师就某些问题交换意见和看法。因此,在课程以后的理解、消化、巩固等各个方面主要是依靠自己独立完成。

在以前的成长历程中,学生学习的主要形式基本上是千篇一律的,因为教育者都把学生看成一个知识的接受者,在学习中更多依赖于传统的老师讲授,严格按照课本的知识体系进行"一对多"的教学。学生的能力和潜能必然存在差异,可是大学以前的教育中,它们基本上被深深地压抑在应试教育的模式之下。好在大学校园为大学生提供了一个广阔的发展空间,成绩不再是大家挤过独木桥的唯一手段。大学毕竟不再像中学那样充满着升学的压力,而是为了适应社会发展的需要,培养多方面的能力。因为学习目标的扩大,大学生的学习不再拘泥于学好课本知识以获得一个好的成绩,而更多涉及个人多方面能力的发展,也希望更多地体现自己的特长和兴趣。由于大学生本身认知思维特性的变化,他们的学习活动将大受影响。他们开始能够根据自己的兴趣、爱好去发现、探索和思考问题,能根据自己的经验或者查阅文献资料、询问老师和同学等其他各种渠道获取信息,对问题进行综合分析,得出一个较为恰当的结论。所以,在学生学习的内容选择上、方法选择上都体现出强烈的独立性和自主性色彩,这同以前的学习是大为不同的。

2. 大学生学习的选择性与专业性

同以前的学习相比,大学生学习的选择具有一定程度的自由。这种选择性表现在学习内容的选择、学习方法的选择、学习时间与进度的选择上。从大学开设的课程来看,已经不再局限于传统的基本科目,其中不仅有针对学生专业素质和品德素养等方面的必修课,还有帮助学生发展兴趣、爱好以及其他综合素质发展的选修课。大学生可以根据自己的实际情况,在学习学校规定的必修科目之外,根据自己的兴趣、特长进行选修课的选择,从而达到扩充知识、发展多种能力的目的。并且随着高校教育对学生主体性的关注和教育改革的深入,在教学课程安排上,选修课的比重将逐渐增大,以帮助学生全面发展综合素质。因此,学生在学习内容上有更大的选择自由。

同时,大学的学习内容又体现了深厚的专业性特色。在中学阶段,学生学习的主要目标在于掌握理解客观世界、解决问题的普遍性知识。这些知识为今后更深入的学习打下了坚实的基础。步入大学后,每个学生都有自己一定的专业领域,强调在各方面能力都有发展的基础之上,还要求专业知识和技能得到更大程度的提升。大学学习在对大学生专业培养某一领域内专门人才的教育活动中,其他方面的公共基础课、技术基础课、专业课等课程的内容和设置需要围绕专业方向和需要来进行。因此,专业性的学习对大学生的学习和成长、对高校教育目的的实现都具有重要的意义。

3. 大学生学习方式的广泛性与多样性

学习方式的广泛性与多样性反映了大学学习的多层面、多角度的特点。课堂教学虽然是大学生进行学习的主要途径，但它绝不是唯一的途径。随着大学生对校园生活的熟悉和学习方法、技巧的逐步增多，在学习过程中他们能够通过各种不同的渠道收集资料，逐渐完善自己的知识体系，加深自己对问题的理解，改变自己对某一问题的看法。当然也可以根据自己的学习兴趣去探索和获得课堂之外的广泛知识。大学学习活动的安排也反映了学习方式广泛性的特点。学生在课余有了更多可以自由支配的时间，可以在学校提供的条件下进行大范围的学习，如参加专题讨论、学术沙龙、听学术报告、知识讲座、查阅文献资料等。

4. 大学生学习的接受性与创造性

大学学习体现了人类一般学习的特点。任何学习必然是一种接受的过程，在知识的传递过程中，人类一切的生活经验和关于世界的知识作为对象，必须要求被学生接受。学生通过占有传授者提供的经验，来掌握前人所创造的经验，把别人经验变成自己的经验。

但是，大学生的学习在接受性特点外，与其他阶段的学习相比，还体现着更为浓厚的创造性特点。人类社会的发展历程离不开创新，正是因为人类在学习过程中进行了创新，才使人们不仅把前人的经验继承了下来，还能进行总结与归纳，并不断打破固有经验的限制，让思维得到充分的解放，将人类文明逐渐推向进步。由于大学生思维特点的变化，他们能对日常经验进行更复杂的抽象、概括，进行辩证思考，在原有接受知识的基础上能创造出更多的知识。正是基于这种考虑，我国现在试行并逐步推广了综合实践课和研究性学习，克服班级授课制度的弊端，给学生提供一种更灵活的学习方式，以及柔性而又富于弹性的时空环境。特别是随着当前互联网的发展，网络在学习中的利用越来越受到重视，更需要学生创造新的学习规则和学习方式，体现出创造性的最大特色。

5. 全面发展和注重能力培养的特点

德、智、体全面发展是我国教育方针对学生提出的基本要求。全面发展的要求是以马克思对未来社会关于人才全面发展的学说为依据，结合我国社会主义建设对人才的需要所提出的。马克思认为：个人劳动能力的全面发展，不仅要有良好的科学文化素质、身体素质、思想道德素质，而且还要有能妥善处理人际关系和适应社会变化的能力；个人的才能要获得充分的多方面的发展，做到人尽其才，各显其能，社会要提供个人能力充分发展的环境。我国的教育历来都强调个人品德、智力、体育、美育、劳动五个方面在人才的成长过程中互相促进，相互制约，缺一不可。能力的培养是现代社会对大学教育提出的一个重大任务。知识再多，如果不会运用，也只能是一个知识库，也只是高分低能的"书呆子"。一些大学生存在高分低能的现象，使得大学生的能力培养成为高等教育中十分重要的问题。获取知识和培养能力是人才成长的两个基本方面，它们的关系是相辅相成、对立统一的。广博的知识积累，是培养和发挥能力的基础，而良好的能力又可以促进和检验知识的掌握。一个社会衡量人才的根本标志不在于个体记得或背诵多少知识，而是看其是否具有利用知识进行创造的能力、实际动手的操作能力、语言文字的表达能力等。在当今世界的激烈竞争中，最根本的是高科技竞争，而高科技的竞争则主要表现在人才的培养和能力的发挥上。大学教育从某种意义上讲，正是培养有知识、有能力的高科技人才的重要环节。这就要求大学生在校学习期间，必须在全面掌握专业知识和其他有关知识的基础上，加强专业技能的培养和智力的开发，在学习书本知识的过程中重视教学实践环节的锻炼和学习。要认真做好专业实习和毕业设计，积极参加社会调查和生产实践活动，努力运用现代化科学知识和科学手段研究并解决社会发展和生产实践中的各种实际问题，克服在学习中存在的理论脱离实际和"高分低能"的不良倾向。

三、大学生学习的意义

学习是大学生活的重要内容，对于大学生的成长和发展具有重要的意义。具体来说表现在以下几个方面：

1. 大学学习是大学生以后适应社会的必要手段

动物和人的生活都离不开学习。学习是动物和人与环境保持平衡、维持生存和发展所必需的条件，也是适应环境的手段。从人类的发展史来看，人类正是通过学习，迅速而广泛地获得经验来适应环境。例如，以耕种来获取粮食，靠的是学习；战胜毒蛇猛兽，对付天灾人祸，以免被消灭，靠的也是学习；知道应用社会规范来处理自己与集体的关系，以使自己被接受，利于生存和发展，终究也需要学习。国外有句名言，叫作"不学习就灭亡"。1972年联合国教科文组织国际教育发展委员会发表了著名的研究报告，题为《学会生存》，就把学习同生存直接联系在一起。可见学习对人类生存的重要性。大学生处在一个多元化的社会，整个社会正在经历着巨大的改革和变迁。在这种瞬息万变的社会变化中，学生只有通过不断的学习，才能掌握一定的知识和技能，才能领会一定的社会规范要求。大学生以后是社会的建设者，在社会变迁中承受着更多的压力和责任。通过学习，他们能够根据所学来调整自己适应社会的要求，让自己更好地生存和发展。

2. 学习是促进大学生成熟的重要途径

随着年龄的增长，人的生理和心理会逐渐成熟。但个体的成熟并不是完全脱离环境和学习影响的纯自己过程。一些研究表明，学习对人体成熟起很大的作用，近二三十年以来，许多心理学家的实验研究发现，动物的环境丰富程度，可以影响动物感官的发育和成熟，也会影响大脑的质量、结构和化学成分，从而影响智慧的发展。同样道理，大学为每个学生在知识掌握、人际交往、身体素质提高方面提供了十分丰富的环境刺激。大学生在大学的学习中有充分的机会通过应对环境刺激来熟悉所掌握的知识、技能，培养良好的心理素质，形成稳定的心理结构，提高身体素质，发展生理机能。这些都将为大学生的成熟发展提供重要帮助。

瑞士著名儿童心理学家皮亚杰就认为，必须通过技能的练习来促进儿童的成熟。他还提到，随着"儿童年龄增长，自然及社会环境影响的重要性将随之增加"。据此，大学生心智的发展，要以其成熟程序为依据，又绝不能等待成熟。应该在合适的"生长点"上将恰当的学习内容、合理的训练方法和教育方式结合运用，促进其生理和心理的成熟。我国心理学家吴福元曾用标准的智力测验工具进行追踪研究，结果发现，经过两年的大学学习，40 名被试者中 39 名的 IQ 都有提高。这说明在良好的环境中接受教育、进行学习可以让智力得到发展。

3. 学习可以提高大学生的素质

学习可以提高人的文化修养。人类在社会历史发展过程中创造了大量的物质文化与精神文化。特别是精神文化，如文学、艺术、教育、科学等方面的成果尤其需要人们通过学习去获得，以提高自己的文化素养。缺乏一定文化素养的人不能算作真正健全的人，现代社会的新型人才必须是具有较高文化素养的人。学习可以优化人的心理素质。一个现代社会的新型人才，应该具备诸多方面的良好心理素质，如高尚的品德、超凡的气质、敬业的精神、目标专一的性格以及坚韧不拔的意志等等。这些都可以通过学习来达到。正如英国作家萨克雷所言："读书能够开导灵魂，提高和强化人格，激发人们的美好志向，读书能够增长才智和陶冶心灵。"大学学习的知识面将达到前所未有的广度和深度，有利于提高大学生各方面的素质。

四、当代大学生学习心理的特点

大学生的学习心理与中小学相比有其不同的年龄发展阶段的特点和差异性。有专家曾从多角度对我国高校大学生的学习心理现状进行了问卷调查。结果表明，我国高校大学生的学习心理呈现以下几个方面的特点：

（一）大学生的学习动机特点

学习动机是学生学习活动的主观意图，是推动学生进行学习的内在动力。大学生的学习动机是影响大学生学习活动的重要心理因素。在大学生的学习动机中，发展成才的需要始终占据首要地位。它是一种内部动机，将对学习起到持续有力的推动作用。其次，对个人利益的追求占了重要地位，这是一种外部动机。究其原因，教育受社会经济发展的制约并最终由经济决定。在市场经济的冲击下，大学生必然受到商品经济文化的影响，反映出思想上更趋现实的特点。高报酬已成为大学生重要的追求目标。从性别差异来看,男生更重视对个人和社会利益的追求,更注重成功,较少害怕失败;女生的成就动机明显低于男生。也有部分学生认为考入大学后学习目标就算实现了,不再给自己设立新的学习目标,学习上只求及格,缺乏学习动机和学习兴趣。

(二) 大学生的学习兴趣特点

兴趣是指人对事物特殊的认识倾向。它是影响大学生学习的又一重要心理因素。学习兴趣广泛是当代大学生的一个显著特点。课程学习文理互选,课外阅读范围极广,名目繁多的学术社团,丰富多彩的知识讲座,这些都反映出当代大学生学习兴趣的广泛性。当代大学生学习兴趣广泛,使他们知识丰富,思维活跃,能更好地适应科学技术既精细分化,又高度综合的当今时代。在学习兴趣广泛化的同时,当代大学生对专业的兴趣出现了淡化的趋势。调查表明,对自己专业"感兴趣"的大学生占55.6%,"无所谓"者占21.3%,"不感兴趣"者占23.1%。

(三) 大学生的学习行为特点

整体来说,大学生能在思想上明确学习和掌握知识技能的重要性,却较少能在行动上"一贯努力","充分地、有计划地利用时间",结果又会因自己没有充分利用时间而后悔、自责。在大学里,大部分学生能自觉学习,积极参加各种专业训练活动,努力提升自身素质。也有部分学生无心向学,经常无故旷课,即使到了课堂上也是看小说或聊天;他们把课外时间都用来娱乐,发展个人兴趣、爱好,或是用来外出打工,结果因考试成绩不合格,不得不重修或留级。调查表明,对于学校规定的晚自习时间未抓紧过的占13.6%,抓得不太紧的为54.6%,抓得比较紧和抓得十分紧的分别占27.6%和4.2%,后两者加起来也只占31.8%。而且,"学习价值感"和"持续一贯努力"有随年级升高而降低的趋势;"坚强毅力意志"从一至三年级降低,但四年级有显著上升;"学习兴趣"在一、三年级较高,二、四年级较低;"学习的积极主动性"在二年级时出现低谷。

(四) 大学生的学习方法特点

大学的学习不仅是学知识、学专业,更重要的是学方法、学策略,发展和提升学习能力。从总体上看,大学生能较好地掌握科学的学习方法,如认真记课堂笔记、用读背结合的记忆力方法、运用巧妙的联想记忆术、抽象与具体知识相结合地理解记忆、区分出知识重点、归纳知识要点等。但在课前预习、课后及时整理和复习等方面存在问题。调查表明,经常在课前对新课进行预习的只有22.8%,有66.4%的人经常是毫无准备地去听新课,而且67.1%的学生平时很少复习当天学到的需要去记忆的知识。

对学习活动进行自我监控和调节是自主性学习的根本体现,也是学习方法的最高层次。调查表明:只有不到40%的学生(39.5%)常常反问自己是否掌握了已学过的知识，对学习进度进行有效的监控；有近50%（48.4%）的学生平时对自己掌握已学过教材的情况心中无数；而不了解自己的学习方法、不知道自己的学习方法好不好的学生有46.3%。

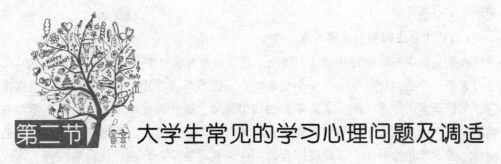

第二节 大学生常见的学习心理问题及调适

学习是一个智力因素和非智力因素积极参与的过程。在这个过程中，任何因素的失调都会导致大学生学习心理问题的产生，使学习效率降低。因此，了解大学生常见的学习心理问题和有效的调节方法，是大学生顺利完成大学阶段学习任务的保障。

一、学习动机的不当与调适

学习动机是激发个体进行学习活动、维持已引起的学习活动并使行为朝向一定学习目标的一种内在的心理状态。学习动机具有三个方面的功能：① 指引方向。在一定动机的激励下，指引主体向一定的目标奋进，获得预期的效果；② 集中注意力。在动机的推动下，排除来自各方面的干扰，克服困难，集中精力于所学的内容；③ 增添内驱力量，推动积极、主动的学习行为，达到向往的目标。

学习动机在大学生学习过程中具有重要的作用。一方面，它唤起了大学生对学习的准备状态，促进一些非智力因素如集中注意力、坚持不懈以及挫折的忍受性等意志和情感方面品质的形成和提高，间接地促进了学习；另一方面，学习动机又可以作为一种学习结果，强化学习行为本身，促进"学习—动机—学习"的良性循环。需要注意的是，学习动机和学习结果之间的关系并不是一个正比的关系。心理学界有名的耶基斯—多德森定律告诉我们：动机强度与学习结果之间的关系可以用一条倒U形曲线来描述，即中等程度的动机激起水平最有利于学习效果的提高。同时，该定律还指出，最佳的动机激起水平与任务难度密切相关。在较容易的任务中，工作效率随动机的提高而上升，随着任务难度的增加，动机的最佳水平呈逐渐下降趋势。因此，动机缺乏和动机过强，都会影响学习效果，带来一系列的心理问题。

（一）学习动机缺乏

1. 学习动机缺乏的表现

（1）无明确的学习目标。有些学生进入大学校门后，从心理上摆脱了高中时的沉重压力，思想上逐渐松懈，对自己在大学期间以及每学年、每学期学习上究竟要达到什么要求心中无数，在学习上既无近期目标，也无长远目标，学习缺乏动力。

（2）无学习计划。这类学生对每天的时间怎么安排、学习什么、读些什么书、学习多少内容、如何在多门课程中合理分配时间和精力等方面不作打算，得过且过。

（3）无学习成就感。这类学生在学习上缺乏自尊心、自信心，没有求知的需要和激情。他们总认为自己就是学不好，对学习提不起兴趣，因而学习成绩搞不好也不觉得丢面子。

（4）厌倦学习。这类学生没有学习的热情，缺乏必要的学习压力和心理唤醒水平，懒于学习，甚至一提到学习，心中便产生挫折感、压抑感或无聊感等不良心理反应，把主要精力放在娱乐等与学习无关的活动上。

2. 学习动机缺乏的调适

（1）明确学习目的和意义。很多情况下，大学生缺乏学习的积极性和主动性，是因为他们不知道为什么学，对学习在人生发展中的作用和意义缺乏深刻的认识。因此，应使这些大学生充分认识到掌握知识对适应知识经济时代的重要性；如果不珍惜学习机会，不掌握扎实过硬的本领，将来在工作上就会感到力不从心，也无法真正实现个人的理想和价值。要从根本上调动他们学习的积极性、主动性和自觉性。

（2）适当设置学习目标。大学生在学习过程中一定要确定明确的目标。既要有长期目标，如整个大学期间的目标，又要有中期目标，如学年、学期目标，还要有短期目标和具体目标，如某门课程学习的目标等。大学生学习目标的设置一定要适当，要符合自身实际，既不能过高，也不能过低。过高达不到，容易丧失信心；过低不费力就能实现，起不到自我激励作用。此外，还要善于根据情况的变化来适当调整目标。这样做可以避免因目标过大不能实现而产生的挫败情绪，有利于激发学习动机。

（3）激发求知欲。孔子在两千多年前就说过："知之者不如好之者。"爱因斯坦也说："热爱是最好的老师。"如果大学生喜欢自己的专业，就会产生一种内在的学习驱动力。因此，培养对本专业稳定的学习兴趣，对学习动机的激发和心理健康都十分有利。大学生对专业兴趣的培养，可以通过听讲座、看相关书籍、参加本专业的讨论等形式，了解自己专业在科技发展中的重要作用及其在当今世界上的发展水平，了解我国目前还需要做哪些努力才能达到世界水平等。另外，大学生还可以通过参观专业对口的工厂、企业、研究所、学校等，真切体会专业学习的重要性。这些都有助于大学生提高学习兴趣，热爱专业，产生学习动力，认真学习。

（4）增强学习的成就感。在大学生动机形成过程中，重要的是对自己能力的信念，即认为自己有能力获得成功。这种能力的信念将直接影响他们的学习行为。因此，培养大学生的学习成就感，对于学习动机的激发有重要意义。大学生可以在学习过程中创设成功的机会，在自身的进步中体验成功的喜悦，并从自身的变化中认识自己的能力。另外，还可以通过观察与自己能力相近者获得成功的行为，来激发自信心，增强成功感。

(二) 学习动机过强

1. 学习动机过强的表现

学习动机过强与学习动机过弱一样，会降低学习效率，同时更容易造成心理上的困惑和生理上的不适应。犹如一个在强大力量推动下不停奔跑的人，最终会体力不支，甚至倒地不起。绷得过紧的弦有断裂的危险，动机过强有导致心理崩溃的可能。学习动机过强有以下表现：

(1) 过于勤奋。任何事情都应该维持一个度。动机过强的大学生将所有精力都用于学习上，并坚信自己只要勤奋学习就会有回报。他们往往认为学习是至高无上的，把时间花在别的地方是一种浪费。因而他们不知道娱乐、休息和运动为何物。

(2) 争强好胜。动机过强的大学生无论在学习上还是在日常生活中都反映出争强好胜的心理。他们非常看重自己的分数、名次，经常想考学校、班级的第一名，经常想得到他人的表扬和肯定，害怕失败，如果失败了，就会对自己产生怀疑。

(3) 情绪紧张。动机过强的大学生往往伴随着学习焦虑和考试焦虑，经常感觉到紧张不安。由于长期处于巨大的压力和超负荷的学习之中，情绪上、精神上难以松弛，久而久之导致精力不集中、记忆力减退、思维迟钝等，学习效率随之降低。许多身心问题诸如头痛、失眠、烦躁、心悸、胃肠功能失调接踵而至。所以，对于学习动机过强者来说，学习同样是一件苦差事，而不是一种乐趣。

(4) 容易自责。为了追求自己的完美，动机过强的大学生经常给自己订立过高的目标。为了完善自己的目标，就会责备自己，并为自己施加更大的压力。他们总是不满足现状，总认为自己应该做得更好，即使成功，也没有多少喜悦之情。

2. 学习动机过强的调适

(1) 加强自我认识。学习动机过强，往往来自对自己的过高估计，并由此造成在学习行动中对自己过分苛求，带来身心的伤害。因此，要解决动机过强的问题，就要对自己的能力和水平有一个客观的评价，正确认识自我，制定理想、抱负时要在自己能力的范围内，既不要好高骛远，又不要盲目攀比，操之过急。

(2) 科学地制定目标。制定目标要与自己所具备的条件及实际环境结合起来，目标要分阶段、分步骤、循序渐进，不能只有远景的大目标，而没有近景的阶段目标。做任何事情都应脚踏实地、一步一个脚印，学习也不例外。还需注意的是目标的制定一定要在自己的能力范围之内，目标要清晰、具体，具有可操作性，是经过努力能够实现的，切勿把目标定得过高、过于模糊、难以操作，否则易造成学习动机过强，影响学习效果和身心健康。

(3) 将关注点聚集在学习活动之中。学习动机过强的学生往往过分注重长辈、老师及周围同学对自己的看法，使得学习中压力过大、患得患失。因此，对于这样的学生，要注意教育他们如何学会学习、学会了多少知识，而绝不能以成绩来评定胜负，要淡化名利得失，不要总设想成败的后果，要增强他们的抗挫折能力。

二、考试焦虑与调适

（一）考试焦虑及其表现

焦虑是人们对未来活动的预期而引起的紧张不安、忧虑甚至恐惧等情绪状况。考试焦虑是由应试情景引起的一些情绪表现，按程度不同可分为轻度焦虑、中度焦虑和重度焦虑。考试是一种高度紧张的智能化活动，它对考生的心理素质有很高的要求。但考试焦虑已成为大学生中最普遍的学习心理障碍之一，对大学生的学习和生活产生了严重影响。有研究表明，在我国大学生中，考试焦虑程度较高的人数达20%之多。

考试焦虑的表现非常明显：

（1）在考试前表现为难以自抑的担忧、焦躁和紧张不安，无法沉静下来认真学习，而总是想着考试失败给自尊带来的伤害。他们吃不香，睡不好；注意力难以集中，记忆、思维和想象等心理能力自感明显衰退；情绪体验深刻，忧心忡忡，难以自控；复习吃力，效果不佳，复习计划不能正常完成；身心疲惫，多感不适，产生头痛、头晕等症状。

（2）在考试中突出表现为怯场现象。怯场是心理素质不良的反应，多表现为紧张不安、优柔寡断、不知所措等。

怯场的原因主要有两点：一是先前复习中的焦虑恐慌心理的自然延续所致，二是被疑难问题一时"吓"住的惊恐心理所致。较严重的怯场心理反应具体表现为三种：① 记忆力减退。先前所记得的东西被严重抑制，无法回忆或再认。② 思维呆滞。考生的思维过程被严重抑制，无法进行正常的联想、判断、推理，大脑僵化。③ 焦虑性应答。不经过冷静思考的急促应答，容易出现考题差错或遗漏。

（二）考试焦虑的调适

1. 树立正确的考试观

大学生应认识到，考试的目的只是检查教与学的成效，是提高教育教学工作质量的重要手段。考试虽然很重要，但它不是学习的目的，它只是作为检查自己学习、掌握知识程度的一种手段。大学生要充分认识到考试工作的意义，以实事求是的态度对待考试，把考试当作检验自己近段时期的学习态度、学习能力和知识水平，进一步认识和完善自我的一个"契机"。

2. 考试的期望要符合个人实际

考试前应对自己掌握的知识和已具备的能力做出正确的评价，在此基础上制定出考试成绩的目标。这样的目标才会符合个人实际,才能避免考试焦虑的出现。否则,如果目标太高,超过了自己的真正水平和能力,在考试之前会因没有把握实现目标而失去信心,影响复习的质量和效果,最后导致考试过度焦虑。

3. 缓解考试前以及考试中出现的消极情绪

考试是一种高度紧张的智能化活动,引起大学生一定的焦虑反应也属正常现象,关键是出现这些情绪之后如何进行有效的缓解。常见的缓解方法有:

(1) 自我激励法。考生在复习中若有自卑、消极等情绪时,可从自己已取得的成绩或已有优势着眼,激发应考意识。

(2) 转移法。在复习中一旦产生过度的焦虑、疲劳等不良心理症状时,应发挥意志力,果断地割断这些心理"寒潮"对自我情绪的干扰;随后可把注意力暂时移向与复习无关的富有趣味性的其他活动中去,待焦虑与疲劳感解除后再进行复习。

(3) 暗示法。在整个考试过程中,特别是在怯场的时候,可进行积极的自我暗示,如"不要慌,一切都会好的""镇静,这些题我已经做过"。

(4) 放松法。在答题过程中,如果感到非常紧张,可以做几次短暂的休息,闭上眼睛,放松身体和思想,伸展四肢并变换身体的位置,做几次缓慢的深呼吸,并在深呼吸时提醒自己"放松",紧张的情绪会慢慢得到缓解。

三、注意力不集中与调适

"天才,首先就是注意力。"注意是心理活动对一定对象的选择和集中,在人的信息加工过程中,注意具有选择、维持、整合和调节功能。人只有在注意状态下,才能顺利地执行各种任务。

(一) 注意力不集中的表现

1. 容易走神

在学习时不能有效控制自己的心理活动,总是想一些与学习毫无关系的事情,思维远离当前的学习活动,且不易收回。

2. 易受干扰

在学习时很容易被外界无关的刺激所吸引,有时甚至是很微弱的刺激也能引起注意力的分散,偏离当前的学习活动。

3. 无关动作增多

在学习时往往伴随着一些与学习无关的动作,如说话、东张西望、玩弄手指、摆弄笔杆、摸东翻西等,始终不能把注意力维持在学习上。

4. 效率低下

学习效率很低,通常给人的印象是花在学习上的时间很多,却见不到成效。如有的同学一个晚上都在看书，但可能一页书都没有看完。

（二）注意力不集中的调适

1. 明确学习目标，规定任务

在学习前应根据自己的条件，为自己确立一个适当的目标，并依据目标制订详细的学习计划。每次学习时都应有具体的学习任务，要带着任务和问题进行学习，这样学习才有动力，才不易分心。

2. 激发学习兴趣

大学新生入学后，学校应对各专业前景、发展方向作一些介绍，培养他们对本专业的兴趣，促使他们将注意力集中在学习上。

3. 寻找科学的学习方法

大学新生在入学之初，可能对大学的教育教学方法不适应，教师应及时对他们进行教育，使他们明白大学教学与中学教学的区别，帮助他们尽快总结出一套适应大学教学并与个人自身条件相适应的科学学习方法，把课后的时间充分利用起来。

4. 选择环境，排除干扰

由于每个人的心理特征不同，个人所喜好的学习环境也就不同。例如，有的人必须在绝对安静的环境下才能集中注意力，而有的人在轻柔的乐曲声中更能集中注意力。因此，大学生可以根据个人不同情况，选择适合自己的学习环境。大学生大多过着集体生活，有时在无法选择环境、干扰无法排除时，就需要有与干扰作斗争的自制力。

5. 劳逸结合，张弛有度

要科学地安排作息时间，适当地休息或进行体育活动，防止过度疲劳。同时，要消除焦虑、紧张情绪，保持平和、愉快的心境。

6. 学会运用思维阻断法

注意力不集中的学生在学习时常会胡思乱想，及时阻止这种纷乱的思绪对于提高学习效率大有益处。当纷乱思绪出现时：一种方法是听一些柔和的音乐，使大脑放松下来；另一种方法是把眼睛闭上，反复握拳、松开，使肌肉收缩，并同时对自己说"停"，如此反复数次，有助于集中注意力。

四、学习疲劳

（一）大学生学习疲劳的表现

疲劳是由于高强度或长时间持续活动而导致工作能力减弱、工作效率降低、错误率增加的状态。疲劳分为两类：一是生理性疲劳。一般是由于生理上的超负荷引起的，如一个平时缺乏锻炼的学生参加体力消耗较大的劳动，或参加一场体育运动，就会感到疲劳。二是心理性疲劳。这是因为学习、工作过程中紧张程度较大或工作过于单调而产生的疲劳。心理性疲劳的大学生常有以下几种表现：不想上课，不愿见老师；不愿做作业，一提作业就发怵，一看书就发困；即使在没有外界干扰的情况下，注意力也常常不能集中，有的人虽然也在看书，却"看不进去"，记不住书中的内容。

(二) 大学生学习疲劳的自我消除

1. 科学用脑

大脑左右两半球功能有差异，大脑左半球主要同抽象的智力活动如数学计算、语言分析等逻辑思维活动有关，大脑右半球则主要同音乐、色彩、图形、空间想象等形象化的思维活动有关。所以，为了克服疲劳，就要使大脑左右两半球交替运行。

2. 劳逸结合

学习过程要有间隙的休息，特别要注意使脑力劳动与体力劳动、文娱体育活动结合起来，交替进行，这样有利于消除学习疲劳。同时应保证有充足的睡眠时间。

3. 顺应生物钟的节律

按照人体生物活动的规律，上午7～10时的生物机能处于上升状态，10时左右精力最充沛，是学习与工作的最佳状态，以后逐渐下降，至下午5时后又再度上升，到晚上9时又达到最佳状态。因此，学习时间的安排应顺应人体生物钟的节律变化。当然，这一变化规律会因地区与个人而有所不同，每个人应研究自己身体机能工作的规律，以合理安排作息时间。

五、考试作弊现象

考试是衡量和评价教学工作成败得失的重要手段。长期的应试教育模式，形成了"考试定终生，分数论英雄"的认识误区。教师、家长和学生都希望获得理想分数，围绕各种不同类型的考试，出现了形形色色的考试作弊现象。

(一) 考试作弊的原因

1. 应试教育模式的影响

虽然素质教育在全社会日益受到重视，但多年来应试教育的影响仍不可低估。经过高考激烈竞争的大学生，更加明白分数的重要性。一些高校仍然把分数作为检验教与学的唯一标准。在老师和同学们的心目中，名列前茅的是好学生，分数低的是差生，为考试而教、为分数而学的氛围，给学生造成很大压力，导致竞争的畸形发展。

分数低的学生为了改变不良处境、取得好成绩，就通过作弊达到自己的目的，特别是偶然作弊成功的学生，更是如此。

2. 急功近利、不劳而获的社会投机心理的影响

随着改革开放的不断深入，福利彩票、摸彩摸奖等活动较多，一些投机钻营者仅凭运气，不废任何力气，就可以得到几十万甚至上百万的收入。这种社会氛围必然使大学生容易产生侥幸投机等不良心理。表现在学习上便是厌学、弃学情况严重，反映到考场上便是作弊现象的泛滥。

3. 侥幸心理

大学生活丰富多彩，除了学习以外，大学生们还需要参加社会实践和学校组织的各种文体活动。一个人的精力有限，而学习又是一种艰苦的劳动。"平时不烧香，临时抱佛脚。"许多学生把取得好成绩的希望寄托在作弊上，并以此为捷径，企图投机取巧，蒙混过关。

4. 虚荣逞强心理

这部分学生主要是平时成绩较好的，在虚荣逞强心理驱动下进行作弊。他们自负而虚荣，不甘人后，为了保持自己在学习上的优势或超过别人，平时在学习上竞争，考试时在考场上竞争，作弊成了他们竞争的手段之一。

（二）作弊的防治

1. 提高内在学习动机

从根本上杜绝作弊，从源头治理就是要提高大学生内在学习动机。内在学习动机不足与匮乏是大学生考试作弊的深层动因。从心理健康的角度，提高大学生学习的积极性、主动性，激发其内在学习动机是防治作弊的核心手段。

2. 发现与干预有作弊危险的学生

发现与干预有作弊危险的学生是一项重要工作，也是预防考试作弊的重要环节。由于学业失败、学习技能、学习能力与学习兴趣等多重因素的影响，学业成绩不良的学生会选择放弃、放任甚至放纵。在考试到来时，面临巨大的考试压力时，内心的冲突会进一步加剧，引发考试焦虑与恐惧，采取逃避甚至铤而走险的方法。这部分学生是考试作弊的高危人群，应尽早进行心理干预与预防作弊的辅导。例如，在考试前进行专业的心理辅导，考试时进行严密的监控，使其不具备作弊的现实条件，如考试前认真核对学生证或使用身份证进入考场；对于部分对考试作弊持宽容理解甚至肯定支持的学生要开展正面的思想教育，灌输正确的学习观念，进一步端正考试态度与学业态度，正确对待考试与学业成绩，保持积极与良好的心态面对考试。

3. 切实转变教育体制与教育观念

逐步建立以教师为主导、学生为主体的教学模式，变传授知识为知识创新，强化教师的人格影响力。博学敬业、严谨求实的教师必然会对学生心灵产生巨大的震撼力。与此相关，教学方法的改革、教学手段的改进以及考试制度的相应变革势在必行。由单一的考试向考查学生综合运用知识与创造性运用知识能力方面转变，如

有的课程可以实行课程论文、单独考试或考查等。这也包括衡量学生个性教育的开展与完善，不用一种固定不变的"好学生"标准衡量学生，真正将学生从沉重的考试中解放出来。

4. 加强学风建设

良好的学风对学生成才起着潜移默化的作用，营造积极向上的良好氛围，帮助学生确立正确的学习观，正确对待考试与荣誉，增强学生的自信心。学风好的班级学生作弊的可能性较小；反之，则较大。在大学生中开展学业诚信教育是杜绝作弊的重要方式。学业诚信是大学生诚信教育的核心内容。如果失去学业诚信，分数将变得失去评价意义，也将使高校培养学生失去社会的信任。因此，诚信教育应当渗透到学校教育的方方面面。建立学生学业诚信档案，作为学生进入就业市场的资格准入证。当诚信成为一种风尚、一种内心的自觉时，作弊自然就失去了应有的市场。

第三节 大学生学习能力的培养

研究表明，在现代社会里，一个人的知识只有10%是靠正规学校教育给予的，90%是在以后的工作、学习中获得的。可见，当代的大学生在大学阶段，除了掌握必要的知识，还要具备一定的学习能力，以适应未来工作中知识积累的需要。而且，大学阶段的学习任务是非常繁重的，提高学习能力，对于大学生减轻学习负担，形成积极、健康的学习心理也具有重要的意义。

一、树立正确的学习观

学习观是对学习的基本观点和看法，是关于学习的基本概念体系，同时也是进行学习活动的指导思想。学习观源于学习实践，又影响学习实践。不同的学习观将导致学习目标选择方向与层次的不同，也会导致学习内容、学习方法与学习品格的不同和学习自主性、创新性的不同，最终影响学习效率的高低以及学习的成败。大学生应该树立的科学的学习观包括以下几点。

（一）终身学习观

学习既是人类生存和社会发展的基本手段，也是与人生相伴的持续不断的终身过程。21世纪的社会是一个终身教育、终身学习的学习型社会。知识经济这种全新的经济形态正改变着我们的物质世界和精神世界,向我们的教育和学习提出了新的标准和更高要求。现如今,信息化社会已打破了学习上一劳永逸的状态。知识更新的速度越来越快,知识倍增的周期越来越短。这意味着我们再也无法通过一段时间的集中学习,获得可供一辈子享用的知识技能,人们被分成学习阶段和工作阶段的时代已经结束。学习性社会要我们终身不停地吸收新信息,获取新知识,增长新本领,以适应新挑战。如果没有终身学习的思想,只想凭大学阶段所学到的知识包打天下,是行不通的。大学阶段的学习不仅在于获得优良的学习成绩,更在于培养优良的学习素质,为终身学习打基础、作准备。

(二) 创新学习观

创新是人类文明的源泉,是知识经济发展的动力。一部人类历史,就是一部创新活动的历史,就是人类在不断地改造客观世界的同时改造自身,从而不断获得进步和自由的历史。

对于大学生来说,没有创新性学习,就没有学习后的创新。创新性学习是指把学习看作一种创新性活动,在接受知识时思考,在解决问题的各种实践活动中力争提出创新的解决方法和见解。创新学习是培养创新精神、创新意识、创新思维、创新方法和创新能力的学习方法。它着力于培养学生主动性学习、探究性学习的能力,最大限度地激发学生的学习积极性,使学生主体性得到真正体现。

创新学习观是对"传授知识—接受知识"的传统学习模式的挑战。大学生的学习不应仅仅满足于重复前人或他人思维和行为的过程和结果,而应在学习过程中获得和发现前人和他人所未能发现和获取的新知识、新技能,对现在的知识应该有新的理解、新的认识、新的思路和新的应用。

(三) 学会学习观

在信息时代,知识陈旧周期加快,职业调动频繁。因此,只讲求学习而不讲求如何学习是无法适应学习社会的。

刻苦学习是必要的,但光靠勤奋是不够的,仅仅只是提倡"书山有路勤为径,学海无涯苦作舟"以及"愚公移山""蚂蚁啃骨头"的精神是不够的。正如美国著名未来学家阿尔文·托夫勒在《未来的冲击》一书中指出的那样:"鉴于可以预见的速度,我们能推测出的知识会越来越快地陈旧过时,今天人们认为'正确'的东西,明天将会成为'错误'的东西……大学生们必须学会摆脱过时的概念,并且知道什么时候如何去代替这些过时的概念,总之我们必须学会学习","未来的文盲不再是不识字的人,而是没有学会学习的人"。大学生只有学会如何学习,才能保证毕业后顺利进入其他教育系统或以其他教育手段和形式继续学习,随时补充、更新自己的知识,以迎接知识经济的挑战。

二、运用有效的学习方法

(一) 常见的学习方法

学会学习,不仅是大学学习成功的保证,也是大学学习的重要任务。大学的学习方法因大学学习的专业性、阶段性、自主性、探索性等特点而有别于中学。大学生必须结合自己的实际情况,寻求适合大学学习特点的学习方法,避免因学习方法不当而产生学习疲劳。

1. 集中与分散学习法

集中学习法是指用较长时间进行学习活动,学习的次数相对少一些。一次学习时间的长短取决于所学习的材料的性质及其他因素。一般来讲,比较复杂难懂的材料采用集中法比较合适。这样可以保证学习者在一定时间内集中注意力,有利于学生理解并掌握那些抽象难懂的内容;但集中学习的时间不宜过长,否则容易引起学生学习疲劳,使学习效率下降。至于多长时间为宜,要视个人的体力与脑力情况而定。

分散学习法与集中法不同,它是指将学习分成几个阶段,每学习一段时间就休息一会儿。实验证明,假如分散学习的时间不是太短,这种方法是比较有效的。至于每次分散学习的时间多久为好,也要视学习材料的性质以及个人的具体情况而定。

2. 整体与部分学习法

整体学习法是指将学习材料作为一个整体来学习。学习过程中,将材料从头至尾反复学习,以获得对材料的总体印象和了解,进而了解一些较为具体的内容。部分学习法是指将材料分成几个部分或几个具体的概念,每次集中学习其中一部分或一个具体概念。对每个具体的部分或概念要根据其难易程度的不同,具体安排学习的时间或次数。

整体学习法与部分学习法各有利弊。整体学习法使人比较容易把握学习材料的全貌,但对具体的材料内容就可能掌握不好;而部分学习法则能使学习者较好地掌握每一个具体部分,但却难以对材料形成一个总体印象,从而使具体学习的各个部分内容不能很好地融会贯通起来。要使这两种方法更好地发挥作用,可以将两者结合起来使用。

具体做法是:首先,采用整体学习法对所学材料有一个大概的了解,形成一个较为清晰的轮廓。其次,采用部分学习法对学习材料实行"各个击破",并重点学习那些较难或较重要的问题。最后,再采用整体法将已仔细学习过的材料作为一个整体重新复习一遍,让各部分的具体内容前后联系起来,从而在头脑中形成一个更为清晰、全面的印象。实践证明,两者相互结合的方法比分别采用某一种方法更有效。

(二) 大学生的学习方法

1. 明确读书的目的和要求

读书同做事一样，要有一个明确的目标指引方向，这样才知道为什么读、读什么、读到什么程度，等等。大学生只有在明确了具体目标、了解了这些问题之后，才能更有效地阅读。

2. 将略读和精读结合起来

略与精是相对的，略是精的前提，精则是略的目标与要求，二者相辅相成。因此，大学生在读书的过程中，应将略读和精读结合起来。所谓略读，就是粗读、泛读，也叫"观大略"的读书法。信息时代不学会略读的技巧，就不能涉猎广泛的知识。事实上，任何书籍都有主要的，也有次要的，有实用的，也有无用的，有精彩的，也有乏味的。因此，在读书之始，应通过略读分清主次、难易，以提高学习的效率。所谓精读，就是仔细阅读，有些要反复阅读、理解和记忆。一般来说，精读的目的是要掌握书中的重点、攻克难点和深究疑点，从深层次上掌握知识。

3. 监控阅读过程

大学生在阅读过程中，应经常对自己的阅读进行反思，看看自己的阅读是否达到了既定的目标、阅读的速度如何、理解了多少等，并在此基础上有效地改进自己的阅读方法、阅读策略，圆满地完成后期的阅读任务。这样做不仅有利于阅读任务的完成，而且还能避免在时间和精力上造成浪费。

(三) 掌握科学的记忆法

记忆不是天生就有好有坏，因而，注意记忆规律和技巧的掌握，有助于提高记忆能力。

1. 充分运用意义识记

意义识记是指通过对内容的理解进行识记。意义识记的效果明显优于机械识记。当识记内容没有什么意义联系时，可以将这些无意义的材料意义化，从而使机械识记转化为意义识记。例如，英语单词"car"表示汽车，"scar"是疤痕，记忆时可以想象到"死汽车害我留下疤痕"。

2. 克服记忆内容之间的相互干扰

记忆内容的相互干扰是指前摄抑制与后摄抑制对记忆的影响。为消除这两种影响，我们可以合理安排自己的学习时间。一方面，可以将中间的内容多复习几遍，不要同头尾平均，运用分散记忆、轮换记忆造出更多的头尾来；另一方面，可以充分利用清晨和睡觉前的时间来记忆，因为这时干扰较少。

3. 进行尝试回忆

即通常说的"过电影"。心理学家认为，复习时最好20%用于阅读，80%用于背诵。如在老师讲过课程后，试着将内容回忆一遍，实在想不起来再看书，如此循环。这种方法比单纯地看书效果要好得多。

4. 感官之间的相互协调

各种感官如眼、耳、口、鼻、手等，在记忆时如果能够相互协调配合，就能提高大脑皮层的兴奋度，促使暂时神经的形成，使知识的掌握更容易。而一种感官连续进行活动，大脑皮层就容易产生抑制，记忆效果也就会降低。如记忆英语单词时，充分运用听、说、读、写的结合，其效果比单纯地看要好。

三、要科学用脑

（一）保持大脑的营养

大脑大体上由三大类物质组成：水、无机物和有机物。要维护大脑的正常功能，就得靠这些物质的平衡。如果缺乏某种物质，造成平衡失调，大脑就不能正常工作。因此，要保护大脑，就需要保证一定的营养。科学已经证明，早餐、午餐一定要吃好、吃饱，同时要注意合理饮食，不要偏食。

（二）保证充足的睡眠

睡眠可以补偿大脑和体力的消耗，可以使机体得到休息和补充营养的机会。睡眠对恢复大脑疲劳，对产生用于积累、整顿、储存来自外界的信息的蛋白质极为重要。但是，并不是睡得越多越好。睡眠过多会使人记忆力减退、对外界反应能力降低等。因此，大学生应根据自己的情况适当地把握睡眠时间。同时，要养成良好的生活习惯，安排好学习、劳动、课外活动、进食和睡眠的时间顺序。这样，不仅能减少脑细胞的能量消耗，而且能调节大脑各个区域的活动。

（三）合理安排用脑时间

心理学研究表明，人在一天中各段时间的工作和学习效率是不同的。在新陈代谢的高峰期，人的精力充沛，整个神经系统兴奋水平提高，应激能力强。在这种情况下进行学习，其效率比一般情况下高得多。但是，每个人的高峰期是不同的，有的在早晨，有的在晚间，有的在白天。因此，每个大学生应该搞清楚自己什么时候大脑活动处于高效率状态，然后在这段时间里集中精力学习重要的内容；在大脑神经处于低效状态时，安排一般性的学习、工作或休息。

（四）加强体育锻炼

生命在于运动。体育锻炼可以改善大脑机能，因为运动使肌肉收缩的信号通过脊髓上行走向脑干网络结构，使大脑发生兴奋、脑机能更加活跃。运动还能促进血液循环、呼吸量增大，使大脑更好地新陈代谢。另外，适当的运动可以调节睡眠的节律，恢复大脑机能。因此，大学生应该注意加强体育锻炼，使大脑休息好，从而提高学习效率，保护大脑机能，提高智力水平。

第九章

大学生的择业心理

大学生就业是一个关系个人前途和社会发展稳定的大事，历来为社会各界所关注。特别是近几年来出现的大学生就业难现象，更使其成为牵动亿万人心的一个沉重的热门话题。大学生择业的过程既是体现个人生活理想与追求的过程，也是检验个人所掌握的知识、技能与所形成的人格与择业观是否与社会的需要相符合的过程。大学毕业生的就业不仅要受到社会条件的约束，也要受到自身心理的影响和制约。正是不同的心理活动和个性心理特征，支配着个人的择业行为。

第一节 择业概述

没有人能替你作一生的安排与规划，尤其是身处诡谲多变的社会环境中，更需要由自己运筹帷幄，勾画出一条事业航道——在犹豫时自我领航，迷失时点亮灯塔，变动时寻得方向。那么你需要学习与择业相关的概念，了解生涯发展规划，并熟悉生涯规划的相关理论知识。

一、与择业相关的概念

为了在今后的职业生涯发展上更成功，需要了解工作、职业、生涯、职业生涯这些概念。在日常生活中，有人常常把工作、职业与职业生涯混为一谈，以为找工作就是找职业，从事了某种职业就拥有了职业生涯。诚然，工作、职业与职业生涯是密切相关的概念，但它们并不完全是一回事，为此，我们需要区分以下四个概念：

1. 工作

工作是指在某一行业中的具体职位，是有目的、有结果、需要投入时间和精力并持续一定长时间的活动。如教师的教学工作。

2. 职业

职业是介于"工作"和"生涯"之间的概念。职业就是参与社会分工，利用专门的知识和技能，为社会创造物质财富和精神财富，获取合理报酬作为物质生活来源，并满足精神需求的工作。即它是由一系列相似的职位所组成的一个特定的专业领域，即指一系列的工作。如教师、医生、律师就是职业。

3. 生涯

生涯不仅仅是工作和职业。按照1976年英国著名职业生涯规划大师舒伯的论点，生涯就是生活中各种事件的演进过程，统合了个人一生中各种职业与生活的角色，由此表现出个人独特的自我发展历程。生涯是人从青春期至退休之后，一连串有酬或无酬职位的组合，除了职位之外，还包括任何与工作有关的角色，如职业、家庭和公民的角色等。

4. 职业生涯

职业生涯是个人一生中由于心理、社会、经济、生理及机遇等因素相互作用所形成的工作、职业的发展变化。职业的发展是个人发展中的重要内容，它涵盖了人的一生，并包括了个人的自我概念、家庭生活，以及个人所处的环境、文化氛围的方方面面。职业生涯可以说是一个人终身发展的历程，是个人在一生中所经历的一系列职位和角色。

二、生涯发展规划及其意义

在大学毕业生中，常常有人这样感慨："要是能够重上一次大学就好了，我一定会做得比现在更好。"这句话代表了现代大学生的一种现状：在大学读书期间不清楚自己能做什么、该做什么，也不知道自己以后会做什么。对于未来，总是一句"等毕业的时候再说吧"。结果，等毕业面临择业困境的时候，才后悔自己没有在大学期间做好自己的生涯发展规划。因此，从大一开始就规划自己的职业生涯，已经越来越引起教育工作者和大学生的关注，也成为高等学校就业指导的重点。

生涯规划是指一个人对其一生中所承担职务相继历程的预期和计划。个人着眼于生涯发展，在对自己的兴趣、爱好、能力、特点和客观环境进行综合分析与权衡的基础上，面对各种抉择情境学会界定问题，通过恰当的规划为自己确立职业方向和目标，确定教育和发展计划，制定行动策略，实现个体的全面最优发展。

生涯设计的目的绝不仅仅是帮助个人按照自己的资历条件找到一份合适的工作，实现个人的目标，更重要的是帮助个人真正了解自己，为自己定下事业大计，筹划未来，拟定一生的发展方向。对自己职业生涯的设计、规划就是把自己的理想化为现实的人生，把对未来事业发展的预期转变为明确的行动步骤。在职业生涯规划中有这样一句话发人深省："你今天站在哪里并不重要，但是你下一步迈向哪里却很重要。"成功的人生需要正确的规划。在现代社会，规划决定命运。有什么样的规划，就有什么样的人生。人生是有限的，越早规划你的人生，你就能越早成功。因此，职业生涯规划对于大学生的人生发展具有特别重要的意义，拥有成功的职业生涯才能实现完美的人生。

1. 协助个人认识自我、开发潜能

学习职业生涯规划，可以协助大学生：正确认识自身的个性特质、兴趣和能力倾向，使其对自身的优势与劣势进行理性的分析；了解自己的职业价值观，树立明确的职业发展目标与职业理想；将职业目标与实际相结合，做出恰当的职业定位；学会运用科学的方法，采取可行的步骤与措施，不断增强自己的职业能力，实现职业目标与理想。

2. 协助个人规划自我、实现理想

当今的时代是一个挑战和机遇并存的时代，机遇总是垂青那些有准备的人。一个人无论做什么都需要制定一个适合自己的目标，然后再制订具体的实施计划。一个善于规划自我的人，总能把握自己的命运。职业发展规划犹如一张生命蓝图，它引导你一步步实现自己的职业理想。例如，你的学习计划，你的知识、能力准备，你对各种职业信息的收集，你的社会实践的锻炼，等等，都应与你的职业理想结合起来。

3. 协助毕业生进行理性的就业选择

大学生对职业生涯规划的明确程度，直接影响到他们的毕业选择。有关部门对职业生涯规划明确程度与毕业选择满意度的相关性分析说明：职业生涯规划明确程度与毕业选择满意度之间有显著的联系：职业生涯规划越明确，毕业选择的满意度就越高。

4. 协助个人做出有效的决定

通过职业生涯规划，大学生可以对自我和职业环境进行深入、具体的分析，并对各种信息进行综合与评估，在此基础上做出选择决定，并且掌握实施决定的各种具体技巧。例如，在求职过程中如何写简历、进行面试，再评估和调整自己的选择，等等。有了这些具体、充分的准备，就会使你做出一个有效的决定，勇敢地迈出职业生涯发展的第一步；同时，也大大提升了你应对竞争的能力。

三、生涯规划的相关理论

"职业生涯发展"在国外已有一百多年的历史，从20世纪初美国波士顿大学教授帕森斯在波士顿开设职业夫妇所推动职业辅导运动开始，已经建立起了一系列的职业发展理论模型，为协助个人做出有关职业和生活的正确决定提供支持。为了使大学生们科学地作好个人职业生涯规划，下面介绍几种主要的职业生涯规划理论。

（一）霍兰德的类型论

美国职业指导专家霍兰德根据多年实践与研究，提出了他的研究假设。其基本理论观点是：职业选择是人格的一种表现，工作兴趣类型即人格类型。大多数人的人格特质可以归纳为六种类型，即社会型（Social）、企业型（Enterprising）、常规型（Conventional）、实用型（Rralistic）、研究型（Investigative）和艺术型（Artistic）。下面分别介绍这六种类型：

1. 社会型

社会型人格的人喜欢与人交往，不断结交新朋友，关心社会问题，渴望发挥自己的社会作用，比较看重社会义务和社会道德。

2. 企业型

企业型人格的人追求权力、权威和物质财富，具有领导才能。喜欢竞争，敢冒风险，有野心，有抱负。为人务实，习惯以利益得失、权利、地位、金钱等来衡量做事的价值，做事目的性较强。

3. 常规型

常规型人格的人尊重权威和规章制度，喜欢按计划办事，细心、有条理，习惯接受他人的指挥和领导。通常较为谨慎和保守，缺乏创造性，不喜欢冒险和竞争，富有自我牺牲精神。

4. 实用型

实用型人格的人愿意使用工具从事操作性工作，动手能力强，做事手脚灵活，动作协调。偏好于具体任务，不善言辞，做事保守，较为谦虚，缺乏社交能力，通常喜欢独立做事。

5. 研究型

研究型人格的人是思想家而非实干家，抽象思维能力强，求知欲强，肯动脑，善思考，不愿动手。喜欢独立的和富有创造性的工作。考虑问题理性，做事喜欢精确，喜欢逻辑分析和推理。

6. 艺术型

艺术型人格的人有创造力，乐于创造新颖、与众不同的成果，渴望表现自己的个性、实现自身的价值。做事理想化，追求完美，不重实际，具有一定的艺术才能和个性。

一个人如果知道自己的人格类型，就可以预测自己的职业选择、工作变换、职业成就和教育及社会行为。

(二) 舒伯的生涯发展理论

1. 生涯发展阶段

舒伯根据自己"生涯发展形态研究"的结果，将职业生涯发展分为成长、探索、建立、维持与衰退五个阶段。

第一阶段：成长阶段（从出生至14～15岁）

孩童开始发展自我概念，以各种不同的方式来表达自己的需要，且经过对现实世界不断的尝试，修饰他自己的角色。发展任务是：发展自我形象，发展对工作世界的正确态度，并了解工作的意义。

第二阶段：探索阶段（15～24岁）

青少年，通过学校的活动、社团休闲活动、打零工等机会，对自我能力及角色、职业进行探索。发展任务是：使职业偏好逐渐具体化、特定化并实现职业偏好。

第三阶段：建立阶段（25～44岁）

个人开始尝试选择适合自己的职业领域。发展任务是：个人致力于工作上的稳固，大部分人处于最具创造力的时期。

第四阶段：维持阶段（45～65岁）

个人通过不断努力来获得职业生涯的发展和成就，并逐渐能在自己的领域中占有一席之地，同时会面对新的人员的挑战。发展任务：维持既有成就与地位。

第五阶段：衰退阶段（65岁以上）

由于生理及心理机能日渐衰退，个人职业角色的分量逐渐减少，开始考虑退休并享受晚年生活。

2. 职业循环发展理论及生命彩虹图

舒伯提出，在一个人一生的职业发展过程中，职业发展的五个阶段是一个循环再循环的过程。这五个阶段之间不存在严格的界限，可能有交叉，也并不完全和年龄相关，但在人生的不同时期，都可以经历由这五个阶段构成的一个"小循环"。例如，一个大学生在大学期间对大学生活的适应，经过"成长""探索""建立""维持""衰退"的过程后，又要开始面对另一个阶段——准备求职。这是社会职业活动的开始，然后又要经历一个新的五个阶段的过程。如此周而复始。

舒伯认为，一个人的职业生涯发展与个人在发展历程的各个阶段所扮演的各种角色密切相关，如子女、学生、休闲者、公民、工作者、持家者。人在某一阶段对某角色投入得多，就会导致这一角色的成功，同时也可能导致另一角色的失败。

（三）克朗伯兹的社会学习理论

美国职业规划大师克朗伯兹把美国心理学家班杜拉的社会学习理论引入生涯辅导领域。他提出：个人的社会成熟度在很大程度上依赖于对他人行为的学习和模仿，并由此而决定自己的职业导向。

其主要理论观点为：

影响职业决策的四种因素是遗传因素和特殊的能力、环境因素和事件、学习经验、任务取向的技能。在个人发展历程中，上述四种因素对个人的职业生涯抉择和发展相互作用，从而形成了个人对自我与世界的信念。

第二节 大学生择业的心理准备

任何竞争的成功者都是有准备的竞争者，一个没有准备的人是难以在竞争中取胜的。择业是大学生人生道路上的一次重要选择。大学生要想在择业竞争中取胜，就应当在择业之前做好各种准备，包括政治素质的准备、心理素质的准备、专业知识、身体素质的准备等。古人云："知己知彼，百战不殆。"在这些众多因素中，心理准备是基础性、关键性的因素。

一、客观分析自我

"认识你自己"。这是古希腊一座古神庙前刻着的一句箴言，也是当代大学生谋求适合自己的职业，并在今后的工作中有所建树的重要前提。大学毕业生在走向就业市场，与用人单位"双向选择"之际，能否把自我的位置摆正，顺应形势，在竞争中赢得适合自己的职业角色，首先取决于能否对自己做出正确的自我评价。自己就读学校的声望如何？自己所学专业属于长线还是短线？自己的气质属于何种类型，适合干什么工作？自己的性格是外向还是内向？自己的能力怎样？自己想从事的职业和自己所能从事的职业之间有无矛盾，怎样协调解决？等等。通过种种方式对自己的硬件和软件进行全面、客观的评价，把自己从"我想干什么"的一厢情愿转变到"我能干什么"的现实定位，是大学生正确择业，以求自主择业中"知己知彼，百战不殆"的首要内容。

（一）气质与职业选择

气质是选择职业时的重要因素，了解气质与职业间的联系，有助于职业选择的成功。气质分为胆汁质、多血质、黏液质和抑郁质四种类型，每一种气质都有它的积极方面和消极方面。气质对人所从事的工作性质和效率有一定的影响，它不仅关系到工作的效率，还关系到事业的成败。不同气质的人适合从事不同类型的职业。

1. 胆汁质

胆汁质的人精力旺盛，热情直率，激动暴躁，情绪体验强烈，神经活动具有很强的兴奋性。他们能以极大的热情去工作，克服工作中的困难，但若对工作失去信心，情绪即会低沉下来。此类人适宜选择那些工作不断转换、环境不断变化、不断有新活动的职业，适合做刺激性大而富于挑战性的工作，如导游、节目主持人、推销员、演员、模特等；不适宜从事那些需要注意力高度集中和事情处理过程需细心检查、核对等特点的职业。他们在选择职业时，往往积极、主动地出击，有强烈的求职和竞争意识。

2. 多血质

多血质的人活泼好动，反应迅速，情绪容易激动，波动性大，对外界事物反应灵敏，干事凭兴趣，善于交际，易适应环境，但注意力不稳定，兴趣易转移。这类人对职业有较广阔的选择范围和机会，他们在择业市场具有较强的竞争优势，一般适合抛头露面和人际交往多的职业，如记者、律师、公关人员、艺术工作者、秘书、警察、军官等，但不适宜从事单调机械的工作和要求细致的工作。

3. 黏液质

黏液质的人安静、沉稳、不易激动，外部表情不易变化，情绪稳定，注意力不易转移，灵活性不够，比较刻板，有较强的自我克制能力，善于忍耐。这类人适宜做持久、耐心、细致的工作他们在择业中一旦认准自己满意的职业便有不达目的不罢休的精神，这种韧性往往帮助择业者获得成功。他们适合做会计、法官、医生、图书管理、情报翻译、教师、思想教育工作者等职业，但不适宜从事具有冒险性的工作。

4. 抑郁质

抑郁质的人敏感，行动缓慢，感情细腻、观察敏锐、悟性高、孤僻、易疲倦、工作耐受力差、做事审慎小心，易产生惊慌失措的情绪，常给人以木讷和大智若愚的感觉。他们一般适合要求精细、敏锐的工作，如诗人、作家、画家、科学研究和理论研究工作者以及机关工作人员等。

当然，在日常生活中，有相当一部分人是多种气质的混合型，而且气质的各种特征可以相互补偿，因而气质对择业的影响又具有较大的弹性。

每个人的全部心理活动都因气质的差异而涂上个人独特的色彩，并在不同的情境、不同的活动中表现出来。每个大学生都应当根据自己的气质类型选择适合自己的职业。

（二）性格与职业选择

性格是具有核心意义的个性心理特征，集中反映了一个人的心理面貌。"人物的性格不仅表现在他做什么，而且表现在他怎样做"。同样，性格与职业选择的关系极为密切。人的性格特征主要通过对现实的稳定态度和习惯化了的行为方式表现出来。人们对现实的态度、对集体、对他人和对自己的态度以及对学习和工作的态度，都直接影响职业的选择和成就。

根据著名的职业指导专家、美国心理学家霍兰提出的性格—职业匹配理论，人的性格分为六种：现实型、研究型、艺术型、社会型、企业型和常规型。现实型的人喜欢有规则的具体劳动和需要基本技术的工作，这类人擅长技能性职业、技术性职业，但往往缺乏社交能力。研究型的人喜欢智力的、抽象的、分析的、推理的、独立的定向任务，这类人擅长科学和技术方面的职业，但往往缺乏领导能力。艺术型的人喜欢通过艺术作品来表达自己的思考和情意，爱想象，感情丰富，不顺从，有创造力，习惯自省，擅长艺术、文学方面的工作，但往往缺乏办事的能力。社会型的人喜欢社会交往，出入社交场合，关心社会问题，愿为团体活动工作，对教育活动感兴趣，但往往缺乏机械能力，此类人员擅长教育工作、社会福利工作。企业型的人性格外倾，爱冒险，喜欢担任领导角色，具有支配和使用语言的技能，但缺乏耐心和科研能力。此类人员适宜管理、销售工作。常规型的人喜欢有系统、有条理的工作，具有安分守己、务实、友善和服从的特点，此类人员适宜从事办公室职员、办事员、文件档案管理员、出纳员、会计、秘书等工作。

通常，心理学家更多地把人的性格划分为外向性和内向性两种。一般来说，性格外向的大学生比性格内向的大学生对竞争的适应程度更好。因此，建议性格内向的大学生更要注重增强对竞争、挑战的适应程度，更加重视职业设计问题，增加就业准备的充分程度。

（三）能力与职业选择

能力是个体成功地完成某种活动所必需的个性心理特征。能力对从事任何职业都是非常重要的。不同的职业要求人们有不同的能力。择业为施展自己的才能提供了机会，但并不是每个人都具备做任何工作的才能。大学毕业生对自己的能力的自我认识和评价，对其职业定向与职业选择往往起着筛选和定位的作用。

1. 从能力的量的差异来看，能力强的人自然倍受用人单位的青睐

能力强的学生在职业选择中表现出自信与踌躇满志，容易获得成功；能力差的学生，成功的概率相对而言就比较小。

2. 从不同职业对能力的要求的差异性来看，具有相应的特定能力的人才能胜任

任何一种专业职业活动都有与该专业内容相吻合的特殊能力的要求。如科技工作对数学能力的要求、新闻工作对写作能力的要求、公关工作对交际能力的要求等。只有具备该专业要求的特殊能力的人，才能胜任该专业的工作。

（四）兴趣与职业选择

"兴趣是最好的老师"。著名物理学家杨振宁说："成功的真正秘诀在于兴趣。"诺贝尔物理奖获得者丁肇中也曾说过："兴趣比天才更重要。"爱迪生就是个很好的例子，他几乎每天都在实验室里辛苦工作十几个小时，在那里吃饭、睡觉，但他丝毫不以为苦。

兴趣是爱好的推动者，爱好是兴趣的实行者。人们对职业的选择往往以自己的兴趣爱好出发，这就更需要认真分析自己的兴趣爱好。例如，在工作、学习之余，是爱好读书还是闲逛、聊天？是爱好钓鱼还是跑步、打球？是爱好摄影还是绘画、书法？是爱好舞蹈还是音乐？是爱好种花种草还是养鱼养鸟？是爱好打扮还是美容？这些都是在求职择业前必须考虑的因素，因为有的职业需要某种兴趣爱好，也有的职业明确禁止和反对某种爱好。

善于根据兴趣确定自己的职业，并以此推销自己的优势是择业成大事者的起点。

罗素说过，他的人生目标就是使"我之所爱为我天职"。也就是说，他要把生活中最感兴趣的事作为其终身职业。这的确是个值得效仿的榜样。

很多人往往很难一时弄清楚自己的兴趣所在、擅长什么。这就需要在实践中善于发现自己、认识自己，不断地了解自己能干什么、不能干什么。如此才能取其所长，避其之短，进而成就大事。作家斯贝克一开始并没有意识到自己会成为作家，

曾几次改行。开始，因为他身高1.9米，爱上了篮球运动，作为市男子篮球队员。因为球技一般，年龄渐长，又改行当了专业画家。他的画技也无过人之处，当他给报刊绘画时，偶尔也写点短文，终于发现了自己的写作才能，从此走上了文学创作的道路。

发现和准确判断自己的兴趣所在，可以通过对自己经历的回顾，将自己兴趣归于某种兴趣类型，并与相应的职业对比，可以帮助选择适合自己兴趣的职业。

在了解了兴趣与各种职业之间的关系之后，如何完成对自己兴趣的估价是十分重要的。有条件的话，不妨参加一次标准化兴趣测试，以此准确把握你的兴趣所在，寻找一份可以满足自己明确感兴趣的工作，千万不可迁就随便找一份工作！

总之，客观分析自我，对自己的气质、性格、能力、兴趣等个性心理特征有一个比较清醒的正确的认识，是每一个大学生都应当作好的心理准备之一。

二、抓住机遇，迎接挑战

对于每一个大学毕业生来说，在充满竞争的人才市场上，机遇和挑战并存。

（一）择业中的机遇

机遇在人生中是常有的，对每一个人都不例外，但并不是每一个人都能够抓住。每个毕业生都应清醒地认识就业形势，找准自己的定位，切莫因好高骛远而错失就业良机。

择业过程中的机遇是很多的。比如，学校为毕业生举办的"双向选择会"，把国内众多的用人单位请到大学里，当面洽谈，能否签约全看个人的表现。这对每一个大学毕业生来说都是一次机遇。又如，毕业生就业部门不定期公布用人需求信息，这也是一次机遇。如果毕业生能经常注意学校的有关通知或布告，能及时了解就业信息，那么就抓住了机遇；虽然也知道学校公布的就业信息，如果但没能勇敢地去面试，那么就会与机遇失之交臂。每年11月，是用人单位来学校招聘的高峰期。但那时有许多学生却在观望等待中迟迟确定不了就业单位。殊不知，用人单位来校招聘的时间和招聘人数都很有限，如果你犹豫不决，人家可能转而录用其他学生，所以有意向的毕业生应当机立断，切忌这山望着那山高。常常有不少学生痛惜以前没有重视招聘会，与许多好的就业机会擦肩而过。到第二年春季以后，大规模的招聘会将越来越少。因此，毕业生应珍视每一个机会，必要时可以先就业，再择业，到基层和实际工作中艰苦创业，在职业生涯中积累经验，磨炼意志和能力。

（二）择业中的挑战

在择业过程中，有机遇就有挑战，尤其是在当前就业形势日益严峻、大学生的心理素质又有待提高的情况下，择业中的挑战就更值得关注。

面对日益激烈的市场竞争给大学生带来的心理的过重负荷，面对高科技对大学生提出的越来越高的智力与非智力的要求，面对教育中日益强化的功利色彩，社会对大学毕业生的全面素质提出了越来越高的期望。

挑战之一：用人单位对所需人才质量的要求越来越高。

现在，"学历＋素质＋技能"已成为用人单位招聘大学毕业生的通用标准，也成了大学生求职择业的新坐标。"四证"全——毕业证、学位证、英语等级证书和计算机等级证书，这些都是必备的敲门砖。

在就业市场上，学习成绩和应变力是用人单位非常看重的。用人单位普遍认为，"对学生来说，学习成绩是评价他的一个重要标准，工作经验倒是次要的。如果一味要求工作经验和社会实践，我们就不会到学校招应届毕业生了。"一家单位的人事主管说："用人单位外出招聘的单位领导或人事主管不可能对学生所学专业都十分了解，要在一个较短的时间里评价学生，学生在校的各科成绩及所取得的证书还是很有参考价值的。"现在，学生党员、学生干部、优秀毕业生、三好学生和有外语、计算机特长的毕业生都成了大学生就业市场上的抢手货。掌握一门外语，懂计算机，同时又懂技术、懂管理，了解国际市场运作规律的复合型人才最受欢迎。随着对外开放和社会的不断进步，外语和计算机越来越成为两门重要的工具。对于毕业生而言，只有把外语、计算机应用能力变成求职就业的两门特长，才会在今后的求职就业和工作中得心应手。毕业生应该看到这是一个大的趋势，这是社会发展对毕业生提出的新要求。这也是为什么用人单位在招聘时总是时时询问毕业生的外语、计算机应用能力达到了何种水平的原因。许多用人单位在录取人员时很看重该生是否为共产党员、学生干部、三好学生，并把它作为一个优先录用的条件。共产党员、学生干部体现了一种社会责任心，体现了一个人的组织领导能力，体现了一种良好的精神状态。许多用人单位也正是看到了这一点，才把它作为一项优先条件提出来的。

在注重学生在校学习成绩的同时，用人单位更看重的是学生实际应用知识的能力和在专业上的发展潜力。有一位应聘山东一家单位的毕业生，各个方面表现都比较好，对方对这位毕业生也比较满意，但这位英语六级拿了高分的毕业生，却不能应对方的要求，用英语熟练地介绍自己，结果被婉言拒绝。

现在用人单位除了对毕业生的学习成绩仍然重视外，对协作精神和创新能力的要求也越来越高。在北京朗讯科技贝尔实验室的招聘活动中，有这样一个有趣的现象：假如两个应聘者具有相同的研究成果，一个是独立完成的，而另一个是作为项目的负责人完成的，该实验室会倾向于选择后一位应聘者，因为他经受过团队协作的考验，知道如何与人相处。这与我们传统思维中强调独立完成能力有巨大的不同。

目前就业市场的激烈竞争，实际上是能力与素质的较量，大学生要把握就业的主动权，就必须注重自身能力的培养与素质的全面提高，切实按照党的教育方针和社会需要塑造自己。

挑战之二：用人单位强调"专业对口"。

"专业对口"是目前用人单位选拔人才的基本指标，大多数用人单位看到专业不对口的学生，就一口回绝。即使是小公司也不愿意要一个"专业不对口"的名校生。招聘会现场，赛特集团有限公司负责招聘工作的王经理告诉采访的记者："我们一般不要专业不对口的学生。除非通过面试，感觉这个学生确实有潜力，我们会安排3～6个月的试用期给他，如果他不能胜任，我们还是不会录取。"

挑战之三：心理素质已成用人单位的关注点。

毕业生心理素质的好坏，正逐步引起广大用人单位的重视。一个毕业生如果能够在艰苦或不利的环境中很快调整自己的状态，保持旺盛的精神，朝气蓬勃，积极进取，斗志昂扬，那么，这样的学生就能取得大成就；相反，一个工作时好时坏，情绪极度不稳定，甚至有心理疾病的大学毕业生，不仅不能取得成功，还会给工作、社会带来极大的不利。在这个方面，应引起毕业生和学校的注意。在这竞争激烈的社会中，寻求一份好职业如同成就许多其他事情一样，都需要一个追求、失败，再追求、再失败的过程。不断地接受考验和锻炼，才能不断地成长和壮大。只要有一丝希望尚存，就不应放弃自己的追求。受挫折者胜，逆境成才者大有人在。择业并非想象的那样难，把择业的"严""难"当成催化剂，最终你是会成功的。如何增强应对竞争与挑战的勇气、信心和能力是非常重要的。只有抱着"永不放弃"的信念，才有可能最终实现这些目标。

挑战之四：敬业精神被放在考察的首位。

据了解，具备强烈的敬业精神，已成为现代企业招贤纳士的重要标准之一。在各地举办的各类人才交流会上，招聘单位多把敬业精神放在考察应聘者的首位，其次再看其动手能力的高低。确实在相当长的一个时期内，敬业精神被一些人所漠视和淡忘，今天的人才市场正强烈地呼唤具有良好敬业精神的大学生。只有具有敬业精神的人，才能不断钻研业务，对工作精益求精；才能立足本职，发挥自己的聪明才智；才能一心一意为企业发展献计出力，创造更大的价值，真正成为受欢迎的"有用之才"。如果缺乏敬业精神，就会把技术和能力作为牟取私利的筹码。将这样的人引进单位，很可能会得不偿失。因此判断人才的标准，不但要看他有无出众的才华和精湛的技艺，而且更要看他是否具有敬业精神。

挑战之五：自主创业成为新的就业方式。

毕业生的自主创业是时代的要求，也为我国高校毕业生就业体系改革所大力提倡。自主创业需要毕业生具有扎实的理论功底，独立思考、勇于创造的科学精神，积极探索未知领域的愿望和勇气，不怕困难、坦然面对逆境的良好素质。这一切都对大学生的就业指导提出了更高的要求。

大学毕业生的年龄处于发明创造的最佳年龄时期，大胆地走创业之路，有可能充分发挥其聪明才智。目前，国家对自主创业制定了一系列的优惠政策，鼓励大学生自谋职业，创办经济实体。

从就业到创业，这是中国大学生就业观念的一个根本性转变。这一转变，也许将为我们国家造就出一批民族的实业界巨子。他们中没准有谁就会成为我们中国的"比尔·盖茨"。创业的征途上还会有这样那样的坎坷，但作为一种方向，它无疑是充满魅力的。

三、未雨绸缪，苦练内功

机遇垂青于有准备的人。在择业过程中，机遇经常会出现，但机遇仅光顾那些有准备的人。这里的准备既包括学习能力的准备，又包括心理素质和身体素质的准备。具体地说，受到机遇青睐的人应当具有以下基本素质：学习成绩不差，具有较强的接受新事物的能力；在某些方面具有较突出的能力，并拥有可以证明自己能力的手段或证据；人际关系融洽，尤其是具备与他人合作的能力；自我认知比较客观，能合理地设定择业目标；择业心态积极，能主动出击，不怕失败；语言表达能力较强，能把自己所想的用语言表达出来；身体健康，比较能吃苦。要达到这些要求，绝非一日之功。因此，大学生从入学开始就应当树立就业意识，自觉地把学习同今后的工作紧密地联系起来，思考今后的发展方向，并朝着设定的目标努力，全面提升自身的综合素质，为未来的就业打好基础，绝不能等到毕业时才临渴掘井。

（一）努力提高思想政治素质

思想政治素质是大学生的根本素质，它包括政治观、世界观、人生观、道德观和法制观等内容。通常，这一素质被称为大学生的潜质，即潜在的能力。因为一个大学毕业生，如果没有一个远大的理想，他的事业就不会取得很大的成功。像深圳华为技术有限公司等知名企业的用人标准，都强调大学毕业生应具备的潜在能力，包括职业生涯选择、奋斗目标的确定以及团结合作和奉献精神等。而国家党政机关对这一方面要求更为严格。基层单位和生产第一线对富有艰苦奋斗、脚踏实地精神的毕业生也是情有独钟。国有大中型企业对大学毕业生不安心求职工作，更是忧虑重重。近年来，北京的一些国有大中型企业在用人上出现了奇怪的现象：不用重点大学的毕业生。究其原因，就是以往重点院校的大学毕业生，把该企业作为跳板，取得北京户口后，即辞职跳槽到外企去，给该企业带来许多麻烦和尴尬。这无疑使该企业对相应重点大学的毕业生怀有抵触心理，以至陷入实际上即使严重缺乏人才也不敢聘用、不愿聘用重点大学毕业生的恶性循环之中。这种"过河拆桥"式的求职方式，也使得后来的大学毕业生求职困难重重：机关、事业单位想进进不去，国有企业想用不敢用。这不能不说也是已往有些大学毕业生政治思想素质不强所带来的恶果之一。

(二) 建立合理的知识结构

合理的知识结构是胜任现代社会职业岗位的必要条件，是人才成长的基础。现代社会的职业岗位，所需要的是知识结构合理，能根据当今社会发展和职业的具体要求，将自己所学到的各类知识科学地组合起来的适应社会要求的人才。因此，大学生应充分认识知识结构在求职择业中的作用，根据现代社会的发展需要，塑造自己，发展自己，建立合理的知识结构，使之适应现代社会就业的要求。合理的知识结构是指大学生所拥有的各类知识的比例要恰当。专业知识与基础知识、理科知识与文科知识、书本知识与社会知识要兼顾并存；要既博又专，文理兼修；还要知社会所求，将各科知识有机地统一起来；既能发散——广泛地研究，又能收敛——专心于某个领域深入探讨。总之，大学生应该按"专才基础上的通才，通才背景下的专才"的模式来不断完善自己，建立能适应社会需求的灵活可变的复合知识结构，使自己成为复合型人才，在市场竞争中立于不败之地。

(三) 重视能力的培养

社会的进步和发展，不仅仅要求大学毕业生具有良好的知识结构，而且更强调大学毕业生具有独立解决问题的能力。能力是直接影响活动效率的各种方式、方法和手段的总和，是知识在社会中的运用和创造。能力是动态的，而知识是静态的。能力与知识、能力与文凭之间不完全等同。从某种意义上讲，能力比知识更重要。越来越多的用人单位在注重毕业生专业成绩的同时，更看重人品和各方面的综合素质，如学习能力、组织能力、沟通能力、实践能力、团队精神、协作精神、创新精神、道德观念以及个人特长等等。大学生只有将合理的知识结构和适应社会需要的各种能力统一起来，才能在求职择业中立于不败之地。因此，大学生在校学习期间，应当充分利用学校提供的各种实践活动机会，利用节假日，积极、主动地参加社会实践活动，培养自己对社会的责任感和亲切感，锻炼自己的胆识，自觉地努力培养适应社会需要的综合素质和实际应用能力。

(四) 加强身体素质的培养

加强身体素质的培养，提高自身的生理素质，也是我们每个大学生不容忽视的问题。大学生的青春期特点，往往使他们忽略了身体素质的培养问题。在校期间，只顾埋头读书，不注意体育锻炼，体质虚弱、视力差，因而被用人单位拒之门外的大学毕业生大有人在。身体素质是人的其他素质的基础和载体。大学生应居安思危，加强体育锻炼和保健，把提高自身的生理素质作为一项"基本工程"来抓。

第三节 大学生择业的心理问题

一、大学生择业的矛盾心理

（一）高期望值与社会现实的矛盾

择业期望值是指个体获得的职业对自己的物质、精神上的需求满足的程度。如工资收入、福利待遇、工作环境和条件怎样，个人的能力、特长和抱负能否得以施展，等等。大学毕业生普遍希望自己能落实一个好的单位，而现实却是看起来"就业难"。

一方面是毕业生的就业期望值较高，另一方面是社会所能提供的满意的就业机会减少。由此在毕业生内心产生的心理冲突就越大。由于有的大学毕业生择业期望值过高，一听说要下基层，到矿山、到偏远地方，就牢骚满腹，大有怀才不遇之感；不少人便沮丧、失望、泄气、听天由命甚至厌世，感到内心的痛楚苦不堪言。

（二）成才立业的志向与贪图舒适的矛盾

应当说，当今大学生中的大多数人进取心强，希望能有机会多锻炼一下自己，使自己成才，同时也希望毕业后能干出一番事业，对国家、对社会有所贡献。在对待事业上，他们提倡积极进取的精神，反对消极颓废的思想。为适应社会需要，力争事业成功，他们在努力提高自身的素质。这几年来高校的学风在好转也从一个方面反映了这一点。

追求事业成功必须付出艰苦的努力。但是，不少毕业生却缺乏艰苦奋斗的思想准备，追求轻松、舒适，以至在择业时，把发挥能力干一番事业摆在了舒适的工作、生活条件之后。一些国家特别需要，能真正发挥个人专长为社会创造价值，且人才需求量较大的矿山、乡镇企业、边远山区、艰苦行业，很少有毕业生问津，甚至有为数不少的学生宁愿回家待业也不愿到这些单位工作。

（三）竞争意识与信心不足的矛盾

当前，人才交流如潮水涌动，毕业生们"顺潮行舟"，希望投入人才交流大潮，凭着自身素质和大学几年"修炼"的能力，去撞击机遇的大门，希望通过公平竞争，寻找属于自己的天地。为此，毕业生中的大多数人支持毕业生就业制度的改革，认为它是市场经济条件下的必然趋势。但是，当毕业生感到竞争的巨大压力时，又流露出一种信心不足的心理，担心竞争机制不健全，难以真正实现公平竞争。表现在择业时，宁愿由国家包分配，等待一个单位从天而降，也不愿自己去参与就业竞争；希望选择那些既没有风险又稳定，待遇尚可的职业和单位；真正能放下包袱，到"三资"、民营、乡镇、农村等需要大量人才的单位去工作的人极少。

（四）所学专业与职业选择的矛盾

学有专业是大学毕业生之长，是择业的重要条件。所学专业如何，直接影响择业的成功率。社会上选择人才的要求一向强调"专业对口"，即个人所学的专业符合用人单位工作的需要。然而，由于有些毕业生在报考大学时多趋向于当时热门的专业，而当时的专业知识结构又不符合现时对人才的要求。这样就使原来热门专业的毕业生难以适应现在用人形势的变化，因为社会用人形势的发展，不仅要求有新的专业，而且要求有新的专业知识结构与能力结构。仅仅专业对口，而知识结构与能力结构不对口，或者个人的知识结构与能力结构不符合现代高科技发展的要求，也会使大学生的择业遇到困难。

（五）生理特点与社会偏见的矛盾

女大学生由于其生理上的特点而倍受社会偏见的困扰。大学生择业难，女大学生择业更难，这已成为整个社会关注的突出问题。一方面，有些用人单位传统的"重男轻女"观念作祟，不乐意接纳女性；另一方面，毕业生本身性别的心理差异也影响他们对职业的选择。有些女大学生怀有性别上的自卑感，不能勇敢而自信地面对用人单位的挑选，常常失去了一些本可以施展才华的机会。这导致女大学生择业范围更窄，心理负担加重，心理压力更大。

（六）择业工作与继续求学的矛盾

在高校中，考研的学生逐年递增。这一方面是因为大学生已经充分认识到知识的重要性，另一方面也说明学历在择业中仍然起着举足轻重的作用。大城市对学历的限制比较严，好单位也要求高层次人才。因而，不考研就很难找到好工作。但择业与继续求学之间也常存在矛盾，最典型的是时间上的冲突，弄不好很可能既耽误了考研又延误了找工作。

（七）亲情与爱情的矛盾

现在的大学生多为独生子女，父母大多希望他们毕业后回到自己身边，尤其是女生，家长更不放心她们独自在外地生活。那些在读书期间谈恋爱的大学生们，毕业时为了能到一起，想尽了办法，但由于父母的期盼，又增添了许多烦恼。男生希望女生到自己家乡落户，而女生又希望男生到自己父母身边安家。如果互不妥协，那么只好双双留在外地，这样却又伤了双方父母的心。

（八）就业忧虑和恐惧心理的矛盾

现在的大学生一方面渴望自己尽快走上社会，谋求到适合自己的理想职业，另一方面又患得患失，不愿意走出校门，对走上社会感到心中无数。

（九）思维定式和求稳求全心理的矛盾

不少学生择业时希望一步到位，然而只有在工作的过程中才能找到最能发挥自己特长的岗位。因此，"先就业，后择业"能让毕业生在工作过程中逐渐找准自己职业生涯的发展方向，不必计较跨出校门的第一个台阶有多高，因为很多毕业生都没有社会经验，对自己喜欢什么样的工作环境和岗位都不清楚，要找一份理想的工作是有一定难度的。"专业对口"和"铁饭碗"的思想束缚了毕业生的择业范围，在择业时顾虑重重，思前想后，谨慎过头，不敢冒险，缺乏风险意识和风险承受力，妨碍了自我推销的有效展开。

（十）就业盲从和冲动心理的矛盾

不能客观地分析社会的需要，对自己的竞争能力缺乏信心，因而在就业时产生了随波逐流的盲从心理。他们在求职择业时，缺乏信心，瞻前顾后，勇气不足，人云亦云，跟着别人走，自己毫无主见。还有的毕业生表现有情绪的极端性，心境受到多重择业因素的困扰，面对现实处境缺乏应有的冷静和自控能力，情绪急躁，盲目攀比，满腹牢骚，求职缺乏计划性，对各种信息常做出不假思索的反应。

二、大学生择业的心理误区

（一）大学生择业意识产生较晚

一项针对大学生就业的调查显示，52%的大学生择业意识开始于大学三年级，36%的学生开始于大学一、二年级，大约11%的学生没有择业意识。

择业意识是指个体对就业活动的认知，包括就业的自我认识、自我体验和自我调控等，就业意识是个体就业计划制订和决策的前提。个体的小学、中学、大学教育都是在为未来就业作准备，甚至是为一生的职业发展作准备。如果完成大学教育就进入就业环节，那么就业意识产生在大三时确实过晚，不利于大学生个人的职业规划。

（二）就业目标定位较模糊

目前很多大四学生有较为明晰的就业目标，但有相当一部分学生表示有就业目标，但不确定。一些学生就业目标定位不准确，过于理想化，心理期望值过高。

当前我国本科教育已经不再是精英教育，大学本科毕业生走向普通工作岗位是目前发展的一个趋势。

（三）缺少明晰的就业自我认识

目前，近半大学生对自己的就业兴趣、就业价值取向等相关问题认识较为模糊，只有少部分大学生对此有较为明晰的认识。

就业认知是指个体对个人职业价值、兴趣、能力以及职业的事实状况和相关信息的了解。就业中职业的选择和决策均需要对自我职业价值取向、兴趣、能力有清晰的了解。只有这样，才能在就业过程中做出正确的选择，大学生就业的自我认知模糊必然对就业产生不良影响。

（四）就业心理准备不充足

大学生就业心理准备主要是指对就业的专业准备和就业技巧的准备等认知。大部分大学生作了专业拓展方面的准备。针对大学生就业的调查还显示：近50%的学生表示接受过就业方面的教育、训练辅导；20%的学生表示接受过较多的教育、训练和辅导；极少部分学生表示没有这方面的训练。

尽管部分大学生在专业方面作了相应的拓展，但往往与社会需求相脱节。就业教育、训练和辅导应该系统化，不应偏重于就业技巧训练，而忽略了对学生社会性的培养。

（五）千方百计考证，以期为自己增添竞争砝码

现在媒体上把持证上岗炒滥了，给人一种只有考证才能上岗的错觉，这并不利于就业。中国目前的就业准入制度只是在与人民群众的生命有极大关系的部分领域内推行，并不是所有的岗位都要实行持证上岗。另外，证书只是一种资格的象征，并不是说你将来一定能胜任这项工作。

（六）"慌不择路"，有单位就签，结果受骗上当

比较正确的态度是，不卑不亢，全面考察用人单位的经营状况，不贸然接受对方的面试、签约要求，在知彼知己的情况下，才考虑签约事宜。

三、困扰大学生择业的几种常见的心理现象

（一）自卑感

自卑心理是大学生择业过程中一种常见的心理现象。在竞争激烈的求职场上，部分大学生或因所学专业不景气，或因自己专业知识、专业技能及综合素质不如其他同学，或因求职屡次受挫，往往产生强烈的自卑感，并进而转化为自卑心理。有这种心理的大学生往往没有信心和勇气面对求才若渴的用人单位，往往不能适当地向用人单位展示自身所长，甚至把自身的长处也变成了短处，从而严重影响了择业与就业。表现在择业过程中：有的大学生对自己缺乏自信、过于拘谨、缩手缩脚、优柔寡断，不能向用人单位充分展示自我，从而坐失良机；有的大学生因为学历、成绩、能力、性格方面的某些缺陷和不足而丧失了勇气，悲观失望、抑郁孤僻、不思进取，觉得自己事事不如他人，不敢参与就业市场竞争。

(二) 焦虑心理

择业是大学生走出校门走向社会的第一步，是他们人生中的一次重大转折。面对纷繁复杂的社会，面对日趋严峻的就业形势，面对日益激烈的就业竞争，面对国家需要、个人意向、有限的供职岗位、多样的工作环境等多元因素组合的职业选择，如何做出正确的抉择，是让每一个涉世不深、社会经验缺乏的大学生最为困惑的难题。为数不少的大学生在各种选择和诱惑面前无所适从：或职业期望过高，不切合实际；或希望尽快落实就业单位，急于求成；或幻想无须付出多大的努力就能得到称心如意的工作。而在实际生活中却往往事与愿违：有的毕业生四面出击，东奔西跑，却处处碰壁，心境常被择业所左右；有的毕业生光差旅费就花了三四千元，却一无所获，因而出现焦虑和烦躁不安甚至恐惧的心理。

(三) 怕苦心理

不少毕业生在选择职业和单位时，不是看自己的专业和特长能否得到发挥，能否在实现社会价值的同时实现个人价值，而是追求和贪图享乐，希望自己去的单位名声好，工作条件好，生活待遇高，有出国机会，甚至离家比较近；不少大学生有怕吃苦、盲目追求享受的心理，甚至受社会功利主义的影响，名利心理过重，对金钱和名利的看法出现了偏差，缺乏对自我的客观评价，不考虑新形势下用人单位对毕业生专业、能力、层次等方面的要求，盲目追求高待遇，等等。许多用人单位到高校选聘毕业生时，毕业生往往都会关注单位的工资有多高、住房怎样、在什么地点、离城市有多近、生活是否方便等。这是典型的贪图享受、怕吃苦的表现。就目前来看，越是艰苦地区、艰苦的单位，越是需要大学毕业生。而绝大多数毕业生不愿到边远贫困地区就业，主要原因是他们害怕艰苦环境，担心到那些地方没有前途，经济收入少，生活艰苦，即使是从边远贫困地区来的毕业生也不愿意回去。这就更增加了毕业生的怕苦心理。在怕苦心理的驱使下，学生们选择职业的面很窄。这就更增加了大学生求职的失败率和困难，严重影响择业的成功率。

(四) 等待心理

在一年一度的择业开始之际，不少毕业生就是不与用人单位签订协议，总认为还会有好单位在后头，等回过头来想与这些单位签订协议时，时机却已经错过；在人才招聘会上，一些毕业生手里同时拿到几家用人单位的合同，挑花了眼，一时拿不定主意，便只好抱着"等一等再说"的想法离开了会场；许多毕业生认为，递交简历是自己对用人单位的一次面试，二次面试那就等对方挑挑拣拣了，因而在双向选择会之后，许多学生采取消极等待的态度；即使是面对自己满意且自己又有一定优势的用人单位，一些毕业生也是坐等对方打电话通知。其实，在择业过程中，有的用人单位往往不是一下就确定你是否被录用。如果你真想去该单位，不妨经常走访该单位，了解询问有关情况，让用人单位加强对你的印象。用人单位决策时前摄效应会自然发挥作用，有助于你的择业成功。

（五）攀比心理

一些大学生在寻找、选择就业单位时不是从自身实际出发，而是与同学攀比，且往往是拿自己身边同学的择业标准来定位自己的就业标准。特别是看到与自己成绩、能力差不多的同学找到了令人羡慕的工作，获得可观收入时，觉得如果自己找不到理想的职业，就很没面子。为了获得心理上的平衡，将自己择业的目标设计过高，其结果是高不成，低不就，陷入苦恼之中。即使某单位非常适合自身的发展，但因某个方面比不上自己同学选择的就业单位就彷徨放弃，结果事后后悔不已。

（六）求高心理

有一些毕业生存有不切实际的盲目追大的攀高倾向。他们自恃学有所长，认为"天生我才必有用"，要求用人单位各个方面都十全十美，从工资福利待遇到住房、到地理位置、到工作环境，无不在其考虑之中，却忽视了如此完美的单位能否接纳自身。这种不掂量自己的才学，不给自己合理定位而产生高期望值的盲目求高心理，导致不少大学生最终落入"高不成，低不就"的窘境。这种心理往往使不少大学生与很适合自己的用人单位失之交臂。一些毕业生尽管也知道目前就业形势，但一到签约时，便难免要产生一丝"不甘心就此"的念头。

（七）自负心理

部分应届大学毕业生或因所学专业紧俏，或因就读学校为名牌学府，或因自己无论专业学习还是综合素质都高人一筹，或因自身较优秀的条件为不少用人单位所垂青，而在内心深处油然而生一种睥睨一切、目空天下、高人一等的极端自负心理。在这种心理支配下，往往是"这山看着那山高"，这个单位不顺眼，那个单位不如意，从而错过不少适合自己发展的用人单位。看不到自身的不足，总是"挑肥拣瘦"，在瞬息万变的求职竞争中必然会迷失方向、丧失各种良好机会。部分学生在求职过程中，总是带着一副洋洋自得、自负自傲的神情，自以为自己什么都懂、什么都会，面试时，海阔天空、夸夸其谈，给用人单位留下浮躁、不踏实的印象。

（八）依赖心理

"在家靠父母，出门靠朋友。"这句流传很广的社会俚语也在左右着当代大学生的择业心理。有些毕业生在择业过程中缺乏自信心，不把立足点放在自身努力上，忽视自身素质的培养与提高，而是把希望寄托在"找关系""走后门"上，有的甚至由家长出面与用人单位洽谈。在各种人才交流会上总是可以看见有些父母陪同子女在用人单位的展位前徘徊。殊不知，这样做的结果恰恰让用人单位对这些毕业生产生缺乏开拓能力、独立生活能力和工作能力差的印象。依赖熟人给用人单位打招呼可能有点用，但如果你不能勇于当面推销自己，用人单位领导也就不敢贸然拍板。即使在别人的帮助下一时能找到职业，也难以适应今后社会的竞争。还有的学生过分依赖学校,他们的观念还停留在当初的统招统分上,到现在还存在等毕业分配的思想,不主动寻找工作单位,等着学校给他们介绍单位。当今社会,机遇与挑战并存,只有在择业中树立信心,敢于竞争,才能在众多的求职者中脱颖而出。

(九) 畏惧心理

具有这种心理的人,怕面对面的竞争,缺乏足够的勇气。有的毕业生由于心理负担过重,缺乏应试的临场经验和现场应变、自我控制能力,以致在求职择业过程中过于怯懦,甚至面红耳赤、语无伦次、张口结舌、答非所问;有的人过于谨小慎微,生怕一句话说错、一个问题回答不好影响择业;等等。这些学生盼望竞争,但又惧怕竞争,在机遇面前不能把握好自己,因为怯懦而在"自我推销"中败下阵来。

大学毕业生择业的心理误区远不止以上所述,这些心理特征相互交错,你中有我,我中有你,给毕业生自身的身心健康和择业就业带来不良影响,产生内在的心理冲突。

第四节 大学生择业的心理调适

一、客观评价自己,树立良好心态

择业过程就是主体的条件与客观的要求相适应的过程。每个人都有自己的优点和长处,也都有自己的缺点和短处,就像人们常讲的"尺有所短,寸有所长"。个人能否适应客观的社会要求,与个人对自我的认识和自我评价等有关。每个毕业生都应对自己的择业能力、条件有个正确、客观的认识。只有这样,在择业中才能树立良好的心态,获得理想的职业。

(一) 正确认识自己的择业条件

1. 正确认识自己的个性特点

即正确认识自己的身高、体重等生理特点和性格、气质、兴趣、爱好等心理特点,以及与之相符合的职业类型。要学会正确地看待自己的优势和不足,尽量扬长避短,正确地和他人作比较;既不要因为暂时的成功而自鸣得意,也不要因为一时的挫败而自怨自艾;要善于学习别人的长处,及时改善自己的身心状态。

2. 本人求职意向及家人的期望

这包括：你究竟想干什么？想到什么地方去工作？家长及亲朋好友对你的求职期望是什么？

3. 你所学专业适合哪类工作

不仅要考虑"我想从事什么职业""我愿意干什么工作"，更要用"我能干什么""我适合做什么工作"的眼光来全面地审视自己，扬长避短，发挥优势，绝不"跟着感觉走"。

4. 你在就业竞争中的实力情况

这包括你的学习成绩在专业中的排名、专业课的学习情况和实际动手能力、外语和计算机水平、社会活动能力、工作经验、科研和创作成果等。

对自己有个明确、切实的认识是避免理想与现实出现过大反差的一条重要原则。正确认识自我，确定自己在社会中的位置，才能找到进一步走向社会、深入社会的出发点。择业中的大学生，应当认真、仔细深层次地认识自己的思想品质、价值目标、适应能力、知识结构、个性特征等，对自己有一个完整的认识。在此基础上建立起来的职业选择意愿，才具有现实可能性，这样的自我期待才能达到与现实的契合。

（二）客观、恰当地自我评估

择业的自我评估包括自我知识结构、自我综合素质、自我社会角色地位以及对自我个性特征的认识与评价。这是正确进行择业的前提。大学生在择业时，应当如实地介绍和评价自己的专业知识、能力、特长、个性特点等。既不要作广告宣传式的评价——即把自己应该具有或希望具有的知识、能力和心理素质一概当成已经具备的优点和专长进行描述（这样既无法使人确切了解你的真正的专长和特点，也无法使用人单位做出决断，势必影响择业的结果）；也不要作单纯罗列式的评价——即单纯把在校学过的课程和专业、参加过的社会实践、担任过的社会职务一一罗列出来，缺少对自身能力和特长的专门评价（这样也不易显示出个人的特点，不利于用人单位赏识）。切忌在"自我评价"中不介绍自己的专长和特点，不讲个人能做出什么样的贡献，而一味提自己的要求。

（三）树立良好的择业心态

1. 确立合理的抱负水平

抱负水平是指自我期待水平的高低。它不是以职业的所谓优劣为标准，而是以自我期待的内容价值的大小为标准。要使自己的抱负水平建立在符合社会期待的基础上，关键在于树立正确的人生观。如果这个问题解决得好，那么，自我期待便不难与社会期待相结合，即使有时社会现实与自我期待发生冲突，也不难正确对待了。从广义上讲，任何一种合理、合法、社会需要的职业，都能满足人们的人生目标。

社会需要是自我实现的客观前提；假如社会不需要，自我期待便无法实现。因此，牺牲一点个人的"小我"，多考虑社会的"大我"，摆正个人与社会的关系，自我期待便有可能与社会需要达到统一，职业定向便有了稳固的支柱，自我实现与现实之间的冲突，以及其他因素造成的择业社会障碍，就会得到积极的缓解与克服。因此，能否确立合理的抱负水平是心理调适能否成功的重要因素。

2. 恪守弹性的择业态度

如前所述，大学生的自我期待与社会需求之间的冲突是客观存在的。当这种冲突发生时，择业态度具有变通性的大学生能立即做出调整，使自己达到均衡。如果缺少变通性，不能及时调整自己的就业期望值，而是刻意追求最美满的结果，势必错过其他许多好的机会，造成就业困难。因此，提高变通性、增强自我调节能力是大学生择业成功的重要因素。

3. 确定适当的择业目标

个人的择业目标应当和自身的能力相符合，才有利于树立自己的信心，从而使自己在择业中处于优势地位。目标适当，取决于知己知彼。研究目标、扬长避短是择业成功的一把钥匙。择业标准应该灵活多变。大学生择业应该从大趋势出发，不应该将目光仅仅局限于眼前。第一份工作或许不是最适合你的，但此时工作经验、社会积累才是最重要的。况且现在就业也不是一次定终身了，不要强求一步到位，等以后有了能力自然可以再发展。

4. 强化信用意识

市场经济可以说是信用经济，缺乏信用的经济主体在竞争中必然遭受淘汰。毕业生在择业过程中要从大局出发，树立信用意识。主要表现在：一是毕业生的自荐材料要翔实可靠，并附带最能表现个人素质与能力的有效证明材料。近几年有个别毕业生采取涂改成绩和综合测评名次等不正当手段以骗取某个就业岗位。这种失信于社会、失信于单位、失信于学校的现象在社会上造成极坏影响。二是签订就业协议的动机要端正。有部分毕业生与用人单位签订就业协议并不是真正想去协议单位工作，而是把协议单位当作跳板，一旦目的达到，不是要求调离，就是不辞而别、另谋高就。这在某种程度上不仅挫伤了用人单位接收应届毕业生的积极性，而且也给学校带来很多后患。

5. 树立效率意识

目前，我国毕业生择业时间大多集中在每年的11月至次年的三四月份。这期间，社会和学校都要举办多种形式、不同层次的毕业生供需见面洽谈会；但有相当一部分毕业生盲目地在市场与市场之间穿梭奔波，造成人力与财力的巨大浪费，最终还可能一无所获。我们知道，应届毕业生择业同社会职工再就业之间最大的区别就是具有较强的时效性。毕业生必须充分把握时机，提高效率意识，在尽可能多地搜集就业信息的基础上，及时地进行分析、了解、取舍，尽快确定自己的择业目标；应该积极、主动地参与到人才市场的竞争中去，有的放矢地寻找符合自己意向的用人单位，抓紧时间面谈，以提高成功的概率。犹豫不决往往会坐失良机。

6. 培养法律意识

毕业生不仅要具有信用意识，同时也要具有法律意识：一是在签订就业协议前，对用人单位拟订的协议内容（如协议条款、双方权利与义务等）要仔细研究，切忌签订一些口头合同、含义不清并缺乏必要约束的简单合同、一边倒合同、用一些证件抵押的抵押合同，以免使个人正当权益受到损害。二是就业协议一经签订，就具有了法律效力。毕业生在没有征得协议单位同意的前提下，不得随便单方解除协议，否则，必须承担由此引起的法律责任。三是要学会利用法律武器来维护自身的合法权益。协议签订后，若遇到协议单位拒绝履行协议、不再予以接收的情况，毕业生应大胆地利用法律武器来维护自己的合法权益。

二、认真做好求职的准备

（一）全面了解社会的需求信息

社会需求信息是毕业生确立择业目标的前提条件。需求信息越多、越全面、越可靠翔实，就越有利于取舍和选择。因此，要通过多种渠道，全面了解我国现行的大学毕业生就业政策、就业的发展趋势和社会对人才的需求状况以及就业市场的"行情"，增强对社会、市场的适应性。

1. 社会对人才的需求态势

要了解国民经济发展对人才的需求态势、当年大学生就业市场的供需状况，尤其是应重点了解本专业的社会需求情况、用人单位对毕业生的选择标准和素质要求等。

2. 国家及学校有哪些就业政策和规定

要了解国家、省、市就业政策的内容，高校毕业生就业的程序，学校对应届毕业生就业有何具体要求等。

3. 用人单位的情况

用人单位的情况包括：所学专业有哪些单位需要？需求量多少？具体要求有哪些？用人单位的地理位置、工作环境、生产经营状况、发展前景、福利待遇、人才结构以及对毕业生的具体安排和使用意图等。

（二）进行择业前的"热身"

"热身"这个词，对于大学毕业生来说并不陌生，他们或多或少都有一些直接或间接的感受。"热身"即人们在做一件事情前，有意识地使自身的知识、能力、体力等诸多方面达到最佳竞技状态。择业前的热身包括：对毕业生就业制度的宏观认识；对就业和择业的微观研究；对职业、职业理想、职业道德的确立；对就业心理和心态的自我适应和自我把握；对自身的知识结构、能力、特点和技能特长的再认识；以及对用人单位与人才市场的客观反映；等等。择业前毕业生要将以上的诸多因素，通过系统、有目的、有方向、合理的辩证组合，使诸多因素从无序状态达到一种有序状态，并在就业部门和就业指导教师的具体指导下，调动诸多因素为择业行为服务。

大学毕业生择业前的"热身"可以通过下列方式进行：

（1）主动、尽可能早地接受学校的就业指导。现在不少高校开设了就业指导选修课或必修课，毕业生应积极参与这些课的学习。就业指导课系统地讲授就业的社会性、就业的必然性、就业的经济性、就业的计划性与合理性、就业的相对稳定性和变动性、毕业就业成功和失败的原因、求职技巧与求职心理的最优化等内容，可以帮助毕业生从理论上接受就业的客观现实，从原理上掌握就业的具体操作要领。大学生自觉、主动地听取就业指导专家的分析与建议，是理性、集约地利用信息资源、选择最佳职业的有效途径。这远远要比单凭自己的经验或吸取别人零零散散的经验，要科学与经济得多。

（2）参加就业模拟招聘活动。就业模拟活动为毕业生设立一种虚拟的人才招聘环境，并尽可能将招聘活动中可能发生的情况移植到这个环境中，为毕业生提供模拟的择业实践机会，使其体会在招聘活动中来自各方面的可能压力，以及如何做好招聘的准备工作、如何克服择业竞技的紧张心理，并直接从模拟的择业实践中积累经验。参加就业模拟招聘活动，可以全方位地为择业做好各种准备，从而增加在择业实战中取胜的概率。

（三）备好求职材料

一般来说，求职材料应该包括个人简历（求职简历）、求职信（自荐书）、成绩单、外语等级证书、技术等级证书、职业资格证书、各种荣誉证书、其他相关资料等基本材料。

大学毕业生求职，要通过向用人单位呈送个人简历来介绍和推销自己。个人简历是用人单位了解毕业生有关情况的重要途径和方式。个人简历主要由九个部分内容组成：① 基本情况。姓名、性别、标准照片、户籍、出生日期、毕业院校、专业、学历、学位、毕业时间、联系方式等。② 政治面貌。③ 求职意向。④ 教育背景。按时间顺序列出学历教育、职业教育经历，包括院校、专业、主要课程、职业资格和学位。⑤ 外语、计算机水平。⑥ 所获奖励、荣誉。⑦ 实践经历。社会活动、实习、兼职经历。⑧ 其他个人特长及爱好、作品著述、所参与专业团体情况。⑨ 自我评价。自我评价应实事求是、认真、客观，既不能"吹牛"，又不能过分自谦。

总之，求职简历内容要注重"简洁"，突出个人的"经历"，以充分展示自己的经验、能力和发展潜力。

求职信是你进入理想单位的第一块敲门砖。求职信通常包括三个部分：① 开始部分说明个人的基本情况和获得消息的来源。② 中间部分说明自己适合所求职业的特长和个性，申请具体的工作岗位。如果不知道对方需要什么样的人才，可以说明自己希望申请哪一类工作岗位。③ 结尾部分多是提供证明自己资历、能力以及工作经历的证明材料，其中也包括自己的一些补充。如学历证明、学术论文、获奖证明证书、专业技术职业证书、专家教授推荐信等。这些可以列在另外的附页上。最后写明自己的详细地址、邮政编码、联系电话等。

三、积极主动推销自己

（一）树立推销意识

在人才竞争激烈的环境下，毕业生具有一定的推销意识，积极地推销自我、展现自我，对于顺利完成择业过程是大有必要的。大学毕业生应树立主动推销自己的意识，把注意力更多地放在"寻找适合自己、最能充分展示自己才华的舞台"上。

（二）选择适合自己的推销方式

多年大学生活的精心准备及毕业前夕对诸多就业信息的认真分析，最终要靠大学毕业生与用人单位"供需见面""双向选择"之后而落锤定音。大学毕业生在就业市场上要主动出击，勇敢地"推销"自己，则是这系统工程中的最后一个环节，举足轻重。大学毕业生应选择适时、恰当的方式向用人单位主动推销自己。推销自己的主要方式有以下几种：

1. 亲临招聘现场推销自己

在招聘会上，大学毕业生必须调动自己的临场应变能力、心理承受能力、语言表达能力等多种能力，以自信、冷静的态度，主动赢得用人单位的信任，切不可胆怯退缩或犹豫不决而失去良机。

2. 通过书面材料主动推销自己

如果不能与用人单位直接见面，也可通过书面材料主动推销自己。自荐材料是大学生与用人单位交流信息的载体，是用人单位判断和评价毕业生综合素质和发展潜力的重要依据。大学毕业生应当根据所获取的用人单位的招聘信息，将事先准备好的求职材料寄送给用人单位，并主动与用人单位保持电话联系。

3. 通过网上求职

当求职成为一项花费不菲的行为时，廉价的网络求职自然成了多数毕业生的首选。只要在网上轻轻点击鼠标，就可以检索到千里之外的招聘信息。坐在电脑前，可以选择全国各地的用人单位，这相当于同时参加了多场招聘会。网上求职省时、省钱又省力。大学毕业生在网上求职时，应根据自己的求职范围，选择大型专业人才交流的网站投递简历，有的放矢。在填写简历的时候，最好不要留下自己的详细住址，一般留下手机号和电子信箱联系即可，而且最好使用有过滤垃圾邮件功能的电子信箱。在填写自己的个人资料的时候，要尽可能作一些必要的保留。另外，要尽可能用文本文件发送，因为接收附件很不方便，以免造成丢失。最好的办法是建立一个自己的个人主页，将你的求职材料和推荐书等都放上去，让有关单位全面了解你的情况，并尽量让自己的主页美观、大方、简明，给招聘者一个良好的第一印象。

（三）决胜面试

面试是用人单位招聘人才时通常采用的考核方式。在面试环节，应聘者能不能积极、主动地"推销"自己，会不会巧妙自如地展示自己的优势，从而给招聘者留下良好的印象，直接关系到求职的成败。在激烈的面试竞争中，应聘者怎样才能脱颖而出呢？

1. 调查背景，知己知彼

面试前一定要做好充分的准备：首先，对应聘单位的各方面情况，要尽量有一个全面的了解，有备而来才能应对自如；其次，对面试时可能涉及的问题，要事先认真准备和演习，对最能展示你优势的内容，更要重点做好准备。

2. 精心"包装"自己，按时赴约

在竞争日益激烈的现代社会里，"包装"可以弥补个人的不足，提高个人价值，发挥促销作用。大学生在面试时，应做到着装整洁大方，仪容端正，精神饱满，举止文明，气质高雅，给人以良好的"第一印象"。面试时务必要按照要求，提前到达指定地点。违时失约，是应聘之大忌。

3. 沉着冷静，从容应对

面试是双方一问一答、彼此交流的过程。考官通过面试交谈，主要是考察应试者的分析问题能力、推理判断能力、应变能力以及为人处事态度等。在面试中一定要保持镇定自若、精力充沛的状态，注意聆听对方的发问，回答问题简明扼要，富于条理性、逻辑性和节奏感。交谈中不要主动向对方提起薪水、福利待遇问题。面谈结束告退时，不要向考官提出限定时间给以答复的要求。

（四）适时签约

签约是就业洽谈追求的最后成果。毕业生与用人单位签约一般采用由教育部统一制定的就业协议书。在就业洽谈会上，通过"双向选择"，毕业生确定了用人单位，对方也明确表示录用自己后，就要抓紧时间，与用人单位签订就业协议书。协议书一经签订便视为生效合同，不能随意更改。要避免在自荐洽谈时积极、主动，

而在签约时左顾右盼、瞻前顾后、犹犹豫豫而使用人单位产生误解,或因脚踏两只船而丧失最佳机遇。在与某一用人单位签订协议后,应立即停止与其他单位洽谈。即使以前洽谈过的,也应及时给对方反馈信息,说明情况,以便他们另找合适人选。如果所选择的用人单位在"双向选择"会上暂时不能签约,可先达成意向,待会后再继续联系洽谈,以便最终签约。

(五) 掌握择业心理调适的方法

维护和保持择业过程中的心理健康,对每一个大学生来说都是十分必要的。掌握一定的消除心理障碍、解决心理问题的方法,对大学毕业生来说是十分必要的。

1. 学会调控情绪

在择业过程中,大学毕业生难免会遇到不良刺激而出现情绪反应。为防止产生情绪障碍,必须学会控制情绪。例如,告诫和提醒自己制怒,及时离开现场,接受他人的劝解,让自己试着换个角度思考问题,找朋友、同学、老师、亲人倾诉,到户外参加体育锻炼,等等。这些做法对焦虑、自卑、畏惧、不满心理都可以起到一定的疏泄作用,使心境得到缓解。

2. 学会自我鼓舞、自我激励

大学毕业生不能因为暂时遇到困难或处于不利境地就悲观失望,而要在遇到挫折时,通过自我鼓舞、自我激励,重振精神,增强信心,要坚信"天生我材必有用""此处不识君,自有识君处"。即使应聘不成,也只不过是"大路朝天,各走半边""只要是千里马,何愁遇不见伯乐?"

3. 学会放松、静心养气

择业过程中精神紧张的心理反映出来就是烦乱,干什么事情都不能集中注意力。这时你可以采取一种简单易行的缓解方法——放松疗法。放松是通过积极的休息达到静心的目的。在择业中遇到挫折、产生心理冲突时,不妨运用放松疗法,暂时抛开择业的烦恼。静心是避免不良心境困扰的有效方法。也只有静心才能静思,然后冷静分析,调整心态和行为,为下一步的成功打下良好的基础。

4. 求助于职业心理咨询

随着心理科学被人们所接受和发展,心理咨询已经来到我们身边,各高校基本上都已成立心理咨询中心。咨询的实质就是一种职业性的帮助关系,即由受过专门训练的人员为求助者提供帮助。主动地寻找心理帮助,进行职业心理咨询,是大学毕业生释放心理压力、调适不良心理的有效途径。

案例分析

十几年前，某高校一位在班上很拔尖的英语专业优秀毕业生，选择了去中学做一名普通的英语教师。当时，她的许多同学都选择了去外企或一些收入高的单位工作。对于她的选择，许多同学不理解，有的甚至说她傻，放着那么好的个人条件，放着那么多高收入的工作不选，偏偏去当中学教师。她却微笑着回答大家："我喜欢，我适合做中学教师。"十几年过去了，现在她已经成为全国著名的中学英语特级教师。她不但培养了许多英语成绩优秀的学生，而且还经常为全国中学英语教师作英语教学培训。她的职业发展是很成功的。她的成功源于她不盲目追随他人和社会潮流，她对自己、对职业有一个正确的认识，能够恰当地规划自己的职业生涯。而她的一位同学开始时选择在一家不错的外企工作，但是工作时间不足半年，公司以工作能力不强为由将他解雇。之后他又应聘到一家翻译公司，可是由于工作节奏太紧张、压力大，一年后他辞职离开了这家公司。后来他又应聘到某国家机关，但整天坐在办公室里觉得专业派不上大用场，于是，一年后又跳槽了。这样多次跳槽，总觉得没有适合自己的最佳工作，而且连着几份工作时间都不是很长，让招聘单位对他心存顾虑，到现在他还在一个自己不喜欢也不打算长期从事的岗位上工作。对于自己的职业未来，他感到迷惘。他的职业发展困惑源于他对自我缺少一个明确的定位和规划。

[思考题]

以上案例说明了什么问题？它给了我们什么启示？请用本章有关知识和原理分析并讨论。

思考题

1. 为什么说大学生从入学开始就要进行择业准备？
2. 大学生的不良择业心理有哪些？应如何克服？
3. 大学毕业生应当如何推销自己？

第十章

大学生心理问题的识别及调适

在现代社会，多种因素影响着大学生心理问题的产生和发展。例如，随着城市化进程的加快，人们的生活节奏加快，生活压力增大；随着计划生育政策的持续推行，有更多的独生子女进入大学，这些大学生的适应能力、交往能力如果未得到及时的引导与锻炼，将产生心理问题；社会的竞争、家庭与社会的期望、童年的心理创伤等，均会影响大学生心理问题的产生和发展。

历年对大学生心理问题的普查结果显示，大学生中有中度至重度心理问题的人数约占在校生人数的18.5%，即每五位大学生中，约一人有心理问题。大学生有心理问题是客观存在的事实。对大学生的心理问题进行有效的识别，是预防心理事故的重要前提，是引导大学生完善自我、健康发展的必要措施。

第一节 大学生心理问题的识别

一般情况下，行为是心理活动的外在表现。识别大学生的心理问题，可以从其言行举止等方面进行综合观察。

一、不同等级心理问题的判断

要及时、有效地处理心理问题，需要对心理问题的等级有准确的把握。从健康状态到心理疾病状态一般可分为四个等级：心理健康状态、心理不良状态、心理障碍、心理疾病。

（一）心理健康状态

心理健康状态与非健康状态的区分标准一直是心理学界讨论的话题，不少国内外心理学学者根据自己研究调查的结果提出了多种心理健康标准。笔者在临床心理学实践工作中，总结了前人的理论与经验，提出了一个简捷的评价方法。即从本人评价、他人评价和社会功能状况三个方面分析：

（1）本人不觉得痛苦。即在一个时间段中（如一周、一月、一季或一年）快乐的感觉大于痛苦的感觉。

（2）他人不感觉到异常。即心理活动与周围环境相协调，不出现与周围环境格格不入的现象。

（3）社会功能良好。即能胜任家庭和社会角色，能在一般社会环境下充分发挥自身能力，利用现有条件（或创造条件）实现自我价值。

（二）心理不良状态

心理不良状态又称第三状态，是介于健康状态与疾病状态之间的状态，是正常人群组中常见的一种亚健康状态。它是由于个人心理素质（如过于好胜、孤僻、敏感等），生活事件（如工作压力大、晋升失败、被上司批评、婚恋挫折等），身体不良状况（如长时间加班劳累、身体疾病）等因素所引起。它的特点是：

（1）时间短暂。此状态持续时间较短，一般在一周以内能得到缓解。

（2）损害轻微。此状态对其社会功能影响比较小。处于此类状态的人一般都能完成日常工作学习和生活，只是感觉到的愉快感小于痛苦感，"很累""没劲""不高兴""应付"是他们常说的词汇。

（3）能自己调整。此状态下的大部分人通过自我调整，如休息、聊天、运动、钓鱼、旅游、娱乐等方式能使自己的心理状态得到改善；小部分人若长时间得不到缓解，可能形成一种相对固定的状态，他们应该去寻求心理医生的帮助，以尽快得到调整。

（三）心理障碍

心理障碍是因为个人及外界因素造成心理状态的某一个方面（或几个方面）发展的超前、停滞、延迟、退缩或偏离。它的特点是：

（1）不协调性。其心理活动的外在表现与其生理年龄不相称或反应方式与常人不同。如成人表现出幼稚状态（停滞、延迟、退缩），儿童出现成人行为（不均衡的超前发展），对外界刺激的反应方式异常（偏离）等。

（2）针对性。处于此类状态的人往往对障碍对象（如敏感的事）有强烈的心理反应能，而对非障碍对象可能表现很正常。

（3）损害较大。此状态对其社会功能影响较大。它可能使当事人不能按常人的标准完成其某项（或某几项）社会功能。例如，社交恐惧者不能完成社交活动，尖物恐惧者不敢使用刀、剪，性心理障碍者难以与异性正常交往。

（4）需求助于心理医生。此状态者大部分不能通过自我调整和非专业人员的帮助而解决根本问题。心理医生的指导是必需的。

（四）心理疾病

心理疾病是由于个人及外界因素引起个体强烈的心理反应（思维、情感、动作行为、意志）并伴有明显的躯体不适感，是大脑功能失调的外在表现。其特点是：

（1）强烈的心理反应。可出现思维判断上的失误，思维敏捷性的下降，记忆力下降，头脑黏滞感、空白感，强烈自卑感及痛苦感，缺乏精力，情绪低落成忧郁，紧张焦虑，行为失常（如重复动作、动作减少、退缩行为等），意志减退，等等。

（2）明显的躯体不适感。由于中枢控制系统功能失调可引起所控制人体各个系统功能失调，如影响消化系统则可出现食欲不振、腹部胀满、便秘或腹泻（或便秘、腹泻交替）等症状；影响心血管系统则可出现心慌、胸闷、头晕等症状；影响到内分泌系统可出现女性月经周期改变、男性性功能障碍等。

（3）损害大。此状态下的患者不能或勉强完成其社会功能，缺乏轻松、愉快的体验，痛苦感极为强烈，"哪里都不舒服""活着不如死了好"是他们真实的内心体验。

（4）需心理医生的治疗。此状态下的患者一般不能通过自身调整和非心理科专业医生的治疗而康复。心理医生对此类患者的治疗一般采用心理治疗和药物治疗相结合的综合治疗手段。在治疗早期通过情绪调节药物快速调整情绪，中后期结合心理治疗解除心理障碍并通过心理训练达到社会功能的恢复并提高其心理健康水平。

二、诱发心理问题的可能原因

诱发心理问题的原因主要有以下几个方面：
（1）家族病史。外婆家或自家三代内有精神疾病患者。
（2）自身身心病史，自身心理素质差。
（3）童年心理创伤。
（4）家庭环境。如家庭对孩子不当的养育方式、家庭成员的紧张关系、家庭和睦程度低、家庭经济状况、家庭对子女的期望是否合理、家庭的突发变故等。
（5）在校的挫折。如学习、交往、恋爱、择业方面是否顺利，是否上网成瘾等。

三、处理心理问题的原则

1. 保密

对来访者的咨询内容、姓名等内容保密。但是当来访者透露了伤害自己或他人生命的信息时，不能完全保密，要将信息在最低程度泄密的情况下，进行危机预防和干预。

2. 平等、尊重

不要将咨询变为上级对下级的思想教育，应平等沟通，尊重来访者。

3. 价值中立原则

以客观的态度对待来访者的问题，咨询的目标在于缓解来访者的心理问题，而不是向来访者灌输咨询师的价值观。

4. "来者不拒，去者不追"的原则

无条件接受来访的学生，但是对不愿接受心理辅导的学生不能强求。

四、处理心理问题常用的技术

1. 倾听

从声音、语调、交谈内容、面部表情、肢体语言等方面综合理解来访者的真实心理状况。倾听过程中要做出"嗯""哦"、点头等简单的反应，让来访者知道我在听他/她诉说。但不要随意打断来访者的陈述，除非我已明白他/她的问题所在，而他/她一直在唠叨，没有停下来的意思，才可以委婉地打断他/她的陈述，例如通过倒水给他/她喝等方式，岔开话题，从倾听转入咨询。

2. 复述

用自己所理解的意思，复述来访者陈述时所表达的内容或情感。可以是概括性的、更准确的词汇，但不能是与来访者陈述内容完全一样的复制，除非是没听清楚，想进行确认时，才可以完全相同地复述。

3. 共鸣

对来访者的心理困惑、痛苦、过错等，能从来访者的角度思考、理解。

4. 无条件积极关注

充分发现和挖掘来访者身上存在的优点，恢复其自信。这主要用于对自卑、自责等消极自我评价的来访者。

5. 面质

即对来访者的陈述进行质疑。以委婉的方式质问来访者的不合理信念，纠正其认知偏差。如果来访者对咨询人员很信任，可以用直接的方式进行面质。例如，来访者说"妈妈不管我"，直接面质可以说：那你妈妈为什么辛苦打工，每个月还给你生活费？

6. 开放式提问

让来访者透露更多关于自己的信息，以了解问题的根源。例如，如果想知道童年创伤对来访者的心理影响，可以这样问：在你的成长过程中，经历了哪些不愉快的、甚至让你感到痛苦的事情？

7. 封闭式提问

只能用是或否进行回答，或只能给出一个简单的选择性答案。用于确认问题的具体原因。例如，来访者说自己最近很伤心，可以这样问：是不是失恋使你如此伤心（是或否）？来访者说自己很失败，可以问：是学习失败还是情感失败（单一选择）？

第二节 心理危机的干预

心理危机的干预包括干预对象的识别、心理危机干预的措施、自杀线索的识别及预防,以及对于生命价值的正确认识。

一、心理危机的干预对象

心理危机的干预对象主要是存在心理危机倾向与处于心理危机状态的学生。一般表现为情绪剧烈波动或认知、躯体、行为等方面有较大改变,且用平常解决问题的方法无法应对。

对存在下列因素之一的学生,应作为心理危机干预的高危个体予以特别关注:

(1) 在心理健康测评中筛查出来有严重心理问题或有自杀倾向。
(2) 环境适应困难。
(3) 遭遇重大生活挫折,如失恋或亲人的突然丧失。
(4) 有明显人格缺陷。
(5) 学习压力大,且自身难以排解。
(6) 认为前途渺茫及对就业压力无法积极应对。
(7) 有自杀或伤害他人意念、行为。
(8) 家庭经济困难且性格内向,不主动寻求社会支持系统帮助。
(9) 有严重心理疾病,如患有抑郁症、躁狂症、恐惧症、强迫症、癔症等心理疾病,或精神分裂症治愈出院处于康复期。
(10) 重大危机知情人员。

二、心理危机的干预措施

心理危机的干预可以采取以下措施。

1. 实行全院师生全员参与

心理危机的干预工作实行全院师生全员参与,工作中心下移到学生中。

2. 设立心理发展部

院、系两级学生会设立心理发展部,班级设立心理委员,条件成熟时,在学生公寓设立心理辅导室。充分发挥班级学生干部、学生党团员的骨干作用,主动关心、广泛联系同学,通过多种方式了解同学的思想动态和心态,一旦发生异常情况,及时向班主任或辅导员报告。

3. 建立学生心理问题报告制度

院心理健康服务中心对来访者记录要及时、完整,发现需要提供心理干预帮助的学生要及时、果断地给予必要的处理,并向院学生工作部门负责同志及时报告,必要时要向院心理危机干预工作领导小组(由相关院领导、后勤、保卫、校医院、学工、教务、各系领导及心理健康服务中心负责人组成)报告。严格区分心理咨询与心理治疗对象,对需要治疗的有严重心理问题的学生及可疑精神分裂症患者及时向学工部门报告，要求其在辅导员或班主任的陪同下到精神病院就诊。

4. 建立有效的阻控系统

对于学院可以调控的引发学生心理危机的人、事或情境等刺激物，学院应协调有关部门及时阻断，消除对危机个体和相关人员的持续不良刺激。学院保卫部门应备有必要的危机阻断设施，如危机现场的隔断等。对于危机个体遭遇刺激后引起紧张性反应可能攻击的对象，学院应采取及时的保护或回避措施。

5. 建立监护系统

对有心理危机的学生在校期间要进行监护。

（1）对心理危机程度较轻，能在学校坚持正常学习者，班主任应成立以学生干部为负责人及同室同学为主的不少于三人的学生监护小组，以及时了解该生的心理与行为状况，对该生进行安全监护。监护小组应及时向班主任汇报该生的情况。

（2）对于危机程度较高但能在校坚持学习并不会危及自己与他人生命和公共安全，并自愿接受治疗者，学院可将其家长请来学校，向家长说明情况，家长如愿意将其接回家治疗则让学生休学回家治疗，家长如不愿意接其回家则在与家长签订书面协议后由家长陪伴监护。

（3）经专家组评估与确认有严重心理危机者，学院应通知学生家长立即来校，让家长将学生接回家或送医院治疗；在学院向学生家长作安全责任移交之前，院系应对该生作特别监护；对心理危机特别严重者，学院应安排保卫人员参与，在医生的指导下进行特别监护，或在有监护的情况下送医院治疗。

6. 建立救助系统

对于突发学生自伤自毁事故的，学生所在班级的班主任、辅导员应在闻讯后立即赶赴现场，进行现场援救或将学生紧急送医院治疗，并立即报告给院领导。对于伤及他人及对公共安全造成威胁的，辅导员及有关人员要及时向学院保卫部门乃至有关领导汇报，有必要时须及时拨打"110"报警，或拨打学校保卫办的值班电话。

三、自杀线索的识别及预防

(一) 自杀线索的识别

自杀危险性评估的基本线索包括以下几条：

（1）通过各种途径流露出消极、悲观的情绪，表达过自杀意愿。如反复向亲友、同学或医务人员打听或谈论过自杀的方法，在个人日记、博客等作品中频繁谈及自杀等。另外，不愿与别人讨论自杀问题，有意掩盖自杀意愿也是一个重要的危险信号。

（2）近期遭受了难以弥补的严重丧失性事件。"丧失性事件"通常是自杀的诱发性事件，在事件发生的早期，容易自杀，在经过危机干预后自杀的危险性虽然有所下降，但绝望的意愿仍可能使当事人采取自杀行动。等到他们"习惯"以后，危险性会逐步减少。"丧失性事件"包括人际冲突、被拒绝、工作问题、名誉受损及多重生活事件等。

（3）近期内有过自伤或自杀未遂行动，其再发生自杀行为的可能性非常大。当事人采取自杀没有真正解决问题后，再次自杀的危险性会大大增加。另外，在自杀重复多次后，周围人认为当事人并不想死而放松警惕，此时自杀的成功率将大大增加。

（4）发生人格改变者，如易怒、悲观主义、抑郁和冷漠，内向、孤僻的行为，不与家人和朋友交往者；出现自我憎恨、负疚感、无价值感和羞愧感，感到孤独、无助和无望者；突然整理个人事物或写个人意愿；有自杀家族史者；等等。

（5）慢性难治性身体疾病患者突然不愿接受医疗干预，或突然出现"反常性"情绪好转，与亲人交代家庭今后的安排和打算时。

（6）精神病患者，特别是抑郁症、精神分裂症及酒精、药物依赖患者是公认的高危人群；有自责自罪、被害妄想、虚无妄想，或有命令性幻听、强制性思维，焦虑或惊恐等症状者；有抑郁情绪的患者，如出现情绪的突然"好转"。应警惕自杀的可能。

（7）长期的慢性心理痛苦或身体痛苦，加上近期的急性应激因素（如精神障碍、物质的滥用、负性生活事件、失恋、失业、留级、难以承受的挫败感或家庭危机等），会增加自杀的风险。

（二）自杀的预防

1. 一级预防——病因学预防

（1）普及心理健康知识，矫正不良的认知及行为，增强应对能力及环境适应能力。

（2）提高对精神疾病的识别与防治，避免讳疾忌医而丧失早诊、早治机会。

（3）加强对高危人群的心理健康维护，提高心理健康水平；必要时可建立自杀监控预警系统，加强对自杀的防范，各系对高危学生提高接触的频率，了解高危学生的心理健康状况。

可以与可能自杀的人讨论自杀，以便及时发现他们的自杀企图。这样做既可以对自杀危险性进行评估，也可以使他们体会到关爱、支持和理解，降低自杀的风险。

（4）对各种小道传闻进行必要的限制，避免不良诱导。

2. 二级预防——对有自杀危险的人进行早期发现、早期诊断、早期转诊治疗

（1）熟悉在上述中提到的能有效识别自杀的七个线索。

（2）建立自杀防御机构，院系学工系统、班主任、学生干部、寝室同学构成大的防御体系，防御体系内的成员之间保持24小时可以通话。

(3) 对疑似精神疾病患者的自杀预防。如发现处于精神分裂症急性发作期、中重度抑郁、网络依赖或网瘾戒断状态、急性情绪危机状态下的疑似患者，立即转诊。系辅导员或班主任陪同家长带学生到精神病医院确诊，并及时向学院报告诊断结果。

3. 三级预防——降低死亡率及善后处理

(1) 分析、发现自杀未遂者导致自杀的原因，要求家长配合，消除原因，预防再次自杀。

(2) 同情和理解有自杀行为者，帮助自杀未遂者重新树立生活的勇气和信心，重新适应社会。对此类学生建议休学调整。

(3) 适当解决环境不良因素的影响，避免再次受到影响而自杀。

4. 组建院、系、班级三级心理危机预防与干预系统

加大心理健康知识的宣传力度，提高学生的心理健康水平；落实心理隐患的排查、发现、咨询、转诊，或根据医院的确诊和教育部的相关文件，提出休学或退学的建议。

5. 警惕同时具备偏执、抑郁和精神分裂患者的伤人行为

四、珍爱生命，健康成长

为什么每个人只有一次生命？生命来自哪里？

(一) 生命的起源

1. 生命起源的学说

关于生命的起源，有多种学说，在此仅向大家介绍其中的一种。

地球在宇宙中形成以后，开始是没有生命的。经过了一段漫长的化学演化，即大气中的有机元素氢、碳、氮、氧、硫、磷等在自然界各种能源（如闪电、紫外线、宇宙线、火山喷发等）的作用下，合成有机分子（如甲烷、二氧化碳、一氧化碳、水、硫化氢、氨、磷酸等）。这些有机分子进一步合成，变成生物单体（如氨基酸、糖、腺甙和核甙酸等）。这些生物单体进一步聚合作用变成生物聚合物（如蛋白质、多糖、核酸等）。这一段过程叫作化学演化。蛋白质出现后，最简单的生命也随着诞生了。这是发生在距今大约 36 亿多年前的一件大事。从此，地球上就开始有了生命。

生命与非生命物质的最基本的区别是：它能从环境中吸收自己生活过程中所需要的物质，排放出自己生活过程中不需要的物质。这种过程叫作新陈代谢，这是第一个区别。第二个区别是能繁殖后代。任何有生命的个体，不管他们的繁殖形式如何不同，他们都具有繁殖新个体的本领。第三个区别是有遗传的能力。能把上一代生命个体的特性传递给下一代，使下一代的新个体能够与上一代个体具有相同或者大致相同的特性。这个大致相同的现象最有意义，最值得我们注意。因为这说明它

多少有一点与上一代不一样的特点。这种与上一代不一样的特点叫变异。这种变异的特性如果能够适应环境而生存，它就会一代又一代地把这种变异的特性加强并成为新个体所固有的特征。生物体不断地变异，不断地遗传，年深日久，周而复始，具有新特征的新个体也就不断地出现，使生物体不断地由简单变复杂，构成了生物体的系统演化。

关于生命起源的问题，很早就有各种不同的解释。近几十年来，人们根据现代自然科学的新成就，对于生命起源的问题进行了综合研究，取得了很大的进展。

根据科学的推算，地球从诞生到现在，大约有46亿年的历史。早期的地球是炽热的，地球上的一切元素都呈气体状态，那时候是绝对不会有生命存在的。最初的生命是在地球温度下降以后，在极其漫长的时间内，由非生命物质经过极其复杂的化学过程，一步一步地演变而成的。目前，这种关于生命起源是通过化学进化过程的说法已经为广大学者所承认，并认为这个化学进化过程如下：

从无机小分子物质生成有机小分子物质。根据推测，生命起源的化学进化过程是在原始地球条件下开始进行的。当时，地球表面温度已经降低，但内部温度仍然很高，火山活动极为频繁，从火山内部喷出的气体，形成了原始大气。一般认为，原始大气的主要成分有甲烷（CH_4）、氨（NH_3）、水蒸气（H_2O）、氢（H_2），此外还有硫化氢（H_2S）和氰化氢（HCN）。这些气体在大自然不断产生的宇宙射线、紫外线、闪电等的作用下，就可能自然合成氨基酸、核苷酸、单糖等一系列比较简单的有机小分子物质。后来，地球的温度进一步降低，这些有机小分子物质又随着雨水，流经湖泊和河流，最后汇集在原始海洋中。

关于这方面的推测，已经得到了科学实验的证实。1935年，美国学者米勒等人设计了一套密闭装置。他们将装置内的空气抽出，然后模拟原始地球上的大气成分，通入甲烷、氨、氢、水蒸气等气体，并模拟原始地球条件下的闪电，连续进行火花放电。最后，在U形管内检验出有氨基酸生成，氨基酸是组成蛋白质的基本单位。因此，探索氨基酸在地球上的产生是有重要意义的。

此外，还有一些学者模拟原始地球的大气成分，在实验室里制成了另一些有机物，如嘌呤、嘧啶、核糖、脱氧核糖、脂肪酸等。这些研究表明：在生命的起源中，从无机物合成有机物的化学过程，是完全可能的。

关于生命起源的化学进化过程的研究，虽然进行了大量的模拟实验，但是绝大多数实验只是集中在第一阶段，有些阶段还仅仅限于假说和推测。因此，对于生命起源问题还必须继续进行研究和探讨。

2. 胎儿的生长与母亲的付出

（1）怀孕一个月。胚胎形成，但还不能称作胎儿。初次怀孕的女性，在身体和心理上，都会发生一连串的变化。有些人的身体会有发寒、发热、慵懒困倦及难以成眠的症状。因为是第一次怀孕，很多孕妇自己往往还浑然不觉，而且原本没有生育的计划或是根本不了解身体的反应,以致误食药物或疏忽了生活上的细节,都很可能对胎儿和母体产生不良的影响。

自觉身体不适时,不要勉强做剧烈的运动,或在此时远游,以免造成意外流产。此外,若非必要,不要随意作 X 光照射,应先检查身体状况,确定有无怀孕。

这些生活上的细节,在身体健康、正常工作情况下,偶然误犯好像无关紧要,但若是孕妇,就很可能是一大致命伤害。为了避免后悔莫及,所以必须谨慎从事。

在怀孕约一个月时,会有孕吐的现象,应多准备一些缓和孕吐情况的食物,如酸梅、水果等。

(2) 怀孕两个月。胚胎越来越接近人的形体,胎盘形成,脐带出现,母体与胎儿的联系非常密切。母体的基础体温呈现高温状态,这种状态将会持续到14～19天为止。身体慵懒发热,下腹部和腰部稍微凸出,乳房发胀,乳头时有阵痛、颜色变暗,排尿次数增加,心情烦躁,胃部感到恶心,并且出现孕吐情形,有些人甚至会出现头晕、鼻出血、心跳加速等症状。这些都是初期特有的现象,不必过于担心。

孕妇在此时期非常容易流产,必须特别注意,不应搬运重物或激烈运动,而家务与外出次数也要尽可能减少。不可过度劳累,应多休息,睡眠要充足。在感到特别疲劳时不要洗澡,而要及早卧床休息。

(3) 怀孕三个月。胚胎可正式称为"胎儿"了,其各器官几乎与常人完全一样。这个月是孕吐最严重的时期,除恶心外,胃部情况也不佳,同时,胸部会有闷热等症状出现。子宫已如拳头般大小,会直接压迫膀胱,造成尿频现象,而腰部也会感到疼痛,腿、足浮肿,此外分泌物增加,容易便秘、下痢等。但是,从三个孕月中期开始,妊娠反应大大缓和,食欲增加,下降的体重也开始回升。

(4) 怀孕四个月。胎儿此时完全具备人的外形,可用超音波听诊器测出心音。母体痛苦的孕吐已结束。孕妇的心情会比较舒畅,食欲也于此时开始增加。尿频与便秘现象渐渐恢复正常,但分泌物仍然不减。这个阶段结束时,胎盘便已完成,流产的可能性已减少许多,但仍须小心。此时有可能出现妊娠贫血症,因此对铁质的吸收尤其重要。

怀孕四个月这一时期,是能够发现较为罕见的葡萄胎的时期。例如,发现内裤上沾有黑色的碎血块,有时还有鲜血流出(当然也有流产的可能),应去医院检查。怀有葡萄胎时,多数情况下胎儿已在子宫内死亡,组成胎盘的绒毛组织发育异常,孕妇尿中有大量雌性激素,出现浮肿及尿蛋白,妊娠初期反应严重。

(5) 怀孕五个月。母体全身出现浮肿现象。此时微微可以感觉胎动,刚开始也许不太明显,但肠子会发生蠕动的声音,肚子不舒服等。这一时期,孕妇常感到口干舌燥、耳鸣,但不发烧。这些都是妊娠引起的体内变化,不是病态,分娩后均可自愈。

怀孕到了第五个月,胎儿日渐加速发育,需要充分的营养,尤其是铁质不足时,极易造成母体贫血，严重时还会影响到胎儿的健康。

（6）怀孕六个月。胎儿胃肠会吸收羊水，肾脏排泄尿液，已经完成出生的准备。母体的体重日益增大，腰部变得更沉重，平时的动作也较为吃力、迟缓。

孕妇肚子变大凸出后，身体的重心也随之改变，走路较不平稳，并且容易疲倦。尤其弯身向前时或做其他不平常的姿势，会感觉腰痛，上下楼梯、爬上高处时，容易摔倒。

（7）怀孕七个月。胎儿对体外生活的适应能力还没完全具备，若在此时出生，如保育不良会因早产而发育不良或死亡。

母体的腹部向前突出成线性弓形，并且常会有腰酸背痛的感觉。由于大腹便便，身体会重心不稳，眼睛无法看到脚部，特别在上下楼梯时必须十分小心。这段时间母体若受到外界过度的刺激会有早产的危险，应该避免激烈的运动，不宜有压迫腹部的姿势。

长时间站立、压迫下半身，很容易造成静脉曲张或足部浮肿。水分与盐分摄取过量，很可能会引起妊娠毒血症，必须严加节制。

（8）怀孕八个月。胎儿身体发育已算完成，神经系统开始发达，对体外强烈的声音会有所反应。胎儿的动作会更活泼，力量更大，甚至有时会用力踢母亲的腹部。

母体的内脏全部往上推挤，心、肺受到压迫，有时会感到呼吸困难，胃部也会受到挤压，因而易食欲不振。

腰部及其他各部位会感到酸痛，下肢浮肿，静脉曲张浮出，此外，还会出现其他各种症状等。此时可谓第二度孕吐出现的痛苦时期。

腹部皮肤紧绷，皮下组织出现断裂现象，紫红色的妊娠纹处处可见。下腹部、乳头四周及外阴部等处的皮肤因黑色素沉淀而呈现黑状，妊娠性褐斑也会非常明显。这些是孕期皮肤的生理改变，并非异常。心理方面则会再度陷于神经过敏的状态，往往难以成眠。

这一时期很容易染患妊娠高血压综合征。如果在早晨醒来时，浮肿未褪，或一周内体重增加500克以上时，就应该尽快到医院作诊查。妊娠高血压综合征虽然可怕，但只要及早发现、及时治疗，应无大碍。因此，从这个月起，定期产前检查最好改为两周一次，绝对不要忽略了。

平时应多休息，不可过度劳累，并且节制水分与盐分的摄取量。此外，严防感染流行性感冒。

（9）怀孕九个月。胎儿的内脏功能完全具备，可适应子宫外的生活。胎儿动作激烈，胎动有时会吓母亲一跳。母体的子宫胀大，导致胃、肺与心脏备受压迫，所以会感觉心口闷热、不想进食，心跳、气喘加剧，并且呼吸困难。

有时腹部会发硬、紧张，此时应采取平躺的休息方法。分泌物依然增加，排尿次数也增多，而且尿后仍会有尿意。

此时期母体的体力大减，容易显得疲倦，胃部受挤压，食量减少。进食不要一次吃太多，以少量多餐为佳，并摄取易消化且营养成分高的食物。

(10) 怀孕十个月。胎儿已完全具备生活在母体之外的条件。胎儿的身体约头的四倍长，头部在正常状况下是嵌于母体骨盆之内，活动力比较受限。

胎儿位置向下降，母体的腹部凸出部分有稍减的感觉，同时胃及心脏的压迫感减轻，食欲也日渐恢复正常。但是胎儿下降后，膀胱及大肠的压迫感却增强，频尿、便秘的情形更加严重。此外，下肢也有难以行动的感觉。

(二) 生命历程与感恩

生命历程中会经历许多成败挫折，有失落与无助，也有喜悦与感动。学会感恩，会给我们的生活带来希望。

1. 学会感恩

考试挂科了，但没有留级，还有补考机会，我感恩；父母贫困，没社会地位，但给了我生命，我感恩；少年丧父，但母亲给了我足够的爱，我感恩；最疼爱我的外婆逝世了，临走前她牵挂的孩子都在身边，她没有带着遗憾离开，我感恩；好朋友和我吵架了，说明还有人愿意和我沟通，我感恩；做人低调的我，遭人嫉妒了，说明我有突出的优点，我感恩；我深爱的初恋对象和别人结婚了，她找到了自己的归宿，我感恩。

2. 学会感动

请欣赏一篇散文：

孩子！当你还很小的时候，

我花了很多……时间，教你慢……慢……用汤匙，用筷子吃东西。

教你……系鞋带，扣扣子，溜滑梯，教你……穿衣服，梳头发，擤鼻涕。

这些和你在一起的……点点滴滴，是多么的……令我怀念不已。

所以，当我想不起来，接不上话时，……请给我一点时间，等我一下，

让我再想一想……极可能，最后……连要说什么，

我也……一并忘记。

孩子！你忘记我们练习了……好几百回，

才学会的……第一首……娃娃歌吗？

是否还记得……每天总要我……绞尽脑汁，

去回答……不知道从哪里冒出来的……"为什么"吗？

所以，当我重复……又重复……说着老掉牙的故事，

哼着我……孩提时代的……儿歌时，

体谅我，

让我继续沉醉在……这些回忆中吧！

希望你，也能陪着我……闲话家常吧！

孩子！

现在我常忘了……扣扣子，系鞋带。

吃饭时，会弄脏衣服，

梳头发时……手还会不停地抖，

不要催促我，

要对我多一点耐心……和……温柔，

只要和你……在一起，

就会有……很多的温暖……涌上心头。

孩子！如今，我的脚……站也站不稳，走……也走不动，

所以，请你紧紧地……握着我的手，

陪着我，慢慢的。

就像当年一样，

我带着你……一步一步地走。

3. 建议观看影片《丛林赤子心》《暖春》

（三）正确理解生命与生活的关系

（1）一般而言，人们在具体的生命展开及生活过程中，常常会出现两种偏向：一种偏向是知生活而不知生命，把生活当作人生的全部。比如令现代社会头痛的日趋严重的自杀问题，一些青少年常常是将生活中的某些挫折、失意、痛苦等"生活中不可承受之重"，当成了"生命中不可承受之重"，于是，由生活感觉不好而走向放弃生命。又比如吸毒现象，人们吸食毒品，当然有各式各样的偶发因素，但是共同的问题是：为了感受生活中的"飘飘欲仙"，他们损害了生命机能，残害了自我生命，让自己的人生毁于一旦。自杀者因为生活感觉不好而放弃生命，吸毒者为求生活感觉好而残害生命。二者的性质似乎不同，但本质上都是为了生活的感觉而置生命于不顾。

另一种偏向则是只知生命不知生活。也有一些人，他们坚持保命哲学，刻意抑制自我的生活欲求，不知道生命必须要由生活来表现，不知道人之生活的感受是多姿多彩、变化无穷的，品尝各种生活的滋味也是生命中重要而不可或缺的人生目标。所以他们的人生动力不大，他们的奋发意识不够，他们勇于进取的观念也比较弱，他们的人生色彩当然就十分单一和暗淡。

（2）使生命与生活的紧张保持动态平衡。生活只是生命的自然表现。生活问题不等于生命问题。青少年经常把生活问题当成了生命问题来处理。例如，不小心打掉了一只灯泡，无法处理，吓得要命，离家出走；与同学拌了嘴，没有办法解决，就进而打架斗殴，甚至杀人。许多青少年常常生活感觉不好就放弃生命。这其实是

以结束生命的方式来解决生活问题。他们没有意识到生命中还承担着其他的诸如孝敬父母、建功立业等社会责任。

青少年的自杀是用结束自我生命的办法来解决生活感觉不好的问题，而青少年的杀人则是用结束别人的生命来达到自我生活感觉好。二者表现不同，但都是不能正确处理好生命与生活的紧张问题，都是用解决生命的办法来解决生活问题。

生死绝非个人私事，而是家庭的、社会的和大众的。对那些已经自杀者来说，也许是一种解脱，可是对他们的亲人来说，却留下了无尽的痛苦，对社会的存续造成了震撼，也给大众的心理留下了阴影。

（四）生命与死亡

1. 生命的神圣性

（1）生命是短暂的、不可逆的，只有一次。

（2）生命是代代相传的。把生的希望留给下一代，是令人感动的本能反应。在撒哈拉沙漠中，母骆驼为了使将要渴死的小骆驼喝到够不着的水潭里的水，而纵身跳进了潭中；老羚羊们为了使小羚羊们逃生，而一个接着一个跳向悬崖，因而能够使小羚羊在它们即将下坠的刹那，以它们为跳板跳到对面的山头上去；一条鳝鱼在油锅中被煎时，却始终弓起中间的身子，那是为了保护腹中的鱼卵……

父母为了子女愿意献出身体的重要器官，愿意献出自己的青春、甚至生命。生命来之不易，请善待自己的生命，善待他人的生命。

2. 不健康的人生观

有的青少年有一种不健康的人生观，即"新新人类"所言——"只要我喜欢，有什么不可以？"目前的大学生绝大多数是独生子女，这些"天之骄子"，上有二代甚至三代长辈全力以赴地去满足他们一切的生活要求，而他们也全身心地沉溺在感性生活之中，已经习惯了随心所欲、众星捧月、什么都不缺的人生。一旦得不到想要的东西，老师、家长给脸色，在同学朋友中丢了面子，生活中不顺心、不随意，其中有一些人就会走向极端。

3. 构建有意义的生命世界

有意义的生命源于我们理解生命、理解快乐与幸福。

（1）生命的特征。

① 生生不息——生命是有限与无限的统一体，有限的生命提醒我们要敬畏生命，尊老爱幼，孝顺长辈；

② 不可逆转——生命无价，珍爱自我与他人的生命；

③ 社会性（生命的价值）——生命的社会性要求人们要有高尚的品德、正确的生命方向、和谐的人际关系，要求人们能够正确面对顺境与成功，要求人们能够融入社会；

④ 生命进程曲折起伏——生命历程中难免有挫折与失败，要使生命能够顺利延续，就要求人们有承受挫折与失败的能力；

⑤ 生命的本性是追求快乐与幸福。

（2）快乐与幸福的异同。

一般而言，快乐是人生活中的感官之感受，建立在肉体愉悦的基础之上；幸福是人生命中理性之感受，建构在心灵精神之中。二者既有区别又密切联系在一起。青少年人生的主题是成长与快乐，青壮年的人生主题应该是事业与幸福，而老年人的人生主题则是休闲与健康。但是，有些青少年为何会走绝路或杀害他人？主要是因为他们不快乐。为何不快乐？因为他们的心愿达不到、欲望满足不了，便心生不满，甚至生出歹意、流于任性。青少年理性能力不强，往往追求生活感受中的快乐，一旦满足不了，便会由不舒服到不高兴，从而采取过激行为。

① 什么是快乐？首先，快乐是有限度的，过度的快乐会伤身害体，从而最终没有了快乐。如沉溺在网吧中或吸毒，都会对身体健康及学习、生活造成莫大的伤害。其次，快乐不单单是个人之事，要想到自己追求快乐，别人也追求快乐，要有节制，要让大家都能快乐，才是真正的快乐。

② 什么是幸福？那些刚刚告别童年时代的中学生也许还没来得及仔细考虑这个问题。来自于食物、酒、毒品或电视的快乐都是短暂的，所以，要通过辛勤的耕耘创造幸福，而不是消费幸福。

③ 正确处理生活感觉与生命存在的关系。现代社会的人容易走向感觉主义至上，因此常常忍受不了生活中的痛苦。感觉的特质是当下存在、转瞬即逝的。生活中的痛苦、挫折、不快、不顺等，都会很快过去。如果人们因为这当下存在的感觉不好而放弃生命，那其人生将永远定格在痛苦这一点上；而如果人们咬咬牙，挺了过去，以生命的存在超越痛苦，就有可能获得幸福与快乐。

思考题

1. 遇到心理危机事件时，应怎样处理？
2. 祖父母、父母还能陪伴我们走多久？
3. 生命究竟是什么？一个人应该怎样活着？

参考文献

[1] 伍自强. 大学生心理学 [M]. 天津：天津科学技术出版社，2007.

[2] 林崇德. 发展心理学 [M]. 杭州：浙江教育出版社，2005.

[3] 段忠阳，杨小芳. 合理情绪疗法纠正大学生认知偏差的个案研究 [J]. 中国健康心理学杂志，2009.

[4] 宋宝萍. 大学生心理健康教育 [M]. 西安：西安电子科技大学出版社，2007.

[5] 樊富珉，王建中. 当代大学生心理健康教程 [M]. 武汉：武汉大学出版社，2009.

[6] 钟志宏，杨智勇，戴朝护，等. 大学生心理健康教程 [M]. 武汉：武汉大学出版社，2010.

[7] 北京师大辅仁应用心理发展中心. 身边的心理学 [M]. 北京：机械工业出版社，2007.

[8] 郝伟，江开达. 精神病学 [M]. 北京：人民卫生出版社，2005.

[9] 郑晓江. 论人类生命的二重性四维性——以自杀问题与人生意义问题为中心 [J]. 广东社会科学，2010.

[10] 江西省教育厅. 江西省高校大学生心理危机预警与干预方案. 赣教社政字 [2009] 36 号，2009.

[11] 段忠阳.《不能没有你》主人公的亲子关系 [J]. 电影文学，2011，(3).

[12] 杨秀玲. 情绪管理 [M]. 合肥：安徽人民出版社，2001.

[13] 郑雪. 人格心理学 [M]. 广州：暨南大学出版社，2001.

[14] 贺淑曼，聂振伟. 人际交往与人才发展 [M]. 北京：世界图书出版公司，1999.

[15] 蔺桂瑞，杨凤池，贺淑曼，等. 性心理与人才发展 [M]. 北京：世界图书出版公司，1999.

[16] 商磊. 爱与成长 [M]. 北京：北京出版社，2004.

[17] 沈之菲. 生涯心理辅导 [M]. 上海：上海教育出版社，2000.

[18] 王登峰，崔红. 心理卫生学 [M]. 北京：高等教育出版社，2003.

[19] 金海林，王春艳. 大学生自我意识的新特点及其调控 [J]. 现代教育科

学，高教研究，2007.

[20]《生命的起源》编写组. 生命的起源［M］. 北京：中国出版集团，世界图书出版公司，2010.

[21] 李淑娟. 十月怀胎知识百科［M］. 北京：中国纺织出版社，2011.

[22] 佐斌. 大学生心理发展［M］. 北京：高等教育出版社，2004.

[23] 朱熊兆，等. 健康心理学［M］. 天津：南开大学出版社，2005.